# 가능성의
# 중심

공동선 총서 3
가라타니 고진

# 가능성의 중심

## 가라타니 고진 인터뷰

### 인디고 연구소(InK) 기획

궁리
KungRee

혁명은 언제 오는가. 이것은 혁명의 시대를 관통한 후 다시 고통의 세계를 살아가는 세계시민들의 영원한 물음이다. 혁명의 시대는 과거에 종속되고 미래의 혁명은 메시아적 기다림만을 강요한 지 오래다. 혁명의 불가능한 도래는 기원에 찬 세계의 손아귀를 차갑게 결빙시켰다. 21세기 자본주의의 찬란한 풍요와 자유의 바깥에 거주하는 존재들의 입마저 얼어붙게 했다.

지금은 자본의 환영이 지배하는 시간이다. 천궁으로 날아간 역사의 천사는 날개를 접었고 물신주의의 환영 속에서 세계시민 역시 혁명의 날개를 접었다. 자유와 평등, 해방의 공동체를 향한 비상의 기억은 기나긴 침묵 속에서 숨을 죽이고 있다. 그러나 자본주의의 뒷골목에서 가까스로 마주친 어느 혁명가의 결기 어린 눈빛은 여전히 뜨겁고 위태로웠다.

2011년, 우리는 혁명의 가능성을 마주했다. 튀니지에서, 이집트에서, 리비아에서 타오르던 불꽃은 월가마저 점령하였다. 역사의 천사는 예기치 않은 순간에 결빙된 날개를 움직이기 시작했으며, 자유와 해방의 불길은 세계시민들의 심장으로 번져갔다. 스스로의 이름을 지웠던 혁명은 '재스민 혁명'으로, '월가를 점령하라'로 되살아났다.

무엇을 위한 혁명인가. 새로운 탄생을 고대하며 아직 깨어나지 못한 혁명의 간절한 이름들을, 혁명의 무수한 이름들을 알고 있다. 혁명의 불가능한 도래는 혁명의 이름이 탄생하는 순간, 과거의 유산이 될 것임을 우리는 또한 알고 있다. 하지만 우리는 여전히 신들린 듯 춤을 추는 자본의 광기를 걷어내고 사랑과 윤리로 무장한 혁명의 이름을 새롭게 써내려가야 한다.

혁명은 공동선을 향한 투쟁이다. 차별과 배제의 높은 장벽을 넘어 서로의 손을 맞잡는 공동선을 향한 투쟁. 이 공동투쟁은 잔혹한 자본의 횡포와 불평등을 넘어선 진정한 공동선의 세계를 향해 있다. 이 간절함은 암울한 세계의 끝자락에서 어느 순간 점화되어 자유와 해방의 불꽃으로 타오르는 세계시민의 오랜 기원과 맞닿아 있다.

'공동선 총서'는 불가능한 꿈에 과감히 도전한다. 공동선을 열망하는 철학자의 사유와 더불어 불가능한 미래를 가능한 미래로 바꾸고자 한다. 공동선의 사유를 통해 자유와 평등을 향한 공동투쟁의 장에서 잠재된 혁명의 무수한 이름들을 이 세계에 살려낼 것이다. 불가능한 꿈의 시도야말로 인문학의 본질이자 가능한 미래의 징후가 아니겠는가.

이 책은 일본의 사상가 가라타니 고진과의 인터뷰집이다. 인디고
연구소<sup>InK</sup>가 기획한 공동선 총서 세 번째 책으로 당대의 인류가 직면
한 공동의 문제에 질문을 던지고, 함께 해답을 모색하고자 하는 시
도다. 지금 우리가 겪는 특수한 어려움이란 쉽게 해결할 수도 없고,
그렇다고 이내 외면할 수도 없는 문제들에 맞닥뜨리고 있다는 점이
다. 가라타니의 사유는 이 문제적 상황의 중핵을 관통한다. 왜 가라
타니를 읽고, 또 만나야 했으며, 인터뷰를 통해 그의 사유를 소개하
려 했는지, 이 책에 담긴 생생한 문답이 의미 있는 사유의 물꼬를 텄
으면 한다.

## 공동선을 향하여

인류 역사를 긴 안목으로 보면 언제나 한 시대는 고유의 문제를
안고 있다. 한국 현대사만 보아도 광복 이후 우리 역사를 주도한 시
대정신은 산업화와 민주화였고, 짧은 시간 내에 우리는 나름의 성취

를 이루었다. 하지만 급속한 발전에는 부작용이 따랐고, 그것은 가치의 위기로 이어졌다. 무엇이 옳고 그른지에 대한 윤리적 공준이 물질적 풍요를 향한 욕망 앞에 속절없이 무너져 내린 것이다. 여기에 때마침 불어온 세계화 시대의 신자유주의적 광풍은 삶의 전반에 과도한 경쟁 논리를 도입함으로써 존엄하고 품위 있는 삶의 기반을 내팽개쳐버렸다.

우리는 누구나 자신이 옳다고 믿는 바에 따라 살아간다. 하지만 그것으로 충분한 것일까? 정말로 필요한 것은 내 삶의 테두리 바깥에서 실제로 벌어지고 있는 세계와 마주하는 일은 아닐까? 언제 닥칠지 모르는 빈곤과 우울에 대한 불안의 덫은 누가 쳐놓은 것인가? 이런 물음들 속에서 우리는 '공동의 삶'에 대해 진지하게 고민하지 않을 수 없다. 결국 '공동선을 향하여'라는 문제의식은 이러한 문제들에 대한 질문의 또 다른 이름이다. 세계를 어떻게 바라봐야 하는지, 내 앞에 놓인 문제들은 왜 발생했는지, 새로운 삶에 대한 비전은 무엇인지 등 삶을 관통하는 제도와 원리에 대한 질문이야말로 우리 모두가 품어야 하는 가장 절실한 물음이 아닌가.

## 세계공화국이라는 이념

철학자 슬라보예 지젝은 이제 우리가 자본주의 이외의 삶을 '상상'하는 것조차 불가능한 시대를 살고 있다고 지적했다. 지역적인 소규모 대안 운동들이 우후죽순 격으로 생겨나고 있지만, 전 지구적 차원의 새로운 체제에 대한 비전은 여전히 제시되지 않았다는 것이다. 지젝에 따르면 진정한 철학자란 새로운 문제를 제기하는 사람, 즉 정확한 물음을 던지는 자다. 문제 상황을 꿰뚫는 정확한 물음만이 새로운 세계를 꿈꿀 수 있는 가능성을 만들어낼 것이다. 불가능한 것의 가능성, 그것은 하나의 질문으로부터 시작될 수 있다.

가라타니는 '세계공화국'이라는 실행 (불)가능한 비전을 제시한다. 언뜻 보기에 세계공화국은 개념 자체가 머릿속에 그려지지 않을 정도로 묘연한 이상이다. 칸트의 '영구평화론'에서 아이디어를 착안한 가라타니는 인류가 현재의 유엔<sup>UN</sup>보다 발전된 형태의 세계평화체제를 구축하게 되는 날이 올 것이라고 희망차게 말한다. 하지만 세계공화국이라는 이념 속에는 잔혹한 리얼리즘이 숨어 있다. 왜냐하면 그것은 인간의 선한 의지에 의해 실현된다기보다 타자에 대한 적대성과 이로 인한 전쟁의 결과로 탄생하는 것이기 때문이다. 지금의 유엔이 2차 세계대전의 결과로 탄생했던 것처럼, 3차 세계대전이 일어나게 되면 자연스레 지금의 유엔보다 확실한 세계평화체제를 구축하기 위한 시도가 일어날 것이고, 이 과정에서 세계공화국이 탄생한다는 논리다.

여기에서 인류에게 주어진 윤리적 과제란 참혹한 세계전쟁이 일어나기 이전에, 세계공화국을 건설하는 것이다. 그런데 가라타니는 결코 세계공화국을 반드시 건설해야 한다고 말하지 않는다. 세계공화국은 하나의 '이념'으로 제시된 개념이며, 이것은 곧 규제적 이념이다. 규제적 이념이란 마치 유토피아와 같이 현실에서는 실현될 수 없지만 이를 바탕으로 현실을 비판할 근거가 되는 이념을 말한다. 당장에 세계공화국을 건설하는 것은 폭력으로 점철될 위험이 있다. 그렇기에 이를 이상향으로 설정해두고 세계 평화를 이룩해가기 위한 점진적 운동을 지속하는 것이 핵심이다.

### 교환양식 D와 보편종교

그렇다면 이 세계공화국을 지탱하는 원리는 무엇인가? 지금까지 경제사 전통에서는 한 사회를 이해하는 데 가장 중요한 개념으로 '생산'을 꼽았다. 무엇을 얼마나 생산하는지, 또 어떤 방식으로 생산하며, 누가 생산 수단을 소유하고 있는지와 같은 물음들이 한 사회를 이해하는 가장 본질적인 물음이었다. 그런데 가라타니는 이에 반기를 든다. 인류의 역사를 '교환'의 관점에서 새롭게 보자는 것이다.

가라타니가 보기에 인류 역사에 나타난 교환양식은 네 가지다. 이를 편의상 A, B, C, D로 구분한다. 이 중에서 교환양식 A는 증여와 답례라는 '호수적 교환'이다. 이는 고대 씨족사회에서 지배적으로 나타난 교환의 형태로 인류 역사 속에서 보편종교를 비롯한 다양한 형태로 끊임없이 등장했다. 가라타니는 바로 이 원리를 상품 교환이 주를 이루는 자본주의 시장경제체제에 도입하자고 주장한다. 마치 터무니없는 윤리적 요구처럼 들리지만, 이것의 실현 가능성은 이미 우리 안에 있다. 왜냐하면 프로이트가 말한 '억압된 것의 회귀'로서 인류 역사 속에서 오랫동안 존재해왔고, 현재까지도 존재하고 있는 상호부조적 경제시스템을 점차적으로 실현해나가는 것에 다름아니기 때문이다. 이러한 교환양식 A의 '고차원적 회복'이 바로 가라타니가 교환양식 D라고 부르는 원리[x]다.

  그렇다면 교환양식 D가 세계공화국 건설에 어떤 기여를 하는가? 세계공화국은 단순히 특정한 국가가 세계를 통일하는 형태로 나타나는 것이 아니다. 이는 국가들의 연합으로 나타나는데, 이때 서로가 '증여'의 관계를 맺는 것을 의미한다. 여기에서의 증여란 바로 '전쟁을 할 권리'를 세계공화국에 증여하는 것, 즉 전쟁을 포기하는 것이다. 일본이 전쟁을 금지하기로 한 평화헌법 9조를 제대로 실현하기만 해도 그것은 세계공화국이라는 이념의 현실적인 과제를 충실히 수행하는 것이다. 그리고 각 국가들이 이러한 증여를 공동으로 실천하는 것을 '세계동시혁명'이라 부를 수 있다.

### 노동자=소비자 운동과 협동조합

  세계공화국이 초국가적 차원의 대안이라면, 국가 내의 사회경제적 대안은 무엇이 있는가? 사회학자 지그문트 바우만은 일찍이 현대 사회의 가장 큰 특징을 '소비주의'라고 말한 바 있다. 불확실하고, 불안정한 세계 속에서 유일하게 편안함과 행복을 선사하는 것이 바로 '소비'라는 것이다. 그런데 가라타니가 말하는 '소비'는 보다 거시적이고 적극적인 의미를 갖는다.

자본주의 순환시스템 속에서 노동자는 두 번 등장한다. 한 번은 기업에 고용되어 일하는 노동자로서, 다른 한 번은 기업이 생산하는 물건을 구매하는 소비자로서다. 자본주의가 유지되는 가장 큰 원인은 소비자이기도 한 노동자들이 자기가 만든 물건을 시장에서 되사는 과정을 반복하기 때문이다. 가라타니는 이러한 소비 행위를 자본주의 경제시스템 속에서 잉여가치가 실현되는 구간으로 설명한다.

가라타니가 보기에 지금까지 발생한 운동들은 대부분 노동자라는 정체성을 중심으로 이루어졌다. 하지만 이는 효과적인 방법이 아니다. 자본주의 경제에 대항해 나가려면 노동자가 곧 소비자인 지점에서 운동이 진행되어야 한다. 이것이 바로 '노동자=소비자 운동'이다. 여기에는 보이콧과 같은 불매 운동이 있고, 나아가 노동자가 곧 소비자가 되는 협동조합 또한 하나의 대안으로 제시된다. 지금 한국 사회만 보더라도 협동조합이 활발히 생겨나고 있고, 사회적 경제에 대한 관심 또한 높아지는 상황이다. 이후 이러한 방향이 어떻게 전개될지는 좀더 지켜봐야겠지만, 자본주의 내에서 하나의 균열을 만드는 선택이 될 수 있음은 분명하다.

## 자유로운 비평가, 정의로운 사상가

가라타니는 독특한 이력을 가진 비평가이자 사상가이다. 가라타니에게 학문은 하나의 '텍스트'로서 비평의 대상이자 사유의 출발점일 뿐, 근대 세계가 나눈 학문적 경계는 크게 의미가 없다. 도쿄대학교 경제학부 출신이지만 문학비평가로서 세계적인 명성을 얻었으며, 마르크스, 칸트, 프로이트, 비트겐슈타인, 소쉬르, 스피노자 등의 텍스트를 이전에 없던 새로운 시각으로 재해석했다고 평가받는다. 비평 활동을 이어오던 1990년대 이후, 공산주의권의 붕괴로 말미암아 적敵이 사라진 자본주의에 대하여 적극적이고 독창적인 비평 이론을 전개하기 시작한다. 이렇게 그는 자유로운 비평가에서 정의로운 사상가로 '이동transposition'했고, 그 과정에서 가라타니는 자신의 이론을 바탕으로 세계를 변혁하는 실천에 대해 끊임없이 고민했다.

2011년 후쿠시마 원전 사고 이후, 핵발전소에 반대하는 데모가 일본 사회에서 일어나기 시작했다. 시위가 없기로 유명한 일본에서 일어난 데모였기에 이는 더 인상적인 사건으로 회자된다. 이 시위에 가라타니도 참여했고, 버스 위에서 행한 연설은 많은 이들의 마음을 움직였다. 그는 말한다. "인간은 아무리 설득해도 움직이지 않지만, 구조적인 원인이 발견되면 급격하게 움직이는 법이다." 구조적인 원인, 이것이 가라타니가 파헤치고 싶은 문제의 뿌리다.

가라타니를 직접 만나고 나서 진정성 있는 물음이 어떻게 하나의 거대한 사상을 이룰 수 있는지 알게 되었다. 겉으로 보기에 그의 이론은 딱딱하고 건조하다. 하지만 그가 이 시대와 치열하게 대결하면서 지치지 않고 '이론 투쟁'을 이어나가는 모습에서 뜨거운 생동감이 느껴진다. 그는 모두가 끝났다고 말하는 경화된 마르크스주의에서 새로운 가능성을 읽어냈고, 박제된 칸트의 이론에 선연한 생명력을 불어넣었다. 그는 노동 운동과 소비자 운동을 새로운 시각에서 통합해내면서 연대의 영역을 확장했다. 또한 그는 현실적 대안을 잃어버린 진보 진영에게 국가를 지양하고 세계 평화를 이룩하기 위한 새로운 비전을 제시하고 있다. 무엇보다 '이념'의 시대는 지나갔다고 말하는 지금, 가라타니는 높은 이념의 필요를 역설한다. 이제 우리가 새로운 시대를 향해 날개를 펼 차례다. 무엇을 할 것인가. 이 책은 바로 이 물음에 대한 하나의 대답이다.

2015년 6월
인디고 연구소(InK)

# 차례

인디고 연구소는 '공동선을 향하여Toward the Common Good'라는 주제로 이론과 실천 사이에 징검다리를 놓는 인문학 프로젝트를 진행하고 있습니다. 이것이 선생님의 "현실참여적 이론/비평"과 어떤 공통 지점에서 만날 수 있으며, 이 문제의식이 갖는 현대적 의미는 무엇이라고 생각하십니까?

선생님은 『트랜스크리틱』에서 임마누엘 칸트를 독특한 관점에서 독해하셨는데 이 부분이 특히 흥미로 웠습니다. 칸트로부터 어떤 이론적 가능성을 발견하신 것인지요?

개인의 차원을 넘어서 공동체적 차원의 윤리에 대해 질문하고자 합니다. 오늘날 요청되는 인류의 보편성을 담지한 차원의 윤리는 어떻게 가능할 것이라고 생각하십니까?

만약 우리가 계몽'된' 시대가 아니라 계몽'의' 시대를 살고 있다면 오늘날 이 시대의 시민들이 가져야 하는 정치적 · 윤리적 계몽은 어떤 방향으로 이루어져야 할까요?

새로운 변화의 주체를 형성하고자 하는 시도는 대개 실패했고, 기존의 세력에게 그 자리를 내어주었습니다. 계몽의 시대 속에서 근본적인 변혁을 도모하는 정치적 주체의 탄생은 가능할까요?

최근 젊은 세대 사이에서는 기존의 잣대로는 평가할 수 없는 새로운 움직임이 일어나고 있는 것 같습니다. 가령 '사토리 세대'를 새로운 세대라 부를 수 있을까요? 젊은 세대의 변화에 대해 어떻게 생각하십니까?

선생님께선 당신의 이념적 지향이라고 할 수 있는 어소시에이션이 시민들의 '윤리적·실천적 선택'의 문제라고 말씀하셨습니다. 그렇다면 세계 구조에 대한 인식과 인류의 미래에 대한 비전을 가능하게 하려면 어떤 시도가 가능할까요?

## 2장 | 공동선과 세계의 구조

선생님께선 우리 시대가 직면한 문제와 관련하여 세계의 정치·경제·사회적 구조에 대한 분석을 하고 계십니다. 자본주의 경제 체제 하에서 '윤리'가 자리할 수 있는 영역이 있다고 보십니까?

세계 경제는 만성공황으로 접어들고 있고, 이러한 경향이 지속될 경우 각국이 헤게모니 장악을 위한 투쟁을 시작할 것으로 전망하셨습니다. 동시대적 난국과 이데올로기 충돌 속에서 우리는 어떤 정치적 체제를 꿈꿀 수 있을까요?

자본=네이션=국가시스템을 극복할 어소시에이션 혁명은 어떤 방식으로 가능하며, 또 누구에 의해서 가능하다고 생각하십니까?

선생님께선 9·11 사태와 이라크 전쟁을 겪으면서 일국 내에서의 운동만으론 자본=네이션=국가를 지양할 수 없다고 판단하신 것 같습니다. 이를 넘어설 수 있는 세계체계이론이 필요하지 않을까요?

세계공화국이라는 이념의 실현에 있어, 세계 구조에 대한 정밀한 인식이 결여된 윤리적 실천은 공허한 제스처로 반복되거나 자본=네이션=국가시스템에 걸려 번번이 실패했습니다. '아래로부터의 운동'과 '위로부터의 운동'이 동시에 필요할텐데요. 구체적 방안을 생각하신 것이 있는지요?

일국 내에서 전쟁을 위한 일체의 군비를 포기하고, 또 유엔이 개혁을 이룬다고 하더라도 그것이 곧 세계동시혁명으로 이어진다는 주장에는 이론적 비약이 있는 것은 아닌지요? 선생님께서 말씀하신 세계동시혁명이 현실에서 실제로 일어난다면 그것은 어떤 모습일런지요?

만약 국가가 유엔과 같은 국제기구에 전쟁 주권을 '증여'하는 혁명적인 시도가 이뤄지면, 하나의 패권을 쥔 국가는 없더라도, 세계의 군사 주권을 좌지우지할 수 있는 또 다른 강력한 세계 통치 형태가 탄생하지 않을까요?

제국의 문명을 자율성에 기반하여 선택적으로 받아들였던 영국과 일본은 근대세계시스템에서 중심국가가 될 수 있었다고 말씀하셨습니다. 그렇다면 근대세계시스템(세계=경제) 내에서 자율성을 가지고 문명을 받아들이되, 전면적으로 종속되지 않을 수 있는 가능성이 있나요?

1990년 이후 소련권의 해체와 더불어 생겨난 신자유주의의 세계화 현상을 헤게모니를 둘러싼 '제국주의적' 경쟁으로 파악하셨는데요. 그렇다면 오늘날 헤게모니를 둘러싼 각국의 경쟁은 어떤 양상으로 전개되고 있다고 할 수 있을까요?

동아시아의 정세가 1890년대와 구조적인 유사점이 있어서 각국의 대립 속에 결국 새로운 청일전쟁으로 귀결될 수도 있다고 하셨는데요. 그렇다면 이러한 역사의 파국적 반복을 방지하기 위해서는 어떤 노력이 필요할까요?

일본에서는 아베 총리가 집단적 자위권을 시행함으로써 사실상 적대행위를 금지한 평화헌법 9조를 무력화했습니다. 일본의 이러한 움직임에 대해서 어떻게 생각하시는지요?

2011년 중동의 아랍 국가들에서 일어났던 일련의 민주주의 혁명은 독재정권을 무너뜨리긴 했지만 새로운 정치 질서를 확립하지 못했다는 점에서 실패한 혁명으로 불리기도 합니다. 흔히 성공한 혁명의 사례로 브라질이나 베네수엘라를 언급하기도 하는데요. 이에 대해서는 어떻게 보십니까?

오늘날 이 세계는 빠른 기술혁신으로 인해 급격한 변화를 맞이하고 있습니다. 이러한 변화 속에서 세계는 어떤 방향으로 나아가야 할까요?

교환양식 D의 실현을 보편종교의 차원에서 보고 계시다고 생각합니다. 또 다른 한편에선 보편종교와 세계종교를 구분하시기도 했는데요. 교환양식 D의 모습을 구상하는 데 있어 이 두 종교의 차이는 어떤 의미를 갖습니까?

폐허나 파국을 통해서만 국가에 의한 질서와는 다른 자생적인 질서를 가진 상호부조적 공동체가 등장한다고 하신 적이 있습니다. 재해 이후에 특별한 공동체가 등장한다는 점에서, 과연 현재 일본에 그런 가능성을 기대해도 될런지요?

새로운 세계공화국을 함께 건설하고자 하는 미래의 혁명가들에게 한 말씀 부탁드리고 싶습니다.

# 2부
# 윤리의 정치화, 정치의 윤리화

# 1부

## 새로운
## 이념을 향하여

© 인디고 연구소

# 1

## 공동선과
## 윤리적 주체

### 이론으로서는 진부하되, 실천으로서는 신선하다

**인디고** | 인디고 연구소는 '공동선을 향하여<sup>Toward the Common Good</sup>'라는 주제로 이론과 실천 사이에 징검다리를 놓는 인문학 프로젝트를 진행하고 있습니다. 개인의 주관적 가치가 보편적인 윤리적 질서와 만나는 지점, 즉 나의 좋음이 세상의 옳음과 맞닿는 곳에서 창조되는 새로운 지평을 향해 한 걸음 다가가려는 시도입니다. 이 프로젝트는 개인의 윤리를 사회 정의를 구현하는 지점까지 확장하고자 하는 이론적 도전인 동시에, 이러한 윤리를 공유하는 주체들 사이에 전 지구적인 소통의 장을 마련하여 구체적인 삶의 장에서 공동선을 실현하려는 목표도 갖고 있습니다. 역사적으로 인류는 이 같은 공동선의

이상을 실현하기 위한 수많은 시도를 해왔지만 아직까지 제대로 실현된 적은 없는 것 같습니다.

선생님께서는 『일본근대문학의 기원』 한국어판 서문에서 "나의 말은 이론으로서는 진부하되 실천으로서는 신선하다"라는 나카에 초민中江兆民[1]의 말을 인용한 마루야마 마사오丸山眞男[2]의 맥락을 빌려 다음과 같은 말씀을 하신 적이 있습니다. "'실천되지 않은 이론은 진부하게 보일지언정 신선하다'라는 나카에 초민의 말은 나에게도 '신선'했다. 그 이유는 그것이 '비평'의 언어이기 때문이다. 비평은 이론과는 다른 것이다. 그것은 이론과 실천의 거리, 사유와 존재 사이의 거리에 대한 비판적 의식이다." 그렇다면 '공동선을 향하여'라는 주제와 선생님의 "현실참여적 이론/비평"이 향하고 있는 지점이 과연 맞닿아 있는지 궁금합니다. 만약 그렇다면 이는 어떤 공통 지점에서 만날 수 있을까요? 나아가 이 문제의식이 갖는 현대적 의의는 무엇이라고 생각하십니까?

**1** 　　나카에 초민(1847~1901)의 본명은 도쿠스케(篤介). 일본의 자유민권사상을 대표하는 정치가이자 사상가이다. 《동양자유신문》의 주필을 지내기도 했다. 프랑스에 유학을 가서 프랑스혁명에 대한 식견을 넓히고 수많은 사상가들의 작품을 읽었다. 그중 루소의 『사회계약론』에 매력을 느끼고, 이를 일본어로 번역했다. 동양의 루소라고 불린다.
**2** 　　마루야마 마사오(1914~1996)는 제2차 세계대전 이후 일본에서 활약한 정치학자이다. 전후 일본의 정치학계는 '왜 우리들은 이러한 실수를 범한 것인가', '미국과 유럽의 민주정치의 비밀은 무엇인가'라는 두 가지 화두에 천착하게 되었는데, 1946년 발표한 「초국가주의의 논리와 심리」를 시작으로 혜성처럼 논단에 등장한 그는 이 두 질문에 주도적으로 대답하며 일본 '근대성'의 뿌리를 밝히는 작업을 수행함으로써 일본 사상계가 나아가야 할 방향과 비전을 제시했다고 평가받는다.

**가라타니** | 제 연구와 여러분의 기획은 확실히 공통점이 있다고 생각합니다. 나카에 초민은 자유민권 운동[3]의 리더였습니다. 메이지 시대 일본의 자유민권 운동은 일정한 목표를 달성한 후 쇠퇴했지요. 1889년에 헌법이 발표되고 1890년에 의회가 시작되었을 때 많은 활동가들은 민권파에서 국권파로 전향했습니다. 국권파가 내세웠던 것은 제국주의였습니다. 그 이데올로기는 적자생존·약육강식의 사회진화론이라 할 수 있습니다. 실제로 얼마 후 일본은 청일전쟁으로 치닫게 됩니다. 그 시기의 사람들은 나카에 초민이 자유민권과 같은 낡아빠진 사상에 매달려 있다고 비난했죠. 그러나 그는 그에 대해 이렇게 응답했습니다. "자유민권은 확실히 진부하다. 그러나 그것은 아직 실행된 적이 없다. 실행되지 않았기 때문에 그 사상은 새로운 것이다." 나카에 초민은 이 무렵엔 사회주의자로 '이동'해 있었습니다. 그의 애제자가 아나키스트 고토쿠 슈스이幸德秋水[4]입니다. 고토쿠

---

**3**　1870년대 후반부터 1880년대 초반까지 강력한 중앙집권제를 이룩한 메이지 정권에 맞서 민주주의적 개혁을 요구하는 정치 운동을 일컫는다. 서양문물과 제도의 강압적인 도입으로 근대화를 이룩하려는 메이지 정부에 대항하여, 자주와 자유를 주장하며 민주적 의회 제도를 도입하려고 했던 점에서 시민혁명적 의의가 있다. 민권 운동가들은 세력을 잃어가던 사무라이들에서 시작하여 호농 및 빈농들이 동참하면서 그 세력을 키웠지만, 중앙정권의 강력한 억압으로 분열을 겪으며 쇠퇴하였다. 자유민권 운동은 비록 실패로 끝났지만 일본의 헌법 제정과 국회 개원을 앞당기는 결과를 낳았다.

**4**　메이지 시대의 대표적인 사회주의자. 고토쿠 슈스이(1871~1911)는 어려운 유년시절을 보내며 새로운 세상에 대한 갈망을 느꼈고, 나카에 초민을 만나 자유민권사상을 배우며 이상주의를 지향하게 되었다. 민권 운동에 대한 탄압이 계기가 되어 아나키즘을 접하고, 사회주의에서 나아간 무정부론을 주창했다. 1910년 급진파가 계획한 천황암살사건에 '무정부론자'라는 이유로 연루되어 교수형에 처해졌다.

는 천황암살을 모의했다는 이유로 사형 당했습니다.

저는 1990년대에 나카에 초민이 쓴 글을 떠올렸죠. 그때는 "공산주의는 진부하다. 마르크스주의는 시대에 뒤떨어졌다"고 모두들 말하던 시기입니다. 저는 이렇게 생각했습니다. **"틀림없이 그것들은 진부하다. 그러나 실현되지 않은 것은 아직 새롭다"**라고 말이지요. 애당초 소련에서는 공산주의가 실현된 적이 없습니다. 또한 소련에 마르크스주의자는 없었습니다. 설령 있었다 하더라도 이미 오래전에 처형당했죠. 중국도 마찬가지입니다.

사실 1990년까지 오히려 저는 이른바 공산주의·사회주의를 비판했습니다. 그리고 아이러니하게도 자본주의를 높이 평가했습니다. 자본주의가 끊임없이 해체하고 새롭게 스스로를 재구축하는 힘을 갖고 있다고 평가했던 것이죠. 소련을 비판하면서 자본주의에 기대를 걸고 있었다고 말할 수도 있겠습니다. 역사적으로 소련이 무너지고 베를린 장벽이 붕괴되던 시기였지만 저는 거기에 큰 관심은 없었습니다. 이미 소련은 저에게 끝난 역사였기 때문입니다.

그런데 90년대 들어서면서 사람들이 사회주의는 끝났다고 말하던 시기에 저는 이전과 다른 태도를 취하게 되었습니다. 자본주의의 탈구축적인 힘은 노골적으로 전 세계를 신자유주의로 몰아넣었기 때문입니다. 따라서 저는 사회주의·반자본주의를 주창하게 되었던 것입니다. 그렇지만 제 생각이 근본적으로 변한 것은 아닙니다. 오히려 생각을 유지하기 위해서 입장이나 말을 바꾸어야 했지요. 왜냐

하면 상황이 변하면 같은 말이 다른 의미가 되어버리기 때문입니다. 저는 이와 같은 비평을 '트랜스크리틱transcritique'5이라고 부릅니다. '트랜스크리틱'이란 항상 '이동'을 포함하는 비평입니다.

　이 시기를 거치며 저는 무언가 **적극적인 이념**이 필요하다고 생각했습니다. 하지만 90년대 이후에 사회주의 · 공산주의라는 말을 사용하는 것은 역시 어려웠습니다. 말도 안 되는 오해를 받을 것이 뻔했으니까요. 그래서 저는 다른 언어로 이를 표현했는데, 그 한 가지 예가 바로 **어소시에이셔니즘**associationism6입니다. 공동선이라는 것도 비슷한 의미라고 생각합니다만, 이런 식으로 사람들이 잘 모르는 말

**5**　　트랜스크리틱은 가라타니 고진의 독특한 비평 방법을 일컫는 말이자 저서의 제목이기도 하다. 칸트와 마르크스의 비평에서 사용한 이 용어는, 모순되는 두 이론에서 발생하는 강한 시차를 이용한 전위transposition적인 비평(비판)의 방식을 뜻한다. 가라타니 고진은 이러한 사유를 통해 세계는 통역되지 않는 복수의 가치체계가 중첩되어 작용하고 있다는 인식에 이르고, 체계의 근본적 교환 원리인 '자본', '국가', '네이션'을 발견하게 된다. "내가 트랜스크리틱이라고 부르는 것은 윤리성과 정치경제학 영역의 사이, 칸트적 비판과 마르크스적 비판 사이의 코드 변환transcoding, 즉 칸트로부터 마르크스를 읽어내고 마르크스로부터 칸트를 읽어내는 시도이다. 내가 하고자 하는 것은 칸트와 마르크스에게 공통된 '비판'(비평)의 의미를 되찾는 일이다." 가라타니 고진, 『트랜스크리틱』, 송태욱 옮김, 한길사, 2005, 15쪽.
**6**　　상품교환 원리가 존재하는 도시적 공간에서 국가나 공동체의 구속을 거부하는 동시에 공동체에 있던 호수성互酬性을 회복하려는 운동이라 할 수 있다. "개개인이 공동체의 구속으로부터 해방되어 있다는 점에서 시장경제의 교환과 닮아 있음과 동시에, 시장경제의 경쟁이나 계급분해에 대해 상호부조적인 교환—자본의 축적이 발생하지 않는 시장경제—을 목표로 한다는 점에서 공동체와 닮아 있다. 그리고 이 자발적이고 자립한 상호교환 네트워크는 상위의 정치적 국가조직을 필요로 하지 않으며, 국가의 원리와는 결코 양립하지 않는다. 이것을 코뮤니즘이라고 해도 좋을 것이다. 그러나 무용한 오해를 피하기 위해 나는 이것을 어소시에이션이라고 부른다. 그것은 국가, 공동체, 자본주의를 넘어서는 유일한 원리이다. 이것이 다른 세 가지와 다른 점은 현실적으로 존재한 것이 아니라는 것, 그런 의미에서 '유토피아'라는 점이다. 그러나 이 세 가지 교환양식이 집요하게 남아 있는 한, 이 교환원리도 규제적 이념으로서 계속 남는다." 가라타니 고진, 『네이션과 미학』, 조영일 옮김, 도서출판 b, 2009, 22~23쪽.

을 사용하는 편이 좋을지도 모르겠습니다. (웃음)


## 자유의 패러독스

**인디고** 여러 학자들이 역사와 이념의 종말을 주장한 것과는 반대로, 방금 적극적인 이념의 필요성을 느꼈다고 말씀하셨는데요. 『트랜스크리틱』에서 "나는 1990년대에 들어, 특별히 생각이 변한 것은 아니지만 태도$^{stance}$가 근본적으로 변했다. 이론은 단지 현 상황에 대한 비판적 해명에 그치는 것이 아니라 현실을 변화시키는, 뭔가 적극적인 것을 제출하지 않으면 안 된다고 생각하게 된 것이다"[7]라고 쓰셨습니다. 선생님은 이 책에서 임마누엘 칸트를 독특한 관점에서 독해하셨는데 이 부분이 특히 흥미로웠습니다. 칸트에 대한 비평과 선생님의 입장 변화 사이에 어떤 관련이 있는지요?

**가라타니** 먼저 제가 칸트를 언급하게 된 배경을 이야기하고 싶습니다. 물론 지금도 그와 같은 경향이 있습니다만, 제가 젊었을 당시 칸트는 항상 부정적으로 비춰지고 있었습니다. 그때 가장 영향력이 있었던 사상가는 사르트르$^{Jean-Paul Sartre}$였습니다. 사르트르는 실존주의

---

**7** 가라타니 고진, 『트랜스크리틱』, 23쪽.

적 주체를 강조했습니다. 초기의 사르트르는 자신의 대표작으로 알려진 『존재와 무』에서 인간존재는 '무'이며, 근본적으로 '자유'라고 기술했습니다. 즉, 사람을 강제하는 윤리적인 규범 따위는 없다는 말이지요. 그렇다면 인간이 타자에 대해 윤리적인 태도를 취하는 것은 무엇 때문일까요? 사르트르는 이 질문에 대해 명확하게 답을 제시하지 못합니다. 그러나 얼마 후 그는 거기서 벗어나 윤리적인 태도를 분명히 하게 됩니다. 구체적으로 말하자면 그는 마르크스주의를 받아들이고 나아가 공산당의 지지자가 되었지요.

이후 1960년대부터 프랑스에서는 이러한 사르트르를 비판하는 사람들이 나옵니다. 라캉Jacques Lacan이나 레비 스트로스Claude Lévi-Strauss 같은 구조주의자들이 그렇죠.[8] 이들이 말하는 바는 주체란 구조에 의해 형성된 결과에 지나지 않는다는 것입니다. 이후에 후기구조주의자로 불리는 미셸 푸코Michel Foucault, 질 들뢰즈Gilles Deleuze, 자크 데리다Jacques Derrida 등의 사상가가 등장하지요. 그들은 근본적으로 사르트르적인 주체를 의심하는 입장을 취합니다. 이는 사르트르가 지지한 공산당을 부정하는 입장이라고 해도 좋겠습니다. 저도 이와 같은 사고방식에 찬성한 것입니다.

**8**    구조주의는 사물의 의미나 인간 행위 및 인식이란 개별로서가 아니라 전체 체계 안에서 규정된다는 인식을 전제로 하여, 이를 규정하는 총체적인 구조와 체계에 대한 탐구를 말한다. 언어학에서 처음으로 발전되어 인류학, 정신분석학, 사회학, 미학, 정치이론 등의 발달에 영향을 끼쳤다. 언어학자 소쉬르Ferdinand de Saussure, 문화비평가 롤랑 바르트Roland Barthes, 마르크스주의 철학자 루이 알튀세르Louis Althusser 등이 여기에 속한다. '자유로운 주체'에 관한 구조주의자의 논의에 대한 분석은 가라타니 고진, 『윤리 21』, 송태욱 옮김, 사회평론, 2001, 60쪽 이하 참고.

그러나 냉전구조가 끝난 90년대 이후에 구조주의 · 포스트구조주의는 비평성을 잃어버립니다. '주체'를 의심하는 것으로 오히려 주체적이고자 했던 것이, 90년대 이후에 '주체' 따위는 존재하지 않는다고 말하면 포스트모던한 냉소주의로 치부되어버린 것이지요. 조금 전에 말한 것처럼 문맥이 다르면 같은 언어가 다른 의미를 지니게 됩니다. 역사적인 문맥을 무시하고 주체의 유무를 따지는 논의는 아무리 해봐야 의미가 없는 것입니다.

**인디고** | 그 말씀은 단순한 현실 비판에 그치고 말았던 포스트모던한 냉소주의를 극복할 수 있는 주체가 필요하다는 의미로 들리는데요. 그렇다면 선생님께서는 칸트로부터 새로운 주체의 가능성을 발견하신 것인지요?

**가라타니** | 주체는 근본적으로 **자유**와 관련이 있습니다. 제가 칸트를 다시 읽기 시작한 것은 1990년 즈음입니다. 칸트의 『순수이성비판』에는 '제3이율배반'[9]이라고 불리는 것이 있습니다. 간단히 말해 정명제는 "자유가 있다"이고 반대명제는 "자유는 존재하지 않는다.

---

**9**　이율배반Antinomie은 서로 모순되는 두 명제가 동등한 타당성으로 주장되어 팽팽하게 대립하는 관계에 있는 것을 말한다. 칸트는 『순수이성비판』에서 네 가지 이율배반을 제시하고 있으며, 여기서 고진이 언급한 칸트의 제3이율배반은 '자유와 자연 인과성이 양립가능한가'라는 명제에 대한 분석에 해당한다. 가라타니 고진, 『트랜스크리틱』, 193쪽 이하 참고. 그리고 가라타니 고진, 『윤리 21』, 54쪽 이하 참고.

모든 것은 결정되어 있다"라는 것인데, 칸트는 이렇게 모순되는 것처럼 보이는 명제가 양쪽 모두 성립한다고 설명했습니다. 그런데 이 것만 읽으면 칸트가 생각한 것이 어떤 의미인지 알기 어렵습니다. 예를 들어보죠. 실존주의자나 구조주의자는 칸트에 대해 냉소적입니다. 그러나 그들의 논의까지도 이 제3이율배반에 포함되어버립니다. 실존주의자는 인간에게 "자유가 있다"라고 생각하죠. 즉, 이것은 정명제입니다. 구조주의자는 "자유는 없다"라고 생각합니다. 인간은 자유로운 것처럼 보일 순 있지만 구조에서 벗어나 존재하지는 않는다는 것입니다. 즉, 이것은 반대명제입니다. 둘 중 어느 쪽이 옳은지를 분명하게 결정할 수는 없습니다. 왜냐하면 두 명제 모두 성립하니까요. 그러니까 둘 다 칸트를 뛰어넘은 것이 아닙니다. 실존주의와 구조주의의 논쟁은 조금도 새롭지 않습니다. 어떤 국면에서 주체를 부정하더라도 다른 국면에서 재차 주체를 도입하지 않으면 안 됩니다. 주체를 부정하지 않으면 안 되는 상황도 있고, 그것을 긍정해야만 하는 상황도 있는 것이지요.

다른 관점에서 생각해봅시다. 예를 들면 오늘날 사람들은 자신이 자유롭다고 생각하고 있죠. 원하는 것을 자유롭게 사거나 마음대로 보고 즐기고, 또 선거에서 자유롭게 투표를 하니까요. 그러나 '자유는 없다'라는 반대명제의 관점에서 보면 그런 것은 자유가 아닙니다. 개인이 자유롭게 선택했다고 생각하지만 사실은 이미 다양한 선전이나 교육에 의해 움직여지고 결정되어 있다는 것입니다. 철학자

가운데 '자유는 없다'는 생각을 취한 사람은 스피노자[Baruch Spinoza]입니다.[10] 스피노자는 우리들이 무수히 많은 원인에 의해, 즉 자연적 필연에 따라 결정되어 있다고 생각했습니다. 그러나 원인이 너무나도 복잡한 탓에 사람들은 자유라고 착각할 뿐이라는 것이죠. 그러니까 자유는 상상물일 수밖에 없다고 합니다.[11]

물론 '자유가 있다'고 생각할 수도 있습니다. 욕망이 그 대표적 예입니다. 아이가 장난감을 갖고 싶어할 때, 아이는 그것이 자기의 욕망과 자유의지라고 생각할 것입니다. 하지만 사실 남들이 갖고 싶어하기 때문에 자기도 갖고 싶은 것입니다. 근본적으로 욕망은 타자의 욕망이고, 타자에게 인정받고 싶다는 욕망입니다. 자기 원인에 의한 것이라는 관점에서 보면 이것은 자유가 아닙니다. 그렇지만 우리는 이것을 자신의 자유라고 생각하죠. 다시 말해 타자의 욕망이 나의

---

**10**　스피노자에 따르면 자유의지 혹은 초월은 표상에 불과하다. 왜냐하면 모든 것이 자연필연적으로 결정되어 있기 때문이다. 자유 따위는 없고, 이는 자기 원인이라는 것이다. 스피노자가 생각하기에 일체는 신=자연 속에 있으며 그 바깥에 전지전능한 신은 없다. 초월적인 신이란 바로 자연을 넘어서는 자유의지를 갖고 있다고 생각하는 인간이 품는 표상에 불과하다. 가라타니 고진, 『탐구 2』, 권기돈 옮김, 새물결, 1998, 149~150쪽. 그리고 이와 관련한 논의는 가라타니 고진, 『윤리 21』, 55쪽 이하 참고.

**11**　자유에 관한 스피노자의 설명에 대해 가라타니는 아래의 구절을 인용한다. "인간이 자신을 자유롭다고 믿는 것은 그릇된 일이다. 그러한 의견의 까닭은 그들이 자신의 행동은 의식하지만 자신의 행동을 결정하는 원인을 모르기 때문이다. 그러므로 그들이 자신의 행동의 원인을 모른다는 것이 그들의 자유의 관념이다. 왜냐하면 그들이 인간의 행위는 의지에 의존한다고 말하더라도 그것은 그들이 그것에 관하여 아무런 관념도 갖지 않은 채 하는 말에 불과하기 때문이다. 왜냐하면 의지가 무엇인지 그리고 의지가 어떻게 신체를 움직이는지 그들은 아무것도 모르기 때문이다." 「정리 35의 주해」, 베네딕트 데 스피노자, 『에티카』, 강영계 옮김, 서광사, 1990, 102~103쪽.

욕망에 반영된 경우 분명히 나에게 자유가 있었던 것이 아니지만, 마치 타인의 욕망을 자기 욕망, 즉 자유인 것처럼 여기게 된다는 것입니다.

마르크스나 프로이트도 이와 같은 스피노자 계통의 사상가입니다. 마르크스는 『자본』 서문에서 "나는 다른 누구보다도 경제적 사회구성체<sup>ökonomischen Gesellschaftsformation</sup>의 발전을 하나의 자연사적 과정으로 파악하고 있으며, 각 개인은 그들이 설사 주관적으로는<sup>subjektiv</sup> 사회적 관계에서 벗어나 있다고 할지라도 사회적으로는<sup>sozial</sup> 사회적 관계의 피조물이라고 간주하기 때문에 사회적 관계에 대한 이들 개인의 책임은 적다고 생각하는 입장이다"[12]라고 말합니다. 마르크스는 여기서 개개인이 관계들의 산물이면서 그것을 '초월'한 것처럼 행동할 수 있다고 여겼습니다. 이것이 자유라는 상상물입니다. '기업 윤리'가 그런 것입니다. 경영자 중에서도 윤리적으로 선한 경영자와 악한 경영자는 있을 수 있습니다. 하지만 마르크스가 탐구한 것은 개인이 선하게 또는 악하게 행동할 수는 있지만, 이들은 자본의 대리인이므로 강제되고 마는 사회 · 경제적 관계 구조에 편입되어 있다는 것입니다. 구조주의 역시 이 같은 흐름 속에 있는 것이지요.

그럼 칸트는 어땠을까요? 그도 스피노자와 같이 생각하고 있었을 겁니다. 즉, 반대명제가 옳다고 말이지요. 그럼 자유는 없는 것일까

---

[12]    카를 마르크스, 『자본I-1』, 강신준 옮김, 길, 2008, 47쪽.

요? 만약 그렇다면 윤리도, 주체도 성립할 수 없는 것 아닐까요?

저는 이런 스피노자의 결정론을 바탕에 두고 칸트를 생각했습니다. 그리고 칸트의 사유가 가장 근본적이라고 생각했습니다. 칸트는 자유가 '도덕적인 영역'에만 있다고 말합니다. **의무를 다함으로써 사람은 자유로워진다**고 말하죠.[13] 일반적으로 사람은 '의무를 다하는 일이 어째서 자유인가?'라고 생각합니다. 이를 이해할 수 없기 때문에 모두 칸트를 비난합니다. 이에 대해 납득할 만한 해결책을 내놓은 사람은 저뿐입니다. (웃음) 제 생각에 '자유로워라'라는 명령에 따를 때에 인간은 비로소 자유로워집니다. 자유는 그와 같은 명령에서 오는 것이며 그 외에 자유는 없습니다.

### 책임과 윤리로서 자유

**인디고** | 의무를 다하는 일이 곧 자유이며, 주체를 정립할 수 있는 길이라는 칸트에 대한 해석은 참 독특하게 느껴집니다. 왜냐하면 사실 근대 이후에 자유와 의무, 혹은 윤리는 상반된 가치로 이해되어 왔기 때문입니다. 우리는 보통 자유를 개인적인 가치이자 자신이 사회 속에서 누릴 수 있는 일종의 권리라고 여기는 반면, 의무나 윤리

---

**13**　보다 상세한 논의는 가라타니 고진, 『윤리 21』, 61쪽. 그리고 가라타니 고진, 『트랜스크리틱』, 199쪽 참고.

는 자신이 사회 속에서 타인과 함께 살아가기 때문에 지켜야 하는 도덕 혹은 법이라 생각합니다. 그런데 선생님의 논의에서는 자유와 의무, 주체와 윤리가 만나고 있습니다. 이에 대해 보다 상세하게 설명을 해주시겠습니까?

**가라타니** | 칸트에 있어서 도덕은 **선악의 문제**가 아니라 **자유의 문제**입니다. 여기서 자유는 일반적인 의미의 자유와는 다릅니다. 칸트에게 자유는 순수하게 자기 원인적인 것, 자발적인 것, 주체적인 것과 같은 말입니다. 편의상 도덕과 윤리를 구별해서 설명해보죠. 도덕은 공동체의 규범이고, 윤리는 자유와 관련된 것입니다. 물론 이것은 제가 구분한 것이지, 엄밀한 정의는 아닙니다. 칸트는 외부의 원인에 의해 규정되는 것을 타율이라고 생각했으며, 반대로 자기 원인을 자율 혹은 자유라고 생각했습니다. 칸트 이전에 우리가 알고 있는 두 가지 도덕이 있습니다. 하나는 도덕이란 공동체를 유지 · 존속시키기 위한 규율이라는 관점입니다. 여기서 도덕은 공동체의 규범입니다. 칸트는 이처럼 공동체의 규범을 따르는 것은 타율적인 것이라고 비판했습니다. 또 다른 한 가지는 도덕을 개인의 행복이나 이익의 문제로 여기는 공리주의입니다. 이조차도 칸트의 입장에서 본다면 '자연적 본능'에 지배당하는 타율적인 것일 뿐입니다. 하지만 윤리는 이와는 다른 자유에 의한 것입니다.

칸트는 도덕과 윤리를 똑같이 모럴리티$^{morality}$라고 표현했지만 그 둘은 차이가 있습니다. 도덕이 공동체 규범이라면, 윤리는 자유로워지려는 의무(명령)이지요. 자유는 어떤 것에 속박되지 않는 것인데, 행복하고자 애쓰는 인간의 본능이 우리를 자유롭지 못하게 만드는 겁니다. 행복이 목적이 되면 우리는 결코 자유로워질 수가 없습니다.

그렇다면 자유는 어떻게 가능할까요? 방금 말했듯이 '자유로워지라'는 명령에 따르는 것, 그리고 타인 역시 자유로운 존재로 대하는 것, 즉 '타자를 수단으로서만이 아니라 동시에 목적으로 대하라'는 명령에 따르는 것입니다. 이러한 당위에 의해서만 자유는 존재합니다. 먼저 자유로워지라는 것은 실제로는 우리가 자유롭지 않다고 할지라도 자신이 자유롭다고 생각하는 것을 말합니다.

한 범죄자를 생각해보죠. 그 사람이 범죄를 저질렀다고 할 때, 그것은 자신이 의도한 것이 아닐 수도 있습니다. 자기도 어찌할 수 없는 상황에서 범죄를 저지른 것이라고 해두죠. 그렇다고 할지라도 칸트식으로 생각한다면 이 사람에게 자유는 있었습니다. 그것은 행동할 당시에 이 사람이 자유롭게 다른 선택을 할 수도 있었다는 의미가 아닙니다. 어떤 원인들에 의해서 선택했든 간에 그는 범죄를 저질렀고, 거기에 대해서 책임을 져야 한다는 것을 말합니다. 그것은 그가 자유에 의해서 이 행동을 했다고 여긴다는 것이죠. 이렇듯 자유는 책임과 관련이 있습니다. '자유로워지라'는 명령에 따른다는 것은 자신이 자유로운 존재임을 의미하는 것이 아니라, **이미 일어나버린 일이 자신의 자유에 의한 것이었다고 받아들이는 것, 즉 책임을**

**지는 일**입니다.

다음으로 자유란 칸트의 도덕법칙인 '타자를 수단으로서만이 아니라 동시에 목적으로 대하라'는 명령에 따르는 것이기도 합니다. 이 부분에 관해서는 이후에 다시 상세히 설명하게 될 테니 지금은 한두 가지만 짚고 넘어가면 좋겠네요. 타자를 목적으로 대하라는 말은 곧 타자를 타율적인 존재가 아니라, 타자도 나 자신과 마찬가지로 자유로운 존재로 대하라는 것입니다. 여기서의 타자는 단지 동시대의 타자뿐만 아니라 이미 죽은 과거의 타자와, 아직 태어나지 않은 미래의 타자도 포함합니다. 또한 이것은 우리가 살고 있는 자본제 경제에서는 **실현 불가능한 명령**[14]이라는 것입니다.


### 세계시민적 윤리와 보편성

**인디고** ┃ 선생님은 『윤리 21』에서 "책임지는 또 하나의 바람직한 방

---

**14**　　가라타니는 칸트의 '타자를 수단으로서만이 아니라 목적으로 대하라'는 윤리적 명령을 역사·사회·경제적 차원까지 고려하여 설명한다. 칸트가 도덕법칙을 말할 때 그는 생산과 생산 계급을 전제로 하고 있는데 타자를 목적으로 대할 수 있는 관계란 수도원이나 학생 기숙사에서의 관계 정도밖에는 없다. 그러나 그들조차도 수도원의 신자를 자신의 수단으로, 교사나 부모를 자신의 수단으로 삼고 있다. 결국 자본주의 사회에서는 타인을 기본적으로 자신의 이윤을 증진시키는 수단으로 삼는다. 따라서 칸트의 명령은 현재의 사회시스템을 바꾸지 않고서는 실현 불가능한 명령이라 할 수 있다. 가라타니 고진, 『트랜스크리틱』, 219~220쪽 참고. 그리고 가라타니 고진, 『윤리 21』, 119쪽 참고.

가능성의 중심

법은 그동안의 과정을 남김없이 고찰하는 일이다. 어떻게 해서 그렇게 되었는가를 철저하게 검증하고 인식하는 것이다"[15]라고 말씀하시기도 했습니다. 선생님이 저술에 몰두하시는 것 또한 이 시대에 이미 일어나버린 일들에 대해 책임을 지는 일이 아닌가 생각합니다. 이번엔 개인의 차원을 넘어서 공동체적 차원의 윤리에 대해 질문하고자 합니다. 선생님은 칸트의 윤리를 말씀하셨지만, 사실 칸트는 자신의 저서인 『아름다움과 숭고함의 감정에 관한 고찰』에서 인종 차별적이고 편견에 가득찬 모습을 보여주기도 했습니다.[16] 이는 칸트 역시도 자신이 속한 세계를 벗어나 세계시민적인 윤리를 실현하는 것이 갖는 어려움을 드러낸 것은 아닐까요? 오늘날 요청되는 인류의 보편성을 담지한 차원의 윤리는 어떻게 가능할 것이라고 생각하십니까?

**가라타니** | 먼저 칸트가 인종에 대해 차별적이었다는 견해는 『인간학』[17]에 그가 쓴 내용 때문에 나온 것입니다만, 저는 그렇게 생각하지 않습니다. 그 점만을 과장해서 칸트의 한계를 말하는 것은 우스

---

**15**    가라타니 고진, 『윤리 21』, 77쪽.
**16**    "아프리카의 니그로는 본래 유치함을 넘어설 만한 감정이라고는 갖고 있지 못하다. … 그래서 그들은 요상한 말로 지껄이기를 너무나 좋아하기 때문에 분명 매질만이 그들을 서로 흩어놓을 수 있을 것이다." 임마누엘 칸트, 『아름다움과 숭고함의 감정에 관한 고찰』, 이재준 옮김, 책세상, 2005, 92~93쪽.
**17**    임마누엘 칸트, 『실용적 관점에서 본 인간학』, 백종현 옮김, 아카넷, 2014. 이 책에 대한 해설서로 미셸 푸코, 『칸트의 인간학에 관하여』, 김광철 옮김, 문학과지성사, 2012 참고.

운 일입니다. 게다가 실제로 칸트의 『인간학』을 읽은 사람은 많지 않습니다. 이 책은 상당히 유쾌한 책이므로 한번 읽어보기를 권합니다. 예를 들면 "자국에서 이방인의 낯선 얼굴은 태어난 나라를 떠나본 적이 없는 옛날 사람들에겐 놀림감이 되는 게 일반적"이라고 말하면서, 그 예로서 에도 시대의 일본 아이들이 네덜란드인을 보고 "왕방울 눈"이라고 외쳤다는 이야기를 하고 있습니다. 이 책은 결론적으로 "지구시민이 연대하여 진보를 거듭하면서, 세계동포주의에 근거해 인류를 단결된 하나의 체제로까지 발전시켜 나갈 것이다"라고 서술하고 있습니다.

저는 지금도 마찬가지이지만 미래에도 칸트를 뛰어넘는 윤리학이 필요하다고 생각하지 않습니다. 조금 전에 말한 것처럼 칸트가 말하는 도덕법칙, '타자를 단순히 수단으로서만이 아니라 동시에 목적으로서 취급하라'는 것으로 충분하다고 생각합니다. 문제는 새로운 윤리학을 생각하는 것이 아니라, **칸트가 말한 것을 진정으로 실현하는 것**입니다. 칸트의 윤리학은 나카에 초민이 말한 것처럼 '아직 실현되지 않은 사상'이며 그러하기 때문에 새로운 것입니다.

예를 들면 미국 사람들은 미국이 자유의 나라라고 말합니다. 그리고 각자가 평등하게 대우받는 나라라고 하죠. 그러나 이 경우의 자유나 평등은 형식적인 것일 뿐입니다. 현실에서는 많은 사람이 직장을 구할 수 없을지도 모르고, 설사 구한다 해도 언제 해고될지 모르는 불안한 상태로 살아가고 있습니다. 빈부격차 역시 심각합니다.

자본주의는 단순하게 말하면 '상대를 수단으로서만 취급하는' 시스템입니다. 그리고 '신자유주의'란 상대를 수단으로서만 취급하는 것을 '자유롭게' 해도 좋다는 생각입니다. 이에 반해 '타자를 수단으로서만이 아니라 동시에 목적으로서 취급하라'는 것은 단순히 형식적인 것이 아니라 구체적인 자유와 평등을 의미합니다. 현대 미국의 윤리학은 칸트를 부정한 공리주의에 근거해 구축되어 있습니다만, 이는 자본주의에 합치될 뿐입니다. 이런 것이 보편적일 수는 없는 것이지요.

## 우리는 지금 계몽의 시대를 살고 있는가?

**인디고** │ 칸트는 계몽주의자로 알려져 있습니다. 선생님이 종종 인용하시기도 하는 「계몽이란 무엇인가에 대한 답변」 첫 문단에서 칸트는 "우리는 지금 계몽된 시대를 살고 있는가?"라는 질문을 던집니다.[18] 계몽주의는 이성과 합리성을 중시하는 근대의 출발점이었을 뿐만 아니라 프랑스 대혁명에도 영향을 끼쳤다고 평가됩니다. 하지

---

**18** "계몽이란 우리가 마땅히 스스로 책임져야 할 미성년 상태로부터 벗어나는 것이다. 미성년 상태란 다른 사람의 지도 없이는 자신의 지성을 사용할 수 없는 상태이다. 이 미성년 상태의 책임을 마땅히 스스로 져야 하는 것은, 이 미성년의 원인이 지성의 결핍에 있는 것이 아니라, 다른 사람의 지도 없이도 지성을 사용할 수 있는 결단과 용기의 결핍에 있을 경우이다. 그러므로 '과감히 알려고 하라Sapere aude!' '너 자신의 지성을 사용할 용기를 가져라!' 하는 것이 계몽의 표어이다." 임마누엘 칸트, 『칸트의 역사철학』, 이한구 편역, 서광사, 2009, 13쪽.

만 이후, 감성에 비해 이성을 중시하고, 이성과 비이성을 나누어 비이성을 배제하며, 타자를 억압하고 동일화하려 한다는 비판을 받게 됩니다. 그리고 오늘날 가치 질서를 해체하고 탈중심적인 예술과 사유 그리고 사회 운동을 전개하는 포스트모더니즘의 경향 속에서 더 이상 계몽주의는 의미 없는 것으로 여겨지고 있습니다. 만약 우리가 계몽'된' 시대가 아니라 계몽'의' 시대를 살고 있다면 선생님은 지식인으로서 오늘날에 요청되는 정치적 계몽에 대해서 어떻게 생각하시는지요? 청년을 비롯한 이 시대의 시민들이 가져야 하는 정치적 · 윤리적 계몽은 어떤 방향으로 이루어져야 할까요?

**가라타니** │ 앞으로도 인류가 완전하게 계몽'된' 시대에 도달하는 일은 없을 거라고 생각합니다. 따라서 우리들은 언제나 계몽'의' 시대를 살아가게 될 것입니다. 다만 칸트가 말한 계몽은 칸트 이전의 '계몽주의'와는 다릅니다. 계몽이라고 하면 인식을 가진 자가 무지몽매한 대중을 가르치고 이끈다는 의미가 됩니다. 그러나 칸트가 말한 것은 그와 같은 전제 자체를 의심하는 것입니다.

예를 들면 칸트는 '공적인 것'과 '사적인 것'이라는 구별을 일반적인 의미와는 반대로 생각합니다. 일반적으로 '공적'이라면 국가적인 것이라는 의미가 됩니다. 그런데 칸트에 의하면 국가 차원에서 생각하고 행동하는 일은 사적인 것이며, 공적인 것은 보편적인 것, 이를테면 세계시민적으로 생각하고 행동하는 것이라고 말합니다. 그러나 이 논의를 국가보다 넓은 의미의 세계를 고려하기 위해서라고 한다면 칸트가 말하려 한 내용은 절반밖에 전달되지 않을 것입니다. 즉 국가는 사적인 것이고, 국가를 넘어선 코스모폴리스$^{cosmopolis}$를 공적인 것이라 말한다면 '공적인 것'은 '사적인 것'보다 높은 차원에 있게 되죠. 그렇다면 계몽이란 사람을 그와 같은 높은 경지로 데려가는 것이라고 생각하게 됩니다. 이와 같은 태도가 계몽주의입니다. 그러나 칸트의 설명은 그렇지 않았다고 저는 생각합니다.

칸트는 오히려 '공적'과 '사적'이라는 가치부여 그 자체를 전도했다고 생각합니다.[19] 사람들은 공적이라고 하면 고상하고 훌륭한 것이라고 생각합니다만, 사실은 사적인 차원이야말로 본질적이고 보편적인 것입니다. 이와 같은 가치전도를 처음으로 실천한 사람으로 소크라테스를 들 수 있습니다.[20] 그는 폴리스가 숭배하는 신들을 인정하지 않고 다이몬이라는 새로운 신을 도입합니다. 젊은이들을 타

---

**19**　"일반적으로 공적이라는 것은 사적인 것에 비해 공동체 또는 국가 차원의 일을 말할 때 쓴다. 그런데 칸트는 공동체 또는 국가 차원의 것을 반대로 사적이라고 간주하고 있다. 중요한 '칸트적 전회'가 여기에 있다. 이 전회는 단지 공공적인 것의 우위를 말한 것에 있는 것이 아니라 공공적인 것의 의미를 바꿔버린 데 있다. 공공적이라는 것(세계 공민적이라는 것)은 공동체 안에서는 오히려 그저 개인적인 것으로밖에 보이지 않는다. 그리고 거기서 개인적인 것은 사적인 것으로 간주된다. 왜냐하면 그것은 공공적 합의에 반하기 때문이다. 그러나 칸트의 생각으로는 그렇게 개인적인 것이 공공적인 것이다." 가라타니 고진, 『트랜스크리틱』, 170~171쪽. 또는 가라타니 고진, 『윤리 21』, 84쪽 이하 참고.

**20**　"소크라테스는 공인과 사인의 구별 및 그것과 결부된 신분적 가치부여를 부정한다. 흔히 소크라테스와 함께 윤리가 처음으로 문제시되었다고 이야기된다. 하지만 그것은 소크라테스에 의해 '덕'이 공적인 것과 사적인 것의 구별을 넘어선 곳에서 발견되었다는 것에 지나지 않는다. 그것은 또 공인과 사인인 것의 균열이 없는 시민사회를 시사하는 것이기도 하다." 가라타니 고진, 『철학의 기원』, 조영일 옮김, 도서출판 b, 2015, 202쪽.

락시킨다는 이유로—물론 소크라테스는 그런 일을 하지 않았습니다—기소되어 사형을 선고받지요. 그럼에도 그가 아테네 사람들에게 사회규범과 관련하여 가장 도덕적인 존재로 비친 데에는 이유가 있습니다. 그것은 그가 아테네에서 '공인'으로서 산다는 것의 가치를 부정했기 때문입니다.

아테네 폴리스에서 시민이란 한 명의 공인으로서 국가의 일에 참여하는 자를 가리킵니다. 공인公人은 폴리스적 · 정치적이고, 사인私人은 비정치적입니다. 그런 까닭에 공인이 되지 못하는 자, 예를 들면 외국인, 여성, 노예는 비폴리스적이고 따라서 사적인 존재입니다. 아테네 사회는 그들의 노동에 의해 성립되고 있는데도 그들은 저급하게 취급되었습니다. 아테네의 데모크라시에서는 이처럼 공적인 것, 그리고 그것을 위한 '실천'만이 오직 존중되고, 가사노동 혹은 상공업과 같은 '노동'은 일반적으로 멸시받았던 것입니다. 따라서 아테네에서는 철학에서도 이오니아의 철학과 달리 자연학이나 기술학이 경시되었습니다. 소크라테스의 제자인 플라톤은 그런 의미에서 전형적인 아테네의 철학자라고 할 수 있지요.

한편 소크라테스는 민회나 법정에서 활약하며 권력을 얻는 것을 가치 있는 것으로 간주하지 않았습니다. 그 때문에 미움 받았던 것입니다. 예를 들면 소피스트는 공인이 되기 위한 지식이나 웅변술 등을 가르치고 돈을 벌었습니다. 소크라테스는 돈을 받지 않았습니다. 애초에 사회에 유용한 지식을 가르치고 있지 않았기 때문에 그것은 당연했습니다. 그가 가르친 것은 **공인으로서 활동하기 위한 기술이 아니라 그것을 의심하는 사고**였습니다. 한편 소피스트는 공적인 권력을 얻는 것에 가치를 두는 아테네 시민의 상식을 전복하는 일은 하지 않았습니다. 따라서 소크라테스에 대해 경의를 품고 있는 사람이든 반감을 품은 사람이든 그들이 이해할 수 없었던 것은 그가 왜 그렇게 행동했느냐는 것입니다.

왜 소크라테스는 그런 일을 했을까요? 그 이유는 그 자신도 몰랐다고 생각합니다. 자신의 의지가 아니었기 때문입니다. 그는 다이몬[21]에게 정치에 관여하는 것을 금지당했기 때문이라고 합니다. "그것은 어린 시절부터 시작되었고 아직까지 계속되고 있다. 그 음성은 나를 내가 가려고 했던 것으로부터 돌리곤 한다. 그러나 결코 나를 강요하지는 않는다. 다이몬은 내가 정치에 참여하는 것을 원하지 않았다"와 같은 다이몬의 금지는 전대미문의 특이한 것입니다. 그는 법정에서 말합니다. "조금이라도 훌륭한 사람은 죽느냐 사느냐 하는 위험을 헤아려서는 안 됩니다. 그는 어떤 일을 하면서 오직 올바른 행위를 하느냐 나쁜 행위를 하느냐, 곧 선량한 사람이 할 일을 하느냐 악한 사람이 할 일을 하느냐 하는 것만 고려해야 합니다. … 그리

---

**21**　다이몬이란 고대 그리스와 로마의 신화나 철학에 등장하는 정령을 뜻한다. 소크라테스는 『소크라테스의 변명』에서 계속 인간과 신들 중간에 위치하거나, 죽은 영웅의 영혼 등을 가리키는 다이몬의 목소리를 듣고 그에 따라 행동했다고 한다. 가라타니 고진은 소크라테스의 다이몬을 자유롭고 평등한 사회였던 이오니아가 '억압된 것의 회귀'로서 나타난 것이라고 말한다. 자세한 논의는 가라타니 고진, 『철학의 기원』, 203쪽 이하 참고.

고 정의를 위해 싸우려는 사람은 공인이 아니라 사인으로서 활동하지 않으면 안 됩니다"라고 말이지요.

그러나 이것은 '공적' 사항으로부터 벗어난다든가, 혹은 정의에 관해 무관심해진다는 뜻은 아닙니다. 소크라테스는 '정의를 위해' 계속 싸웠습니다. 그리고 민회가 아니라 광장과 시장에서 누구든지 가리지 않고 문답을 나누었습니다. "내가 돌아다니며 하는 일은 여러분 모두에게 노인이든 청년이든 가리지 않고 여러분의 육신이나 재산을 생각하기에 앞서서 우선적으로 영혼의 최대의 향상을 고려해야 한다고 설득하는 일입니다. 나는 여러분에게 돈으로부터 덕이 생기는 것이 아니라, 공적이든 사적이든 간에 덕으로부터 돈과 기타의 좋은 일이 생긴다고 말하는 것입니다."[22] 소크라테스는 이렇게 당시의 민회와 달리 거리에서, 광장에서 대화했습니다. 그곳에는 노예나 외국인, 여성이 있었고, 그 가운데서 활동했던 것이지요. 요컨대 소크라테스는 공적과 사적이라는 가치부여, 즉 사회적 계급의 가치부여를 근본적으로 의심했다고 할 수 있습니다.

**인디고** │ 선생님의 말씀은 소크라테스의 시도가 곧 칸트가 「계몽이란 무엇인가에 대한 답변」에서 궁극적으로 말하고자 했던 것과 같다는 의미군요.

---

**22**　플라톤, 『소크라테스의 변명』, 황문수 옮김, 문예출판사, 1999, 37~38쪽.

**가라타니** 그렇습니다. 그렇게 생각하는 한 소크라테스를 '철학의 기원'으로 보는 것은 옳다고 생각합니다. 물론 이것은 플라톤 혹은 플라톤으로부터 시작된 철학과는 관계가 없습니다. 저는 『철학의 기원』을 쓰는 과정에서 지금 말한 소크라테스의 불가해함에 대해 생각했을 때, 그것이 칸트가 「계몽이란 무엇인가에 대한 답변」에서 말한 것과 연결된다는 사실을 깨달았습니다. 그런 의미에서 소크라테스에게 '계몽'의 기원이 있다고 바꿔 말해도 좋다고 생각합니다.

덧붙여서 말하자면 그렇게 생각했을 때, 저는 또한 초기 마르크스의 『헤겔 법철학 비판』을 떠올렸습니다. 헤겔은 『법철학』에서 정치적 국가를 시민사회 위에 두었습니다.[23] 시장경제체제인 시민사회는 '욕망의 체계'이고 정치적 국가는 그것을 초월한 '이성의 차원'에 있다고 여겨집니다. 이는 사람들이 시민사회에서는 사인이지만 국가의 차원에서 공민citoyen으로서 본연의 모습이 된다는 것을 의미합니다.[24] 마르크스는 이것을 역전시킨 겁니다. 경제적인 사회에서 각자가 보편적으로 살아가도록 해야 한다고 말이죠. 즉 현실의 시민사회에서 사람들이 '유적존재類的存在'[25]로서 존재한다면, 시민사회 상위에 상상되는 '공적'인 국가는 이미 필요 없다는 것이죠. 다시 말해 경제

---

**23**　이와 관련된 보다 상세한 논의는 가라타니 고진, 『트랜스크리틱』, 465쪽 이하 참고.
**24**　G. W. F. 헤겔, 『법철학』, 임석진 옮김, 한길사, 2008, 355~440쪽 참고.
**25**　마르크스의 유적존재란 개별적이고 개인적인 존재방식이 아니라 자연적이고 사회적인 존재로서 인간의 총체적 존재방식을 뜻한다. 즉 인간이 노동을 통해 자신을 실현하고 사회적 관계를 맺으며 살아가는 존재방식을 말한다. 그런데 자본에 의해 노동이 탈취되어버리면 인간은 자신의 유적존재를 탈취당하게 되며, '도구'로 전락하게 되는 것이다.

적인 사회관계에서 계급적 대립이 해소되면 정치적 국가는 지양된다는 것을 뜻합니다.[26]

마르크스가 말하고 있는 바는 곧 '사인'이라는 것을 긍정하면서도 그것을 보편적인 것으로 삼으라는 명령입니다. 그것은 칸트가 「계몽이란 무엇인가」에서 서술한 것과 관련이 있습니다. 이와 같은 것이 '계몽'이라고 한다면 이는 **사회의 근본적인 변혁과 동떨어진 것이 아닙니다.** 그러니까 우리는 '계몽된 시대'가 아니라 '계몽의 시대'에 살고 있는 것입니다.


### 좌파의 환상

**인디고** | 계몽의 시대에 근본적인 변혁을 도모하는 정치적 주체에 대해서 질문을 드리고자 합니다. 새로운 주체를 형성하고자 하는 시도는 대개 실패했고, 기존의 세력에게 그 자리를 내어주었다고 볼 수 있습니다. 말하자면 좌파의 실패는 대개 바로 이러한 지점에서 비롯되었다고 보입니다. 선생님의 말씀을 빌어, 주체의 실정성$^{positivity}$

---

**26** "국가를 '지양'하는 운동은 자본이나 국가 또는 네이션의 교환 원리와는 다른 것으로서 어소시에이션, 그리고 '어소시에이션의 어소시에이션'을 서서히 만들어내는 것이다. 그 경우 이 운동은 달성해야 할 것을 스스로 실현해야 한다. 왜냐하면 어소시에이션은 국가 권력을 장악한 후에 실현되는 것이 아니라, 그것 자체가 국가를 대신하는 것이어야 하기 때문이다. 국가를 '지양'한다는 것은 일종의 국가(사회적 국가)를 형성하는 일이다. 그러한 의미에서 이 대항 운동은 일면으로는 국가와 비슷해야 한다. 즉 '중심'을 가져야 한다는 것이다." 가라타니 고진, 『트랜스크리틱』, 503쪽.

가능성의 중심

은 정치적 주체의 실현을 위해서 필요한 것이고, 주체의 부정성$^{negativity}$은 정치적 주체의 윤리적 혁신을 위해서 반드시 필요한 것이라고 생각합니다. 그런데 주체를 유지하는 것과 주체를 해체한 후 새로운 주체를 정립하는 것의 싸움에서 좌파는 후자의 자리를 차지할 수밖에 없지요. 그만큼 좌파의 시도는 부담도 크고 한계도 갖게 되는 것이 아닐까 생각이 듭니다. 이러한 좌파의 곤경에 대해 어떻게 생각하시는지요? 이 곤경을 돌파할 수 있는 방법은 어떤 것이 있는지요?

**가라타니** │ 좌파가 '곤경'에 처하는 것은 어떤 의미에서 당연합니다. 좌파는 이 자본주의 사회에서 이익이 되지 않는 태도를 취하기 때문입니다. 그것을 견딜 각오가 없으면 그만두면 됩니다. 그러나 자본주의 경제도 그렇게 견고하지는 않습니다. 자본주의는 발전하면 할수록 스스로의 한계에 도달합니다. 자본주의 경제는 자본의 축적, 즉 경제성장이 불가능해지는 지점에 접근하고 있습니다. 자본주의 경제의 '위기'는 그 스스로의 이유 때문에 생겨납니다. 제가 보기엔 지금 세계공황이 진행되고 있습니다. 한편 좌파 운동은 그런 가운데서 자연발생적으로 생겨납니다. 지금까지는 아무리 노력해도 불가능했던 것이 가능해질 것입니다. 예를 들면 2011년 가을 뉴욕에서 일어난 월가 점령 시위$^{Occupy Wall Street Movement}$**27**가 그렇다고 할 수 있지요.

**27**    '월가를 점령하라'라는 구호를 내걸고 2011년 9월 17일 뉴욕 맨해튼 주코티 공원에서 1000여 명으로 시작된 이 시위는 경찰의 강제 진압에도 불구하고 점차 그 규모가 커지며 보스턴,

**인디고** | 하지만 월가 점령 시위는 새로운 질서를 만들어내는 것에
는 실패하지 않았나 하는 생각이 듭니다. 혁명에 도취했으나, 그다음
의 구조적 변화까지는 나아가지 못했다는 아쉬움이 남습니다.

**가라타니** | 월가 점령 시위가 지금은 잠잠해졌지만, 앞으로 어떻게
될지 모릅니다. 저는 그 운동의 주동자들을 조금 알고 있습니다. 그
들은 아나키스트이고, 여러분의 말대로 새로운 세계에 대해 뭔가 적
극적이고 구체적인 구상을 가지고 있다고는 생각하지 않습니다. 하
지만 그들은 1990년대부터 자본주의의 세계화에 대항하는 운동을
시작했습니다. 그것은 1999년 시애틀 집회[Battle of Seattle][28], 2001년 제노
바 정상회담 반대 시위[29] 등으로 고조되었습니다. 당시 중심은 아나
키스트였습니다. 그러다 2001년 9·11 테러 이후 침체되어버렸지

시애틀, 로스앤젤레스, 워싱턴D.C. 등 미국의 주요 도시로 번져나갔다. 또한 한국을 비롯해 유럽
과 아시아 등 82개국 900여 개의 도시에서 유사한 형태의 시위가 동시다발적으로 발생했다. '최고
부자 1%와 이에 저항하는 99%'라는 구호가 등장했으며, 이 같은 빈부격차 심화에 대한 공감과 분
노가 전 세계적인 현상임을 반영했다.

**28** 공식적으로는 〈1999년 국제무역기구 회원국 회의 반대시위WTO Ministerial Conference
of 1999 Protest Activity〉라고 불린다. 당시 국제무역기구 정상회의가 열리는 워싱턴 주 무역센터
바깥에 노동자 대우 개선, 환경 보호, 소비자 보호, 그리고 반FTA와 반세계화 등의 기치를 내걸고
5만 명의 시위대가 모였다. 이들이 도로를 점거하는 바람에 몇몇 정상들은 회담에 참여조차 하지
못했고, 결국 세계의 각료들은 합의를 도출하지 못했다. 시위대가 승리한 것이다. 이후 '반세계화'
의 기치를 내건 이 새로운 운동의 성격을 정의하기 위한 다양한 용어들, 즉 '대안세계화 운동', '반
자본주의 운동', '지구 정의 운동', '아래로부터의 세계화 운동' 등이 등장했다.

**29** 2001년 7월 이탈리아 제노바에서 벌어진 G8 정상회담에 대항한 반대 시위. 전 세계 20
만 명 이상의 시위자가 반세계화, 반자본주의를 외쳤다. 대규모 시위로 경찰과의 충돌 과정에서 1
명이 사망했고 수백 명이 부상을 입었다.

가능성의 중심

요. 이라크 전쟁 후 미국에는 데모가 없었습니다. 그러니까 이 월가 시위가 미국 전역으로 확산되리라고는 그들도 예상치 못했던 것입니다. 앞으로 어떻게 될지는 아무도 예상할 수 없습니다.

실은 저도 일본에서 데모를 했습니다. 월가 시위보다 더 이전부터 시작된 것입니다. 한국에는 항상 데모가 있지만 (웃음) 일본에는 전혀 없다고 해도 좋을 만큼 시위 현장이 없었죠. 그런데 2011년 대지진과 원전 사고 이후에 갑자기 터져나온 것입니다. 조금 전에 변혁을 시도하는 청년들을 비롯하여 사회 전반에 냉소적인 분위기가 퍼져 있는 문제를 어떻게 하면 좋을지 물었지요? 그 점에 관해서 일본 상황은 최악이었습니다. 데모 따위를 해봤자 아무것도 변하지 않는다는 분위기가 만연해 있었습니다. 그런 가운데서 데모가 발생했지요. 이것은 제가 예상하지 못했던 일입니다. 이는 젊은 사람들이 일으킨 것이었죠.

인간은 아무리 설득해도 움직이지 않지만, **구조적인 원인이 명백해지면 급격하게 움직이는 법**입니다. 앞서 저는 자유란 원인이 너무 복잡해서 아무도 모르는 사이 상정되는 '환상'이라는 스피노자의 생각을 언급했습니다. 예를 들면 지난 몇 년 사이 아랍에서 일어난 혁명에도 자체의 원인이 있을 것입니다. 그러나 그 원인은 복잡합니다. 애초에 무엇이 일어났는지도 확실하지 않습니다. 저는 이러한 것들이 곧 미국인이 기대하는 종류의 '민주화'와는 다른 어떤 것, 말하자면 오히려 그 반대의 결과를 초래할 것이라고 생각합니다.

## 사토리 세대의 욕망

**인디고** | 선생님은 『정치를 말하다』에서 "자신의 생각이 새롭다면, 그것은 보편적으로 새로운 것이지 그저 젊은 세대이기 때문은 아니다. 그러므로 세대라고 해도 그것이 어떤 보편적인 인식을 품고 있지 않다면 의미가 없다"[30]라고 말씀하셨습니다. 아랍의 봄이 단순히 '민주화'로는 포착할 수 없는 움직임이었던 것처럼 최근 젊은 세대 사이에서는 기존의 잣대로는 평가할 수 없는 새로운 움직임이 일어나고 있는 것 같습니다. 가령 일본에서 일어난 젊은이들의 데모에서는 단순히 자본주의적 발전 방식에 대한 거부가 아닌, 발전 자체에 대한 필요성을 느끼지 못하는 뜻의 일명 '사토리<sup>さとり</sup> 세대'[31]의 등장이 이슈가 되기도 했습니다. 이런 젊은 세대를 새로운 세대라 부를 수 있을까요? 젊은 세대의 변화에 대해 어떻게 생각하십니까?

**가라타니** | 일본에 대해서 제가 깨달은 것 중 하나는 최근 젊은 사람

---

**30**　가라타니 고진·고아라시 구하치로, 『정치를 말하다』, 조영일 옮김, 도서출판 b, 2010, 11쪽.

**31**　1980~90년대에 태어난 세대로 돈벌이나 출세를 포함해 일상의 많은 부분에서 관심과 의지가 별로 없는 일본 청년들을 뜻하는 신조어다. '사토리'는 '득도'를 뜻하는데, 일본의 장기불황 시기에 유년기를 보낸 이들은 필요 이상의 돈을 벌 이유가 없고, 욕심을 가져도 경제가 좋아지지 않는다는 사실을 체화하여 마치 욕망에 달관한 사람처럼 보인다. "전기도 필요없으니, 핵발전소도 필요하지 않다!"라고 외치는 이들의 태도는 뒤틀린 사회 구조 내부로부터 스스로 행복하다고 여기는 기묘한 안정감으로부터 비롯되는 것으로 여겨진다. 보다 자세한 논의는 후루이치 노리토시, 『절망의 나라의 행복한 젊은이들』, 이언숙 옮김, 민음사, 2014 참고.

들이 소비에 관한 욕망을 가지지 않는다는 점입니다. "차는 필요 없다. 명품도 필요 없다"고 하면서 자본주의적인 경쟁도 부정하고 있습니다. 그들은 세속적인 성공에 관심이 없고, 과시적인 연애나 화려한 결혼에도 흥미가 없습니다. 하지만 누군가의 영향을 받아서 그렇게 되었다고는 생각하지 않습니다. 이미 경제발전을 어느 정도 누린 사람들이라서 이와 같은 경향이 자연스럽게 나온 것이라고 생각합니다. 이에 대해 일본의 자본 세력과 국가는 "이런 식으로는 국가 경쟁력이 쇠퇴한다. 젊은 사람들이 좀 더 야심과 욕망을 가지고 공부하라! 일하라!"라고 부추깁니다. 그러나 저는 그와 같은 젊은 사람들이 등장한 것이 오히려 좋은 일이라고 생각합니다.

젊은 사람들의 이러한 경향은 자본주의의 현 상황에 조응하는 것이라고 생각합니다. 선진자본주의 국가에서 경제성장은 더 이상 있을 수 없습니다. 일본의 경우 최근 20년간 거의 경제성장이 없었습니다. 이렇게 되면 모두가 매년 경제가 변하고 또 증대한다는 식의 감각을 갖지 않게 되고, 또 그에 따라 욕망도 줄어듭니다. 물론 경제성장이 없다고 해서 빈곤한 것은 아닙니다. 상당히 편하게 살아갈 수 있죠. 테크놀로지가 충분히 발달되어 있으니까요. 인간이 그렇게 일하지 않아도 된다는 것을 모두 알게 됩니다. 그러면서 특별히 타인과 경쟁할 필요도 없다고 여기게 되죠. 일본의 원전 사고 후에 '자연에너지로의 전환'에 대한 목소리도 많이 나오고 있습니다만, 젊은 사람들은 오히려 "전기 따위 안 쓰면 그만 아니냐"라고 말하고 있습

2013년 12월 도쿄에서 열린 취업박람회에 대학을 갓 졸업한 청년들이 붐비고 있다. 아베 신조 총리는 장기 침체에 빠진 노동 시장 문제를 해소하기 위한 계획을 발표했지만 특별한 성과를 내지 못했다. 아베 정권은 기업이 정규직을 시간제 임시직으로 대체하기 용이하도록 규제를 완화하기를 원하고 있다. © REUTERS / Yuya Shino

니다. (웃음) 제가 알고 있는 젊은 사람들의 대부분은 결혼도 하지 않고 자녀도 없습니다. 부모들도 그것을 받아들이고 있고요. 이렇게 많은 부분이 상당히 변했다고 느낍니다.

**인디고** 선생님이 말씀하신 일본 청년 세대의 변화는 분명 의미심장한 것이라고 생각합니다. 하지만 욕망하지 않는 젊은 세대라는 것은 다시 생각해보면 허무주의나 냉소주의에 가깝지 않은가 하는 생각을 떨칠 수가 없습니다. 철학자 알랭 바디우는 "더 나은 세상을 향한 열정을 회복하려면 세상에 대한 충만한 호기심으로 가득 찬 사랑, 이를테면 보편적인 사랑만이 유일한 방법"[32]이라고 말한 적도 있지 않습니까?

**가라타니** 그럴 수 있습니다. 하지만 저는 청년들이 '소비하는 행위' 자체를 대수롭지 않게 여기는 것을 보고 그들에게서 받은 긍정적인 느낌을 말하고 싶습니다. 저는 젊은이들의 그러한 무관심은 일본이 이제 탈성장 혹은 포스트-자본주의 사회로 접어들고 있음을 나타내는 것이라 생각합니다. 그런데 여러분은 지금 그런 젊은이들이 삶 그 자체 혹은 함께 살아가는 것에 대한 욕망이나 열정을 잃어버리게 되는 게 아닌가 걱정하는 것처럼 보입니다. 하지만 이와 관련해선

---

**32**    알랭 바디우, 『사랑예찬』, 조재룡 옮김, 길, 2010, 32쪽.

'욕망'이 무엇인지 다시 생각해본다면 도움이 될 것입니다.

욕망에는 두 종류가 있습니다. '타인의 욕망'과 '주체의 욕망'이 그 것입니다. 일반적으로 욕망이라 불리는 것은 사실상 전자입니다. 예를 들어, 나는 자동차를 욕망합니다. 왜냐하면 다른 사람들도 그렇게 하기 때문입니다. 나는 다른 사람이 매력적이라고 생각하는 사람과 사랑에 빠집니다. 우리는 타인의 욕망을 욕망하는 것입니다.

그렇다면 주체의 욕망은 무엇일까요? 이를 그 용어 자체로 정의내리는 것은 가능하지 않습니다. 그래도 조금 더 말해보자면, 타인의 욕망이 벗겨진 뒤에 드러나는 것, 즉 **남겨진 주체의 욕망**이라 정의할 수 있겠습니다. 소비하려는 욕망은 타인의 욕망입니다만, 이것이 사라진다고 해서 주체의 욕망까지 모두 사라져버리는 것은 아니기 때문입니다. 반대로 주체의 욕망은 타인의 욕망이 사라질 때라야 비로소 스스로를 명확하게 드러낼 수 있습니다. 질문에서 언급한 바디우의 사랑 개념도 그렇습니다. 타인의 욕망이 사라진다고 해서 사랑도 함께 사라지는 것은 아닙니다. 오히려 그때가 되어야 진정한 사랑이 시작되는 것입니다.

저는 교환양식 D[33]라는 유토피아적 사회를 말해왔습니다. 진정한

---

**33**　　교환양식이라는 용어는 가라타니 고진이 사회를 분석하는 개념적 틀로 사용하고 있는 주요한 용어다. 여기서 말하는 교환양식 D란 가라타니 고진의 이념적 지향으로서 자유로운 개인들이 증여와 답례라는 호수적 교환을 기반으로 하는 사회구성체를 말한다. 이를 어소시에이션이라고도 한다. 가라타니 고진에 따르면 교환양식 D는 역사 속에서 간헐적이지만 보편종교의 형태로 그 모습을 드러내왔다. 이에 대한 자세한 설명은 본 책 67쪽 이하 논의 참고.

사랑이 실현되는 사회라고 볼 수도 있겠지요. D는 완전히 새로운 것이 아닙니다. 이미 초기의 종교에서 나타났습니다. 이른바 보편종교로서 말입니다. D를 실현하고자 하는 충동은 이미 역사적으로 우리 안에 깊이 뿌리박혀 있습니다. '종교'라는 좁은 맥락은 버려도 좋습니다. 그러나 그 충동은 여전히 남아 있을 것이며 사람들을 이끌 것입니다. 타인의 욕망을 벗겨낼 때 드러나는 주체의 욕망처럼, D는 국가와 자본을 지양하는 운동 속에서 비로소 드러날 것입니다. 그것이 종교적이든 아니든 그 겉모습은 중요하지 않습니다.

## 데모하는 사회

**인디고** | 일본에서 일어난 일련의 시위, 그리고 이를 통해 젊은 세대가 보여준 변화는 긍정적이라 할 수 있겠지만, 공공성과 대의를 위한 데모라는 관점에서 보자면, 현재의 시위는 80년대 혹은 그 이전과 비교해서 극히 저조한 수준이라고 느낍니다. 자본에 관한 욕망이 줄어드는 것은 반가운 일입니다만, 그와 동시에 사회·경제적 문제나 환경오염 등 공동의 문제를 함께 해결해야 한다는 의식도 희박해지고 있다는 점이 걱정입니다.

**가라타니** | 그 점에 대해서는 저도 동감합니다. 하지만 그들은 경

제성장을 바라지 않는다고 말합니다. 방금 말한 것처럼 그런 사람들 속에서 데모가 일어났다는 점이 중요합니다. 만약 경제성장을 바란다면 원전이 필요하다는 논리에 지게 되겠죠. 그 때문에 80년대의 원전 반대 운동도 패배하고 만 것입니다. 예를 들면 일본 공산당은 거의 최근까지도 안전성을 확보한다는 조건부이긴 했지만, 원전에 찬성하는 입장이었습니다. 이와 관련하여 이후 세대들에게 제가 해주고 싶은 말은 대지진이 있었던 3월 11일로부터 6개월이 지난 2011년 9월 11일, 도쿄의 신주쿠 역 앞에서 행한 연설에 충분히 담겨 있습니다.

### • 가라타니 고진의 〈9·11 원전 반대 시위〉 연설문 •

저는 지난 2011년 4월부터 원전 반대 시위에 참가하고 있습니다. 이 신주쿠 역 앞의 집회에도 6·11 탈원전 데모 때문에 온 적이 있습니다.

시위에 참가하고 난 뒤부터 데모에 관해 여러 질문을 받게 되었습니다. 그 질문들은 거의 모두가 부정적인 것들입니다. 예를 들면 "데모를 해서 사회를 바꿀 수 있는가"와 같은 질문이지요. 이에 대해 저는 이렇게 대답합니다. "데모를 함으로써 사회를 바꾸는 것은 틀림없이 가능하다. 왜냐하면 데모를 함으로써 일본 사회는 사람들이 '데모를 하는 사회'로 바뀌기 때문"이라고 말합니다.

생각해보십시오. 올 3월까지 일본에는 오키나와를 제외하고 거의 데모가 없

2015년 3월 22일, 도쿄 시내에서 일본 아베 신조 정권에 반대하는 집회에서 시위자들이 현수막을 들고 구호를 외치고 있다. 주최측에 따르면 만 명 이상이 시위에 참여했다고 한다. 현수막에는 "아베 정권에 반대한다"라고 적혀 있다. © REUTERS / Yuya Shino

었습니다. 하지만 현재는 일본 전역에서 데모가 일어나고 있습니다. 이런 의미에서 일본 사회는 조금 변한 것입니다. 예를 들면 후쿠시마 원전 사고와 같은 일이 독일이나 이탈리아에서 일어나면 어떻게 될까요? 혹은 한국에서 일어나면 어떻게 될까요? 거대한 데모가 전국적으로 일어날 것입니다. 그에 비하면 일본의 데모는 이상하리만치 적습니다. 하지만 그럼에도 불구하고 데모가 일어났다는 것은 희망적이지요.

데모는 주권자인 국민의 권리입니다. 데모가 불가능하다면 국민은 주권자가 아니라고 해도 좋을 것입니다. 예를 들면 한국에서는 20년 전까지 데모가 불가능했습니다. 군사정권이 있었기 때문이지요. 그러나 군사정권을 쓰러뜨리고 국민주권을 실현했습니다. 데모로 무너뜨린 것입니다. 그와 같은 사람들이 데모를 포기할 리가 없습니다.

그럼 일본에는 왜 데모가 적은 것일까요? 왜 데모를 이상한 것이라고 생각할까요? 왜냐하면 국민주권을 자신들의 힘으로 투쟁하여 획득하지 않았기 때문입니다. 일본인은 전후에 국민주권을 얻었습니다. 그러나 그것은 패전에 의한 것이었고 사실상 점령군에 의한 것이었습니다. 스스로 획득한 것이 아니라 타인에 의해 주어진 것입니다. 그렇다면 이것을 자신의 것으로 삼기 위해서는 어떻게 하면 좋을까요? 바로 데모를 하는 것입니다.

제가 받은 또 하나의 질문은 "데모 이외에도 방법이 있지 않은가" 하는 것입니다. 물론 데모 이외에도 여러 수단이 있습니다. 먼저 선거가 있습니다. 그 외에도 다양한 수단이 있지요. 그러나 가장 근본적인 것은 데모입니다. 데모가 있기 때문에 그 외의 방법들이 유효한 것입니다. 데모가 없으면 그와 같은 것들은 가능하지 않습니다. 지금까지와 마찬가지일 겁니다.

나아가 저는 "이대로 데모가 시들해지지 않겠는가"라는 하는 질문도 받습니다. 전후 일본에선 전국적 규모의 데모가 수차례 있었습니다. 그러나 그것은 지속되지 못했고 패배로 끝났습니다. 앞선 질문은 이번의 데모도 그렇게 되지 않겠는가라는 의문이지요.

분명 그런 우려는 있습니다. 대중매체에서는 이미 "후쿠시마 사고는 수습되었다. 지금 당장 경제부흥에 힘써야 한다"는 목소리가 커지고 있습니다. 물론 현실은 그렇지 않습니다. 후쿠시마에서는 아무것도 수습되지 않았습니다. 그러나 당국이나 미디어는 사고가 수습된 것처럼 말하고 있습니다. 처음부터 그랬습니다. 그들은 처음부터 사실을 감추고 그다지 큰 사고는 없었던 것처럼 가장했던 것입니다. 어떤 의미에서 그들은 성공했다고 할 수 있습니다. 많은 사람들이 이를 믿으니까요. 사람들은 그렇게 믿고 싶어 합니다. 상황이 이렇다면 앞으로 원전 반대 시위가 시들해지는 것은 피할 수 없는 현실로 보입니다.

그러나 이건 잘못된 것입니다. 후쿠시마 원전 사고는 제대로 수습되지 않았습니다. 앞으로도 당장에는 수습되지 않을 것입니다. 오히려 앞으로 피폭자의 병세가 뚜렷하게 나타날 것입니다. 또한 후쿠시마 주민들은 영원히 고향과 이별하게 될 것입니다. 즉 우리들이 잊으려고 해도, 그리고 실제로 잊었다 해도, 원전 사고와 관련된 일은 집요하게 우리를 따라다닐 것입니다. 그리고 그것은 영원히 계속될 것입니다. 원전이 무서운 것은 바로 이런 점 때문입니다. 그런데도 사람들이 순순히 정부나 기업이 말하는 것을 듣고 있을까요? 만약 그렇다면 일본인은 물리적으로 끝입니다.

그래서 저는 이렇게 믿습니다. 첫째, 원전 반대 운동은 오랜 기간 계속될 것이고, 둘째, 그것이 원전에만 그치지 않고 일본 사회를 근본적으로 바꾸는 힘이 될 것이라고 믿습니다.

여러분, 포기하지 말고 끝까지 싸워나갑시다.


## 전위당의 딜레마

**인디고** | 선생님은 당신의 이념적 지향이라고 할 수 있는 어소시에이션이 시민들의 '윤리적·실천적 선택'의 문제라고 말씀하셨습니다. 자본주의 말기에 경기침체가 진행됨에 따라 제1·2차 세계대전과 같이 자국의 이익을 지키기 위한 국가 간의 전쟁으로 치달을 것인가, 아니면 세계시민적 윤리와 상호호혜적 경제 구조에 기반을 둔 새로운 세계평화체제로 나아갈 것인가 하는 시대적 선택을 해야 하는 시기가 온다고 말입니다. 이에 대해 선생님께선 이 세계와 구조에 대한 '명석 판명한 관념'만이 자본주의 이데올로기를 극복할 수 있는 유일한 무기가 될 것이라고 말씀하셨는데요. 그렇다면 세계 구조에 대한 인식과 인류의 미래에 대한 비전을 가능하게 하려면 어떤 시도가 가능할까요?

**가라타니** │ 이는 전통적인 딜레마입니다. 아무리 훌륭한 선생님이 있다고 한들, 학생이 배울 준비가 되어 있지 않으면 제대로 배울 수 없습니다. 그러나 또 한편으로는, 가르치는 이가 아무도 없다면 마찬가지로 아무것도 배울 수 없습니다.[34] 이 딜레마는 다른 영역에서도 쉽게 볼 수 있는데, 이를테면 혁명이론이 그러합니다. 마르크스주의와 아나키즘 사이의 적대감이 바로 그것인데요. 마르크스와 달리, 레닌에 따르면 노동자들은 자본주의 경제 속에서 선잠에 빠져 있으며, 따라서 그들은 **"물화된 의식"**[35]을 극복할 수는 없다고 합니다. 그러므로 전위당[36]의 리더십이 요구됩니다. 반면에 아나키스트들은 노

---

**34** 가라타니 고진은 '말하다-듣다'와 '가르치다-배우다'를 구별한다. '가르치다'라는 말은 상대방이 일정한 규칙이나 패턴을 배운다는 것을 전제할 때 사용할 수 있는 말이며, '말하다'는 이미 그러한 규칙을 공유하고 있을 때 쓸 수 있다. 다시 말해 '말하다-듣다'에 타자는 존재하지 않는다. '타자'는 자신과 언어 게임을 공유하지 않은 사람으로 오직 '가르치다-배우다'의 관계에서만 존재한다. "우리는 갓난아기에 대해 지배자이기보다는 오히려 노예에 가깝다. 다시 말해 '가르치는' 입장은 일반적으로 생각하는 것과는 달리 결코 우월한 위치가 아닌 것이다. 오히려 '가르치는' 입장은 '배우는' 측의 합의를 필요로 하며 '배우는' 측이 무슨 생각을 하든 거기에 따르지 않을 수 없는 약한 입장이라고 봐야 할 것이다." 가라타니 고진, 『탐구 1』, 송태욱 옮김, 새물결, 1998, 12쪽.

**35** 물화Reification, 物化, Verdinglichung란 사람과 사람 사이의 직접적인 관계가 물건과 물건 사이의 추상적인 관계로 대체되어 나타나는 것이다. 마르크스는 『자본』에서 생산자들이 자신의 총 노동에 대해 맺는 관계가 생산물들 사이의 관계로, 즉 상품관계로 나타난다고 말했다. 마르크스에 따르면 생산물이 상품으로 변하는 순간 인간의 자기 노동에 대한 관계, 그리고 인간들 사이의 사회적 관계는 모습을 감추고 그 대신 '생산물들 간의 사회적 관계'만이 남는다. 말하자면 물화는 인간의 활동이 자신에게서 소외되어 상품으로 변하는 현상, 혹은 물체가 자신에게서 소외되어 그 고유성을 잃는 현상을 가리킨다. 이후 게오르그 루카치는 이 개념을 문화적인 차원으로 발전시켰다. 물화된 의식이란 물신숭배와 같이 인간이 가진 고유한 의식이 자본주의적 욕망으로 대체되어 나타나는 것을 말한다.

**36** 사회변혁을 목적으로 하는 운동에서 노동자 계급의 전위대로서 사회주의 혁명을 위한 투쟁을 선도하는 정치 당파이다. 레닌은 『무엇을 할 것인가?』(1902)에서 이를 언급하고 있으며, 혁명은 사회주의 이념으로 무장한 소수의 엘리트로 구성된 전위당의 활동으로 가능하며, 이들이

---

동자들이 누군가의 가르침 없이도 자발적으로 결집하고 대항한다고 말합니다. 전위당에 의한 리더십은 또 다른 형태의 지배로 이어진다는 것이죠.

이 같은 딜레마는 오늘날에도 그대로 반복되고 있습니다. 예를 들어 봅시다. 약 3년 전에 일본에서는 수만 명의 사람들이 반핵 운동에 참여했고, 뉴욕과 세계 전역의 다른 도시들에서는 "월가를 점령하라!" 운동이 일어났습니다. 당시 대부분의 사람들은 레닌주의가 아니라 아나키즘에 깊이 공감하는 듯했습니다. 이 운동들은 사람들의 자발적인 운동이었기 때문이지요. 하지만 3년 정도가 지난 현재 그들은 대부분 떠나가 버렸고, 자본-국가는 공격적으로 앞으로 나아가고 있습니다. 일본에서는 의회가 헌법의 개정안을 상정하였습니다만, 이에 반대하는 사람들의 항거는 일어나지 않고 있습니다. 현재의 상황은 마치 어떤 계몽 운동 혹은 전위당을 호출하는 것만 같습니다.

그렇다면 이 두 가지 관점들 중 어느 것이 옳은 것일까요? 제가 보기엔 둘 다 옳습니다. 이는 일반 사람들이 지식인들이 생각하는 것만큼 그렇게 바보 같지는 않으며, 또한 지식인들이 자기 자신이 생각하는 것만큼 그렇게 현명하지 않음을 의미합니다.

대중을 이끌어야 한다고 주장한 바 있다. 한국어 번역본은 블라디미르 일리치 울리야노프 레닌, 『우리는 무엇을 할 것인가? 우리 운동의 절박한 문제들』, 최호정 옮김, 박종철출판사, 2014 참고.

가능성의 중심

# 2

## 공동선과
## 세계의 구조

### 윤리와 교환양식

**인디고** | 선생님께서 『근대문학의 종언』 한국어판 서문에서 이렇게 말씀하셨습니다. "우리는 현재 세 가지 해결해야 할 과제에 직면해 있다. 전쟁, 환경문제, 세계적인 경제적 격차. 이것들은 자연과 인간, 인간과 인간의 역사적 관계를 집약하는 사항들이다. 게다가 이것들은 시급한 과제들이다. 이전의 문학은 이런 과제들을 상상력으로 떠맡았다. 그러나 오늘날의 문학이 이것을 떠맡지 않는다고 해도, 나는 불만을 드러낼 생각은 없다. 그러나 나 자신은 그것을 떠맡고 싶다. 그것이 문학적이든 비문학적이든 아무런 상관이 없다."[37] 저희는 이 문단을 읽는 순간, 시대를 사유하고 책임지려는 한 지식인의 의지를

느꼈는데요. 선생님께선 우리 시대가 직면한 문제에 대해 처음엔 문학비평으로 접근하셨지만, 이제는 세계의 정치·경제·사회적 구조에 대한 이론적 분석을 하고 계십니다. 선생님의 이론에 따르면, '윤리'의 의미는 개인이 베푸는 선행 이상의 무엇임을 알 수 있는데요. 자본주의 경제 체제 하에서 '윤리'가 자리할 수 있는 영역이 있다고 보십니까?

**가라타니** 저는 윤리적이라는 것이 정치·경제적인 차원과 별도로 존재하는 것은 아니라고 생각합니다. 그리고 그러한 것들과 동떨어진 것으로 여기는 '윤리'는 이데올로기에 불과한 것입니다. 예를 들면 칸트에 대해 이야기 할 때, 흔히 "인간은 어떠한 경우에도 거짓말을 해서는 안 되는가"와 같은 물음들이 제기됩니다. 그러나 이것은 칸트가 다른 사람의 책에 대해 쓴 짧은 서평에 있는 사소한 질문에 불과합니다.

이미 언급했지만, 칸트의 윤리학에서 중요한 것은 다음과 같은 점입니다. 첫째, 칸트에게 도덕성은 선악의 문제가 아니라 '자유의 문제'라는 것입니다. 둘째, 칸트에게 개인의 자유는 타자의 자유와 따로 떼어낼 수 없다는 것입니다. '타자를 수단으로서만이 아니라 동시에 목적으로서 대하라'는 것이 칸트의 도덕법칙입니다. 타자를 목

---

**37** 가라타니 고진, 『근대문학의 종언』, 조영일 옮김, 도서출판 b, 2006, 10쪽.

적으로서 다룬다는 것은 타자를 자유로운 주체로 취급한다는 뜻입니다. 말은 비록 간단해 보입니다만, 자본주의 경제에서 이것은 성립하지 않습니다. 자본주의에서 노동자는 자본과 고용계약을 맺지요. 노예제와 달리 이것은 자유로운 것처럼 보입니다. 그러나 노동자는 자본축적을 위한 '수단'이고 그 필요가 없어지면 즉각 해고됩니다. 즉, '목적'으로서 취급되고 있지 않다는 것입니다.

예전부터 칸트의 도덕론을 말하는 사람들은 도덕의 문제를 주관적인 차원에서 다루어 왔습니다. 즉 경제는 다른 사항이라고 간주해 온 것이죠. 그러나 칸트 자신은 그렇지 않았습니다. 그래서 그는 자본이 개입하지 않은 어소시에이션과 같은 협동조합을 구상한 것입니다. 이 때문에 헤르만 코엔Hermann Cohen38 은 칸트를 독일 최초의 사회주의자라고 불렀습니다. 그러나 지금도 칸트를 언급하는 사람들은 이 지점을 중요하게 생각하지 않습니다. 대학에서 칸트 연구를 하는 교수들은 "인간은 거짓말을 해도 되는가, 안 되는가" 따위의 것들만 논의하는 우스꽝스러운 짓을 행하고 있습니다. (웃음)

---

**38**    독일 철학자 헤르만 코엔(1842~1918)은 인간의 능동적 측면을 강조한 신칸트학파 중 하나인 마르크부르크 학파의 창시자로 유명하다. 열렬한 사회주의자이기도 했던 그는 칸트를 독일사회주의의 진정한 창시자라고 부르기도 했다. 칸트 비판철학의 주요 부분에 대한 철저한 연구의 결과물로 『순수인식의 논리학Logic der reinen Erkenntnis』(1902), 『순수의지의 윤리학Ethik des reinen Willens』(1904), 『순수감정의 미학Ästhetik des reinen Gefühls』(1912) 등의 저작을 출간했다. 그에 대한 가라타니 고진의 언급은 『트랜스크리틱』, 16쪽 참고.

**인디고** | 선생님은 니체의 "죄의식은 채무감에서 나온다"[39]라는 말을 자주 인용하시는데요. 도덕과 경제는 실제 밀접한 관련이 있다고 생각합니다. 선생님의 이념적 지향인 '어소시에이셔니즘'은 경제적 교환관계를 토대로 구상하신 것임에도, 그 특징은 사회 구성원들 개개인의 자유를 바탕으로 서로 호혜적인 교환 관계를 맺는 것이지요. 이는 경제적이라기보단 오히려 윤리적인 이상향이라고 불러도 좋을 것이라고 생각합니다. 인디고 연구소의 '공동선'이라는 주제도 윤리적 질문이 사회 구조적·경제적 측면과 맞닿는 지점에서 생겨난 물음이었는데요. 방금 말씀은 우리가 윤리적 문제를 이야기할 때 경제적 문제를 따로 떼어내서 생각할 수는 없다는 주장 아닙니까?

**가라타니** | 틀림없이 그렇습니다. 다만, 특히 '경제'에 관해서 생각할 때는 주의가 필요합니다. 저는 『세계사의 구조』에서 '교환양식'이라는 사유를 제기했습니다. 거기에서 사회구성체를 형성하는 네 종류의 원리를 생각해보았습니다.[40]

---

**39**　양심의 가책에 해당하는 '죄Schuld'라는 도덕의 주요 개념이 '부채Schulden'라는 물질적인 개념에서 유래되었다는 니체의 논의는 프리드리히 니체, 『선악의 저편·도덕의 계보』, 김정현 옮김, 책세상, 2002, 402쪽 이하 참고. 이에 대한 가라타니의 언급은 가라타니 고진, 『트랜스크리틱』, 463쪽 이하 참고.
**40**　가라타니 고진의 교환양식과 관련한 상세한 논의는 본 책에 수록된 가라타니 고진 기고글 「세계동시혁명」 참고. 또는 가라타니 고진, 『세계사의 구조』, 조영일 옮김, 도서출판 b, 2012, 31~66쪽 참고.

| B 약탈과 재분배 (지배와 보호) | A 호수 (증여와 답례) |
|---|---|
| C 상품교환 (화폐와 상품) | D X |

| B 국가 | A 네이션 |
|---|---|
| C 자본 | D X |

| B 세계 = 제국 | A 미니 세계시스템 |
|---|---|
| C 세계 = 경제 (근대세계시스템) | D 세계공화국 |

교환양식에는 A:'증여-답례<sup>gift-return</sup>' 같은 상호부조적 공동체의 호수성<sup>互酬性</sup>의 원리, B:'약탈-재분배<sup>plunder-redistribution</sup>' 같은 국가의 신분적 지배와 보호의 원리, 그리고 C:'상품교환<sup>commodity exchange</sup>'이라는 개개인의 자유로운 합의에 기초한 화폐소유자와 상품소유자와의 교환 원리가 있습니다. 마지막으로 D는 어떤 의미에서 A를 고차원에서 회복한 것 혹은 상상적인 것입니다.[41] 우리가 일반적으로 '경제'라고 말할 때 생각하는 것은 상품교환을 의미하는 C입니다만, '경제'의 범위는 더욱 넓은 것입니다. 특히 교환양식 A가 중요합니다. 예를 들면 부모가 자식을 키워주었는데, 자식은 부모에게 아무것도 해주지 않기 때문에 죄송하다는 감정이 있습니다. 이것은 부모의 증여에 대한 채무계산입니다. 그러니까 효도라는 것은 이해득실 및 상품교환과

---

**41**　이에 관한 보다 상세한 논의는 가라타니 고진, 『세계사의 구조』, 31~67쪽. 그리고 가라타니 고진, 『세계사의 구조를 읽는다』, 최혜수 옮김, 도서출판 b, 2014, 9~12쪽 참고.

는 전혀 다른 것입니다만, 넓은 의미에서는 '교환=경제'의 문제인 것이죠.

　종교도 그와 같은 교환으로 볼 수 있습니다. 예를 들면 "신에게 증여하고, 대가를 강요한다." 이것이 주술입니다. 기독교의 경우는 예수가 십자가에 매달려 모든 인간의 죄를 갚았지만 역으로 인간이 예수에게 부담을 느끼게 되는 식의 '경제'를 그 바탕에 두고 있습니다. 이것도 교환의 문제입니다. 덧붙여 말하자면 여러분이 질문한 대로 니체는 종교적인 죄의식을 경제적인 교환을 가지고 설명하려 했습니다만, 이때 교환양식 A와 C를 구별하지 않았습니다. 죄의식은 교환양식 A에 의한 것입니다. 이에 대해 교환양식 C가 발달하면 거꾸로 죄의식은 사라지고 맙니다. 부담감을 돈으로 돌려주면 되기 때문입니다. 즉 인간의 관계는 비즈니스와 같은 것이 되어버리고 맙니다. 실제로 종교적인 죄의식은 자본주의 경제의 발전과 함께 사라져 갔습니다. 몇몇 이들은 관념적인 상부구조의 자립성을 말하면서 경제적인 하부구조를 무시하는 경우가 많습니다만, 경제적인 하부구조를 좀 더 넓은 관점에서 보자면 대부분을 교환양식으로 설명할 수 있다고 생각합니다.

　역사상 존재했던 모든 사회구성체는 이 네 가지 교환양식이 서로 접합되어 나타났습니다. 다만 이 중에 어떤 것이 지배적인 교환양식인가에 따라 각 사회의 차이가 발생합니다. 씨족사회에서는 교환양식 A가 지배적입니다. 즉 호수적인 교환양식의 원리에 의해 사회가

구성되지요. 그럼에도 다른 씨족과의 전쟁을 통해서 교환양식 B의 약탈과 재분배 원리가 나타나고, 또 교역을 통해서 교환양식 C의 상품교환 원리가 나타납니다. 하지만 씨족사회에서 가장 지배적인 것은 호수적인 증여와 답례의 교환양식입니다. 이를 미니 세계시스템이라고도 할 수 있습니다.

다음으로 국가사회가 있습니다. 국가사회에서는 교환양식 B가 지배적이어서 약탈과 재분배, 지배와 보호라는 교환양식의 원리가 강하게 관철됩니다. 하지만 그런 국가사회에서도 도시에서는 상품교환이 일어나고, 농촌공동체에서는 여전히 호수적인 교환이 이루어지는 등 교환양식 A와 C가 나타나지요. 이런 사회가 바로 세계=제국[42]입니다.

오늘날의 모습을 이루게 된 근대자본제 사회에서는 교환양식 C가 지배적입니다. 그렇지만 앞서와 마찬가지로 교환양식 A와 B도 각기 변형된 형태로 나타나게 됩니다. 이것이 세계=경제, 즉 근대세계시스템입니다. 저는 특별히 오늘날의 이 시스템을 **자본=네이션=국가**

---

[42]  "전제국가는 부역공납국가이다. 그것은 복종과 보호라는 '교환'을 통해 많은 주변 공동체나 국가를 지배하에 두는 것이다. 즉 그것은 교환양식 B가 지배적인 사회구성체이다. 하지만 아시아적 전제국가는 외연적인 측면에서 보면, 다수의 도시국가나 공동체를 포섭하는 세계시스템으로서의 세계=제국이다(흔히 제국을 세계시스템으로 볼 경우, '세계=제국'이라 부르고, 개개의 제국에 대해서는 '세계제국'이라고 부른다). 제국은 그때까지 위험하고 장애가 많았던 공동체 사이, 국가 사이의 교역을 용이하게 한다. 제국은 군사적인 정복을 통해 형성되지만, 실제로는 거의 전쟁을 필요로 하지 않는다. 각 공동체나 소국가는 전쟁상태보다도 오히려 제국의 확립을 환영하기 때문이다." 가라타니 고진, 『세계사의 구조』, 167쪽.

라는 접합체로 봅니다. 그리고 저의 과제는 자본=네이션=국가를 넘어서는 것입니다. 이를 위해서 각기 다른 교환양식의 기원까지 생각하게 된 것이지요. 그리고 이런 자본=네이션=국가 체제를 넘어선 사회가 있는데 이는 교환양식 D가 지배적인 사회구성체입니다. 칸트도 이런 사회를 생각했는데, 이것이 바로 '세계공화국'이라고 할 수 있습니다.


## 보로메오의 매듭, 자본=네이션=국가


**인디고** | 선생님은 『정치를 말하다』에서 2008년 금융위기로 불거진 신용공황이 만성불황으로 이어질 것을 예측하셨습니다.[43] 그로부터 7년이 지난 지금, 미국의 국가 부채는 과도하게 높은 수준이고, 유럽의 재정위기는 쉽게 회복될 것 같지 않습니다. 중국을 비롯한 신흥개발 국가들 역시 높은 성장률을 보이긴 하나, 그 상승세가 한층 꺾였습니다. 세계 경제가 만성공황으로 접어들고 있다고 볼 수 있는 징후들이 곳곳에서 드러나고 있는데요. 이러한 경향이 지속될 경우, 선생님은 각국이 헤게모니 장악을 위한 격렬한 투쟁을 시작할

---

**43**    "신용공황이란 당연한 이야기입니다. 실체가 없는데, 신용을 억지로 만들어 얼버무리다 보면 당연히 머지않아 파탄이 납니다. 이런 자명한 이치를 경제학자가 알지 못하는 것은 이상합니다. 그러므로 중요한 것은 공황이 아니라 그것에 의해 결과적으로 나타나게 되는 현실, 즉 만성불황 쪽입니다." 가라타니 고진, 『정치를 말하다』, 127~128쪽.

것으로 전망하셨습니다. 이와 같은 동시대적인 난국과 이데올로기의 역설적 충돌 속에서 우리는 어떤 정치적 체제를 꿈꿀 수 있을까요?

**가라타니** | 정치적 체제와 관련해서는 한국에서도 사회민주주의적인 복지국가를 바라는 목소리가 높아지고 있다는 것으로 알고 있습니다. 비교해보자면, 오바마가 대통령이 되었을 때나 일본에서 민주당이 정권을 잡았을 때도 그러한 기대가 있었습니다. 하지만 실제로는 실현되지 않았습니다. 오히려 신자유주의적 정책 기조로 나아갔지요.

자본=네이션=국가라는 결합체는 자본주의 시장경제를 긍정하고, 그것이 가져오는 격차와 폐해를 국가가 통제하도록 되어 있습니다. 그 경우 자유로운 시장경제를 강조하는 경향과 그것을 억제하고 복지를 지향하는 경향이 진자 운동처럼 번갈아 찾아오는 것입니다. 미국과 일본 같은 선진자본주의 국가들을 보면 7, 8년 전에 신자유주의적이었던 것이 지금은 사회민주주의적으로 되어 있는 것을 알 수 있습니다. 미국 오바마 대통령의 정치구호인 '변화change'도 이러한 맥락에서 이해할 수 있지요. 그러나 한편으로 7, 8년 전 사회민주주의적 국가였던 프랑스와 독일 같은 나라들은 반대로 신자유주의적 행보를 걷고 있는 것을 알 수 있습니다. 그리고 이는 향후 곧 다시 역전되겠죠.

그렇기 때문에 이렇게 국내의 정치적 변동 과정에서 일희일비하는 것은 큰 가치가 없다고 생각합니다. 우리는 우선 그 배후에 있는 구조를 파악해야만 합니다. 먼저 네이션=스테이트(국가)라는 개념이 있습니다. 이것은 상호 이질적인 국가와 네이션이 결합되어 있다는 것을 의미합니다. 그러나 저는 근대의 사회구성체를 파악하기 위해서는 그 위에 자본주의 경제를 덧붙여야 한다고 생각합니다. 즉 그것을 자본=네이션=국가로 봐야 한다는 뜻이죠. 이것은 상호보완적인 장치로 작동합니다. 예를 들면 자본주의 체제의 경제는 방치하면 할수록 반드시 경제적 격차가 심해지고 사회적인 대립으로 귀결됩니다. 이에 대해 네이션은 공동체 구성원들 사이에 공동성과 평등성을 지향하기 때문에 자본주의 체제가 초래하는 격차나 사회적 모순을 해결하도록 요구합니다. 이 요구가 표출되면 체제가 전복되기 때문에 국가는 과세와 재분배, 규제를 통해 네이션적 요구를 받아들이는 것입니다. 물론 국가는 네이션적 요구뿐만 아니라 자본의 요구도 들어줍니다. 자본주의를 가능하게 하는 '신용'을 보장하는 것은 바로 국가이지요. 자본이나 네이션, 국가는 각기 다른 것이고, 다른 원리에 뿌리내리고 있지만 여기서는 각각이 보로메오의 매듭처럼 그중 하나라도 빠지면 성립될 수 없도록 결합되어 있습니다. 저는 이것을 자본=네이션=국가라고 부르기로 한 것입니다.[44]

**44**　보로메오의 매듭이란 르네상스 시대에 귀족 가문이었던 보로메오가家의 문장紋章이었으며, 세 개의 링이 서로 분리되지 않고, 긴밀하게 연결되어 있는 형태를 말한다. 세 개의 링은 자신의 고유성을 결코 잃지 않고, 끊기지도 않으면서 각자 자신의 길을 완성하고 있다. 그러면서 동시에 모두가 결합되어 있고, 어느 하나라도 떨어지면 파괴되고야 마는 하나의 일체를 이룬다. 보

그러나 이와 같은 자본, 네이션, 국가의 결합은 위태롭게 균형을 이루고 있습니다. 그것은 한 나라의 내부적인 면만을 가지고 생각할 수 없고 항상 국가와 국가 간 관계의 차원에서 생각해야 합니다. 복지국가를 예로 들어보겠습니다. 복지국가는 흔히 자본주의가 유발하는 경제적 격차를 해소하는 정치 체제라고 생각됩니다만, 실상이 꼭 그렇지는 않습니다. 오히려 거기에는 자본=네이션=국가라는 삼위일체가 가장 잘 기능하고 있지요. 복지국가는 20세기 후반 이른바 '사회주의'에 대한 위기감에서 선진자본주의 국가가 취한 형태입니다. 자본주의가 초래하는 모순을 해소하지 않으면, 체제 자체가 붕괴되어버리기 때문이지요. 그러니까 1990년 이후 '사회주의'권이 소멸하자 복지국가에 대한 동기가 사라집니다. 그래서 '작은(값싼) 정부'에 대한 주장이 일어나게 됩니다. 자본이 해외로 빠져나가 자국의 실업자가 늘어나도 상관하지 않지요. 그보다는 자본의 이윤을 우선시해야만 하는 겁니다. 결국 그것이 국민의 이익에 부합한다는 주장이 활개를 치게 된 것입니다. 그러나 자본=네이션=국가를 초월하기

---

로메오 매듭의 삼위일체성을 정신분석학에 응용한 학자가 자크 라캉이다. 라캉은 인간 정신의 구조가 상상계, 상징계, 실재계의 삼위일체임을 말한 바 있다. 가라타니 고진은 자본, 네이션, 국가가 바로 이러한 삼위일체로 이루어져 있다고 본다. "네이션은 평등주의적 요구이고, 국가나 자본에의 비판과 항의protest를 포함하고 있다. 하지만 동시에 네이션은 자본=국가가 초래하는 모순을 상상적으로 해결함으로써 그것이 파탄이 나는 것을 막는다. 네이션에는 이 같은 양의성이 있다. 나는 처음에 소위 자본=네이션=국가로서 보아야 한다고 서술했다. 그것은 자본주의 경제(감성)와 국가(오성)가 네이션(상상력)에 의해 결부되고 있다는 말이다. 이것들은 이를테면, 보로메오의 매듭을 이룬다. 즉, 어느 하나를 없애면, 파괴되고 마는 매듭이다." 가라타니 고진, 『세계사의 구조』, 319쪽.

위해서는 그것이 어떠한 것인지를 명백히 파악해야만 합니다.

이 경우 교환양식이라는 관점이 다시 중요해집니다. 자본=네이션=국가는 근본적으로 교환양식 C, A, B의 결합입니다. 그것을 초월하는 것은 교환양식 D입니다. 이와 같은 생각은 1990년대부터 시작하여 『트랜스크리틱』에 자세히 논의하였습니다.[45] 금세기가 된 후 저는 좀 더 본격적으로 사회구성체의 세계사적 변천을 교환양식에 근거하여 파악하기 위한 구상을 시작했지요. 그 내용을 『세계사의 구조』에 썼고, 이 책을 쓰는 데 10년 정도 걸렸어요. (웃음)

다시 정리해보면 이렇습니다. 케인즈주의[46]가 구식이라고 말하던 경제학자들이 시장의 위기가 닥치니 갑자기 다시 케인즈주의를 옹호하게 됩니다. 그러나 그런 식이라면 애초에 케인즈주의 경제학으로 해결하면 됐지 않습니까? 그렇게 하지 못한 것은 그럴만한 현실이 있었기 때문이긴 하지요. 그렇지만 이런 경제학이 과학적 객관성을 갖췄다고 보기는 어려울 거라고 생각합니다. 칼 포퍼[Karl Popper]는 마르크스나 프로이트를 비판하며 "과학적 명제는 반증 가능성[falsifiability]을 가지고 있어야 한다"고 말했습니다.[47] 이 말은 좋은데 칼 포퍼가

**45** 보다 상세한 논의는 가라타니 고진, 『트랜스크리틱』, 443~508쪽 참고.

**46** 국가가 안정적인 경제성장을 위해 재생산과정에 개입해야 한다는 경제학의 한 경향. 영국의 경제학자 존 메이너드 케인즈John Maynard Keynes에 의해 발표되었으며, 1930년대 세계적인 대공황으로 비자발적 실업, 불황과 공황 등 자본주의의 위기가 드러나자 이에 대항해 출현했다.

**47** 검증하려는 가설이 반대되는 관찰이나 실험을 통해 반증될 가능성. 칼 포퍼는 참된 과학 이론이란 반증될 가능성을 갖고 있어야 한다고 주장한다. 즉 "모든 백조는 희다"라는 보편 명제의 참됨을 '검증'하는 것은 불가능하지만, 단 한 마리의 검은 백조가 발견되기만 하면 이를 '반증'하는

이 문장 뒤에 덧붙인 말을 잊었던 것 같아요. "그러나 바로 반증되는 것이어도 안 된다"라는 지적 말이지요. (웃음) 아마 몇 년 후에는 또 케인즈주의를 비판하게 되지 않을까요? 결국 신자유주의나 사회민주주의나 자본=네이션=국가라는 시스템의 일환에 지나지 않습니다. 이 점을 잊어서는 안 됩니다.

## 자본에 대항하는 노동자=소비자 운동

**인디고**ㅣ 결국 자본=네이션=국가라는 시스템을 제대로 인식하지 않는다면 그 아무리 현실에서 모순점들을 극복하고자 한들 그 순환 고리를 맴돌 뿐이라는 말씀이시군요. 그럼에도 선생님께서는 이 시스템에 균열이 있고, 이를 극복하여 새로운 시스템으로 가게 될 것임을 말씀하십니다. 그것이 혁명이 아닐까 싶은데요, 자본=네이션=국가시스템을 극복할 어소시에이션 혁명은 어떤 방식으로 가능하며, 또 누구에 의해서 가능하다고 생각하십니까?

**가라타니**ㅣ 혁명은 완전히 새로운 것을 만들어내거나 뒤집는 것이

---

것은 가능하다. 이러한 반증 가능성 원리principle of falsifiability를 포퍼는 참된 과학 이론 체계의 구획 기준으로 제시한다. 이와 관련된 포퍼의 논의는 칼 포퍼, 『과학적 발견의 논리』, 박우석 옮김, 고려원, 1994 참고. 또는 칼 포퍼, 『추측과 논박 1~2』, 이한구 옮김, 민음사, 2001 참고.

가능성의 중심

아닙니다. 오히려 이미 진행 중이고 일어난 변화를 따르는 것입니다. 혁명의 주체에 대해 말하자면, 이는 자본주의 안에서의 혁명이기 때문에 이미 정해져 있다고 볼 수 있습니다. 프롤레타리아 임노동자입니다. 하지만 임노동자라고 했을 때에 단순히 빈곤층을 상상하면 안 됩니다. 임노동자란 '자신의 노동력을 상품으로 팔아 생활하는 사람'을 의미합니다. 즉, 생산수단을 가지지 않기 때문에 자본가에게 고용될 수밖에 없는 사람들입니다. 그러므로 이것은 반드시 빈부의 문제는 아니지요. 예를 들면 농민은 토지를 가지고 있으니까 프롤레타리아는 아닙니다. 그러나 대체적으로 가난합니다. 또 다른 한편으로 프롤레타리아 중에도 유복한 사람들이 있습니다.

그 증거로 한국에서도 그렇듯이 부모가 농지가 있거나 가게가 있어도 자녀에게 가업을 잇게 하는 대신 대학에 보내 임노동자로 만들려고 하지 않습니까. 자본제 경제에서는 그렇게 됩니다. 자본의 축적 M-C-M'[48]은 근본적으로 자본 아래서 노동자가 만든 것을 노동자

---

**48**   G-W-G'라고도 한다. 마르크스가 『자본』에서 사용한 공식으로, M은 화폐 C는 상품을 뜻하며, M-C-M'는 자본의 유통과정을 나타낸 것이다. 이런 자본의 유통과정에 대해 대응하는 공식으로 상품의 유통과정인 C-M-C도 있다. M-C-M'는 M-C와 C-M' 두 부분으로 나눌 수 있다. M-C는 구매이며, C-M'은 판매이다. 다시 말해 자본가가 처음에 가지고 있던 화폐(M)로 상품(C)을 구매한 뒤, 이렇게 구한 상품(C)을 다시 되팔아서 화폐(M')를 번다. 여기서 중요한 것은 자본가의 구매와 판매 모두 등가교환으로 이루어진다는 것이다. 그런데 마지막에 파는 화폐 M'에는 처음 투입한 화폐 M에 이윤이 포함되어 있다. 이 초과 이익분을 보통 '로 표시하며, 이를 공식으로 나타내면 M'=M(초기 화폐)+ΔM(이윤)이 된다. 그렇다면 어디에서 이윤이 발생하게 된 것일까? 가라타니 고진은 이렇게 설명하고 있다. "결국 수량적인 표현은 가치형태를 은폐함으로써 성립한다. 어떤 시스템에서 한 상품의 가치는 그 시스템 속의 다른 상품의 가치관계로서 존재할 뿐이지만, 화폐에 의해 표현된다면 그것은 양적으로, 곧 가격으로서 나타난다. 상인자본가는 그 가

자신이 다시 구매함으로써 성립됩니다. 즉, 자본제란 상품이 만든 상품을 상품 자신이 되사는 교환과정을 통해서 잉여가치를 얻어 증식하는 시스템인 것입니다. 이는 교묘한 착취 구조입니다. 각각의 교환은 합의에 의한 등가교환이기 때문입니다.

**자본제 경제에 대항하는 주체**는 노동력 상품을 파는 자, 즉 프롤레타리아라는 것이 명백합니다. 다만 프롤레타리아라고 하면 이전에 말한 것과 같은 견해가 생깁니다. 즉, 자본가에게 착취당하는 임금 노예라는 식의 선입견 말입니다. 이는 일반적인 마르크스주의 이론에서 범하는 오류입니다. 프롤레타리아의 투쟁과 봉건적 노예의 봉기를 동일하게 본 것입니다. 하지만 이는 산업자본 축적이 무엇을 의미하는지 제대로 이해하지 못한 겁니다. 봉건 노예는 소비자가 아니지만, **프롤레타리아는 소비자**입니다. 이것은 결정적 차이입니다. 하지만 이 부분을 놓치고 있기 때문에 소비자 운동은 프롤레타리아 운동과 다른 것이라든가, 노동자 파업은 이미 힘을 잃었다고 말해버리는 것입니다.

그러나 이러한 견해는 임노동자를 단순히 생산지점에서만 보는 것입니다. 실제로 자본은 생산지점에서 노동자를 착취하는 것만으

격으로 상품을 사서 다른 시스템으로 가져간다. 거기에서 그 상품은 다른 가치관계에 놓이기 때문에 전보다 높은 가격으로 나타난다. 따라서 G-W-G′(G+∆G)는 두 시스템의 가치관계 체계의 차이에 의해서만 가능하고, 한편으로는 W-G와 다른 한편으로는 G′-W(이것들은 G-W-G′라는 과정의 이면이다)가 각각 등가교환으로 존재함에도 불구하고 잉여가치가 발생하는 것이다." 가라타니 고진, 『마르크스 그 가능성의 중심』, 김경원 옮김, 이산, 1999, 60쪽. 그리고 가라타니 고진, 『트랜스크리틱』, 351~352쪽 참고.

로는 증식하지 못합니다. 자신이 만든 것을 노동자 스스로 사지 않으면 안 되죠. 그들이 사지 않으면 착취는 완성되지 않습니다. 생산 지점에서는 분명히 자본은 임노동자에 대해 강한 입장에 서게 됩니다. 그러나 유통의 장에서는 다릅니다. 이른바 '소비자는 왕'이니까요. 그러니까 자본과 노동자의 관계는 생산지점만이 아니라 유통의 장까지 보지 않으면 안됩니다.

**인디고** | 완전히 새로운 혁명의 주체가 탄생한다기보다는 주체의 정체성에 대한 새로운 자각이 필요하다는 지적이라고 생각합니다. 그러한 이유로 선생님은 이전의 노동자 운동과는 다른 새로운 형태의 '소비자 운동'을 지적하신 것 같습니다.

**가라타니** | 네, 그렇습니다. 일반적으로 소비자 운동은 노동 운동과 별개의 것이라고 생각합니다. 그러나 소비만을 하고 사는 인간은 없죠. 노동자와 소비자는 별개가 아닙니다. 노동자가 소비라는 장에 설 때에 소비자가 될 뿐입니다.[49] 그렇다면 노동자는 그들이 가장 약한

---

**49** "일반적으로 소비자 운동은 신고전파의 '소비자 주권'—'소비자는 왕이다'라는—이론에 뿌리를 두고 있다. 그것은 자본제 경제를, 기업이 소비자의 수요를 어떻게 충족시킬까 하는 데서 보는 '시장경제' 이론이다. 그런데 '소비자'란 애초에 어떤 사람일까? 그것은 노동자 이외의 어떤 사람도 아니다. … 사람들이 생산과정과 유통과정으로 분리되어 있는 한, 자본의 축적 운동과 자본주의 생산 관계에 대항하는 것은 불가능하다. 따라서 자본과 국가에 대한 대항 운동은 단순한 노동자 혹은 소비자 운동이 아니라 초국가적인 '소비자로서의 노동자' 운동이어야 한다." 가라타니 고진, 『트랜스크리틱』, 489쪽.

입장이 되는 생산지점에서만이 아니라 오히려 강한 입장에 서게 되는 유통의 장에서 소비자로서 싸워야만 하는 것이죠. 생산지점에서 노동자는 기업과 일체화되기 쉽습니다. 기업에 이익이 되는 일은 노동자에게도 좋은 일이기 때문이죠.

예를 들어 노동자가 오염 식품을 만들고 있어도 그것에 반대하거나 폭로하는 일은 좀처럼 쉽지 않습니다. 회사가 망하면 곤란하니까요. 미나마타병이 대표적인 예입니다. 신일본질소주식회사인 '칫소'라는 화학공장에서 수은과 화학물질이 포함된 폐수를 흘려보내서 발생하게 된 병입니다.[50] 주목할 점은 칫소 노동조합이 초기에는 회사를 지지했다는 사실입니다. 그러나 소비자로서는 그것을 절대 허용할 수 없죠. 이는 단순히 노동조합을 욕하는 문제가 아닙니다. 그만큼 노동자가 자본에 직접적으로 대항하는 것이 어렵다는 걸 의미합니다. 그러니까 노동자는 오히려 소비자의 입장에 설 때 보편적이고 공적인 위치에 서게 됩니다. 즉, 생산지점에서의 파업이 아니라 유통과정에서의 보이콧이 더 강력한 힘이 있는 것입니다. 인도에서 간디의 운동도 마찬가지였습니다. 마르크스주의자인 그람시는 간디의 보이콧을 높게 평가하기도 했지요.

---

**50** 미나마타병은 수은 중독으로 인해 발생하는 다양한 신경학적 증상과 징후를 말한다. 1956년 일본의 구마모토현 미나마타시에서 메틸수은이 포함된 조개 및 어류를 먹은 주민들에게서 집단적으로 발생한 사건으로 인근의 화학 공장 '칫소'에서 메틸수은을 바다에 방류한 것이 밝혀져 사회적으로 큰 문제가 되었다. 1965년에는 니가타현에서도 대규모 수은 중독이 드러났고, 2001년까지 공식적으로 2,265명의 환자가 확인되었다.

그런데 "생산지점에서 하는 투쟁이 아니라면 노동자 운동은 없다"라는 사고가 있습니다. 특히 마르크스주의자는 여태껏 그렇게 생각해왔습니다. 그들은 "노동자가 보편적인 입장에 서지 않는다면 그것은 계급의식이 결여된 물상화된 의식에 갇혀 있기 때문"이라고 말합니다. 그러니까 지식인 전위당이 노동자계급을 계몽해 이끌어야 한다는 것입니다. 그러나 현실적으로 생산지점에서의 투쟁은 어렵지요. 현재의 기업에서는 생산지점에서 노동자가 서로 만날 기회조차 적으니까요.

또 다른 한편에서는 "노동자의 투쟁을 최우선시하는 것은 납득하기 어렵다. 소비자 운동이라든가, 마이너리티·소수자 집단 등 다양한 투쟁이 중요하다"는 사고가 있습니다. 지금은 이러한 생각이 우세한 듯합니다. 그러나 이러한 관점은 자본의 축적=존속의 조건을 반밖에 보지 못하는 것입니다. 노동자 운동과 소비자 운동은 본질적으로 따로 뗄 수 없습니다. 그래서 제가 2000년에 뉴어소시에이션 운동[NAM51]을 시작했을 때 노동자=소비자 운동을 제창했던 것입니다. 노동자 운동이 파업을 무기로 한다면, 소비자의 운동은 보이콧을 무기로 하지요.

**51**　뉴어소시에이션 운동New Associationist Movement은 가라타니 고진이 『트랜스크리틱』에서 자본=네이션=스테이트를 뛰어넘는 생산·소비협동조합 운동의 필요성을 주창하면서 2000년에 직접 시작한 노동자=소비자 신연대 운동의 이름이다. 그러나 가라타니 고진이 창설한 개별조직으로서 NAM은 2001년 9·11 테러 이후 내부적으로 드러난 정치적 견해에 따른 대립에 의해 혁명성을 상실했다는 판단과 가라타니 고진의 팬클럽으로 변질되는 등의 문제를 겪으며 고진 자신에 의해 2003년 1월 해산된다.

물론 노동자 운동과 소비자 운동이 명확하게 구분되지 않는 경우도 있습니다. 예를 들어 학생 운동이 그렇습니다. 보통 학생 운동을 파업의 형태라고 부르지만, 이는 사실상 보이콧에 가까운 것입니다. 파업과 보이콧의 경계는 그리 분명한 것은 아니지요. 저는 파업과 보이콧이 동시에 이루어지는 걸 실제로 본 적이 있습니다. 뉴욕에서 말이죠. 노동력 착취 회사인 스웨트숍sweatshop[52]에 대항한 투쟁이 바로 그것입니다. 그곳의 노동자들은 쉴새없이 일을 합니다. 노동조합을 결성하거나 파업을 하면 바로 해고되지요. 그래서 시민들이 가게 바깥에서 보이콧을 호소합니다. 이를 기업은 결코 이길 수 없습니다. 손님이 오지 않으니까요. 여기서 끝이 아닙니다. 도움을 받은 노동자들은 다른 곳으로 가서 다른 노동자를 지원하기 위해 소비자가 되어 보이콧 운동을 전개합니다. 이것이 이들의 연대입니다. 노동 운동이 꼭 생산지점에서 파업으로 이루어져야 한다는 인식으로는 할 수 없었던 일입니다. 노동 운동은 소비자 운동과 연계해나가야 합니다. 이것이 제가 생각하는 **노동자=소비자** 운동입니다.

자본에 대한 대항으로 또 한 가지 요소는 노동력 상품을 지양하는 것입니다. 기업을 국유화하는 것으로는 불가능합니다. 그렇게 하면

---

**52**　스웨트숍은 열악한 작업 환경을 가진 노동 착취 공장 또는 직업을 뜻하는 단어다. 기업은 일정 수준의 질을 유지하면서 싼 가격으로 제품을 제공하기 위해 노동자를 탄압하고 노동력을 착취한다. 높은 임금과 규제를 피해 개발도상국에 공장을 세우며 인도, 중국, 베트남, 방글라데시, 온두라스 등에 스웨트숍이 많다. 1990년 나이키의 축구공과 스포츠화가 아시아 스웨트숍에서 만들어진다는 사실이 알려지면서 미국과 유럽에서는 '스웨트숍 반대' 운동이 거세게 일어났다. 이후 공정노동 운동이 확산되었지만 여전히 지금까지도 스웨트숍은 계속되고 있다.

국유기업의 임노동자가 될 뿐이므로, 노동자 상품을 지양하는 것이라고 할 수 없습니다. 그렇다면 어떻게 하는 것이 좋을까요? 그것은 그다지 어렵지 않습니다. 자본제 기업을 그대로 협동조합으로 만들어버리면 됩니다. 거기서는 노동자 자신이 경영자이죠. 따라서 노동력 상품을 파는 것은 불가능해집니다. 이와 같은 협동조합은 이것이 장차 국가권력을 잡아 실현한다는 것이 아닙니다. 지금 당장이라도 가능합니다. 물론 부분적 · 지역적인 것일 수 있겠지만 말이지요.

당시 NAM을 구상했을 때 저는 소비자=노동자로서 국가나 자본에 대항하는 동시에 국가나 자본에 의지하지 않아도 되는 경제적인 어소시에이션으로서 생산=소비협동조합이나 지역통화 · 신용체계를 만들어보자고 제창했습니다. 이와 같은 운동이 없으면 결국 국가에 의존하는 사회민주주의로 귀착될 뿐이기 때문이죠. 물론 노동 운동이나 소비자 운동, 협동조합, 지역통화도 이전부터 있었기 때문에 이러한 시도는 저의 고유한 생각은 아닙니다. 제가 제기한 것은 그러한 운동에 새로운 의미를 부여하는 이론입니다.

조직으로서의 NAM은 2년 만에 해산했습니다. 그러나 일반적인 이름인 뉴어소시에이션 운동은 그 이후에 확산되고 있다고 생각합니다. 예를 들면 우리 집 근처에 '생협(생활협동조합클럽)' 점포가 있습니다. '생협'의 원리는 NAM의 것과 유사합니다. 이와 같은 운동이 현재 확산되고 있다고 봅니다. 현재 제가 참가하는 원전반대 운동조직[53]도 그렇습니다. 지금 일본의 데모는 노동조합이나 정당이 아니라 다수의 어소시에이션에 의해 일어나고 있지요. 제가 말했기 때문에 그렇게 되었다고는 생각하지 않습니다. 저와는 관계없이 다양한 곳에서 뉴어소시에이션 운동이 확산되고 있습니다. 예를 들면 인디고 서원의 활동도 조금 다른 형태의 '노동자=소비자 운동'[54]이라고 말할 수 있다고 봅니다. (웃음)

## 어소시에이션과 사회적 힘

**인디고** ┃ 선생님께서 제안한 '노동자=소비자 운동' 및 '생산=소비 협동조합' 등에 대한 이론은 분명 획기적이며 실현 가능성도 있습니다. 그렇지만 보이콧, 지역통화 그리고 협동조합과 같은 움직임들은 '지역'적으로 일어나는 운동이라고 생각합니다. 하지만 자본=네이션=국가는, 특히 시장은 분명 세계적인 시스템이지요. 따라서 위의 운동으로 세계적인 문제에 대항하는 것에는 한계가 있다고 생각하는데, 이 같은 대안적인 운동을 어떻게 확대하여 세계적인 변화를

---

**53** 자발적인 개인의 참여를 바탕으로 일본 전국의 원전 폐쇄를 목표로 하고 있으며, 원전 반대 운동에 관련된 다양한 정보를 제공하고 정기적으로 큰 규모의 원전 반대 데모를 주최하는 등 활동을 활발히 펼치고 있다. 관련 정보는 http://associations.jp/ 참조.
**54** 보다 상세한 논의는 가라타니 고진, 『세계사의 구조』, 405~413쪽 참고. 그리고 가라타니 고진, 『세계사의 구조를 읽는다』, 138~142쪽 참고.

만들어갈 수 있을까요?

**가라타니** | 솔직히 말씀드리자면, 어떻게 이 아이디어를 확장하면 좋을지는 정확히 모르겠습니다. 다만, 그것이 우리의 의지를 넘어 스스로 확대될 수 있다고 생각합니다. 예를 들어 아르헨티나가 20세기 말 경제위기에 빠졌을 때, 지역통화나 협동조합이 빠르게 확산되었습니다. 국가가 할 수 없는 일을 사회가 해내자는 의식이 생긴 것입니다. 현재 유럽에서도 그런 일이 일어나고 있습니다. 그러나 그것은 바란다고 해서 어느 날 갑자기 일어나지는 않습니다. 그보다 먼저 어느 정도 경험을 쌓아두는 것이 필요하겠죠. 그렇지 않으면 변화의 시기를 맞추기 어려울 것입니다. 그래서 지역적인 부분에서 먼저 시작해야 한다고 생각합니다.

신자유주의 체제에서 빈부의 격차는 점점 커지고 있습니다. 그리고 경제위기도 고조되고 있습니다. 그렇게 되면 사람들은 일반적으로 국가에 호소하게 됩니다. 국가 정책을 통해 고용을 늘려라, 복지를 증진하라는 식이죠. 하지만 잘 해결되지는 않지요. 그러니 이에 대해 신자유주의자는 신랄하게 비판합니다. 그러나 사실 따지고 보면 이 두 가지 입장은 그렇게 다르지도 않습니다. 미국에서는 민주당과 공화당이 대립하고 있다고 하지만, 실제로 이 둘 사이에 큰 차이는 없습니다. 일본에서도 자민당에 대립해서 민주당 정권이 생겼지만 결국 같은 일을 할 뿐입니다. 그 결과 의회제에 대한 불신이 강해지고 오사카 시의 하시모토 도루橋下徹시장[55]과 같은 선동정치가인 데마고그Demagogue[56]에게 갈채를 보내는 사람들이 늘어났습니다. 그것이 지금의 현실입니다. 저는 이러한 가운데 국가에 의존하지 않고 사회적으로 상호부조를 실현하는 어소시에이셔니스트의 활동이 더욱더 필요하다고 봅니다.

이런 활동이 비록 국소적인 것이라 하더라도, 이를 통해 자본주의적 경제와는 다른 생활이 어떤 것인지를 어느 정도 실감할 수 있다는 측면에서 이것이 중요하다고 생각합니다. 앞으로 선진국들은 경제 성장이 없는 시대가 계속되어 그것에 익숙해져야 할 것입니다. 따라서 어소시에이셔니스트가 해야 할 과제는 사람들을 국가에 의해 구제하는 게 아니라 사람들이 국가에 의존하지 않고도 살아갈 수 있는 **사회적 힘**을 기르도록 돕는 것입니다. 적어도 그러한 사회적 힘을 위한 시도들을 막는 억압을 저지할 수 있어야 합니다.

물론 지배적인 자본주의 경제 원칙에 대항하는 노동자 협동조합의 힘이 한계가 있을 수밖에 없는 것은 너무나 자명한 일입니다. 말

---

**55**　하시모토 도루(1969~)는 극우성향을 지닌 일본의 정치인으로, 2011년 오사카 시장으로 선출되었다. '평화헌법 폐기', '강한 일본' 등을 주장하며 오사카 부지사로 재임 시절 기미가요 제창 시 기립조례를 제정하며 교육기본조례 도입을 추진하기도 한 그는 최근에 일본군 위안부를 정당화하는 발언으로 비판 여론의 도마에 오르기도 했다.

**56**　고대 그리스 사회에서 시민과 민중의 지도자를 가리키는 데마고고스Demagogos를 어원으로 하는 데마고그는 그 당시에는 비난의 의미로 쓰이진 않았지만, 현대에 들어 대중의 감정과 편견에 호소하여 권력을 취하려는 선동적인 정치가를 지칭하는 말로 쓰이고 있다. 사실과 다른 내용을 허위선전하는 행위를 데마고기Demagogy 혹은 데마Dema라고 한다. 이런 데마고기에 능숙했던 대표적인 인물이 아돌프 히틀러Adolf Hitler이다.

할 것도 없이, 우리의 법 체계 내에서는 단순히 협동조합을 시작하려는 것조차 대단히 어렵거나, 거의 불가능합니다. 저는 이런 한계점들을 인지하면서도, 협동조합 운동에 긴밀히 관여해왔습니다. 한계가 있음에도 분명 의미 있는 일이기 때문입니다.

덧붙여 말하자면 2009년에 일본 민주당이 정권을 잡았을 때의 일입니다. 우리는 협동조합과 지역통화시스템의 창설을 용이하게 할 새로운 법안이 통과되는 것에 기대를 모았습니다. 하지만 민주당이 서로를 헐뜯는 정쟁에 돌입했고 결국에는 정권을 빼앗기고 말았습니다. 법안은 현실화되지 못한 채로 남겨지게 되었습니다. 그렇지만 저는 가까운 미래에 이것이 실현되리라 희망하고 있습니다.


## 알카에다와 세계사의 구조

**인디고** | 소비자 협동조합 및 지역통화 신용시스템 등의 형성을 통해 노동자가 비자본제적인 경제를 스스로 창출할 수 있을 것이라고 지적하신 적이 있는데요. 하지만 현실적으로 이를 실현하기 위해 필요한 사회적 · 제도적 기반은 전혀 갖춰지지 않은 상황입니다. 이러한 맥락에서 선생님은 『트랜스크리틱』 이후 9 · 11 사태와 이라크 전쟁을 겪으면서 일국 내에서의 운동만으론 자본=네이션=국가를 지양할 수 없다고 판단하신 것 같습니다. 자본=네이션=국가의 시스

템을 넘어설 수 있는 이론에 대해 고민하셨고, 그간의 생각을 집대성하여 세상에 내놓은 것이 『세계사의 구조』라고 생각합니다.

**가라타니** | 그렇습니다. 『세계사의 구조』를 구상하게 된 계기는 2001년 9·11 사태, 그리고 이라크 전쟁입니다. 『트랜스크리틱』에서 저는 자본=네이션=국가라는 서로 보완하는 시스템을 분석하였고, 교환양식, C, A, B의 접합체라고 생각했으며 어떻게 하면 이것을 지양할 수 있을까 생각했습니다. 앞서 말했듯 이러한 시도가 NAM이었습니다. 이때까지만 해도 사회구성체를 일국의 차원에서만 생각하고 있었습니다. 하지만 다른 국가가 있는 한, 국가의 지양은 이루어질 수 없다는 생각에 이르게 되었습니다. 그때까지 저는 자본=네이션=국가에 대한 대항 운동을 일본 내부에서만 생각하고 있었는데, 이를 반성하게 된 것이죠.

전쟁이 일어난다고 할 때, 이것을 하나의 국가 차원에서만 생각하는 견해에는 이론적 결함이 있습니다. 물론 한 국가 안에서 국가와 자본에 반대할 수는 있겠지만 전쟁이 일어나게 되면 그럴 수 없습니다. 국가 내부에서만 바라보는 것으로는 국가의 본질을 알 수 없기 때문입니다. 다른 국가와의 관계 속에서, 특히 전쟁을 통해서 국가의 본질이 드러나게 되지요. 평소에는 잘 알 수가 없습니다.

미국의 9·11 사태와 이라크 전쟁은 이 점을 환기시켜주었습니다. 어떻게 생각해보면 알카에다는 네그리[Antonio Negri]와 하트[Michael Hardt]가

내세우는 '다중multitude'57의 모범이 되는 조직입니다. 이들은 발달한 자본주의 속에서 고도의 훈련된 기술을 지니고 있으면서도 반자본주의의 성격을 띱니다. 세계 각국과 대립하고 있으며, 네이션과는 관련이 없습니다. 일반적인 의미에서의 공간에 존재하지도 않습니다. 예를 들어 그들은 주소 없이 인터넷 메일 주소만 가지고 있으며, 지휘체계가 갖춰진 통제적인 조직이 아닙니다. 아나키스트에 가깝습니다. 누구든 알카에다라고 자칭하면, 알카에다가 되는 것입니다. 그렇지만, 9·11 이후 네그리와 하트는 다중에서 알카에다를 제외합니다. 그것을 인정하면 위험해지기 때문입니다. 이는 국가와 자본에 대항하는 운동 전체에서 보자면 '분열'을 의미하는 것입니다. 그들은 알아채지 못하고 있지만 말입니다.

결국 자본과 국가에 대한 세계 각지에서 연대하는 (트랜스내셔널

---

57    안토니오 네그리와 마이클 하트가 주장한 개념으로 단순히 많은 수의 일반인들을 지칭하는 '대중大衆'과 다르며, 동일한 목적의식의 상대인 '민중民衆'과도 구분된다. 다중은 각자의 정체성을 가지며 개별적으로 행동하며, 특정한 사안에 동의할 때 개별성을 유지하면서 공동으로 행동한다. 여기에는 영원성의 관점에서 보는 '존재론적 차원'과 현실적으로 실존하는 '역사적 차원'의 두 가지 의미를 가지고 있다. 존재론적 차원의 다중은 역사적 힘들의 복합적 상호작용에서 이성과 열정을 통해 자유를 창조하는 존재이다. 두 번째 차원인 역사적 다중은 아직까지 존재하지 않았던 다중이다. 제국의 출현 조건들을 토대로 해서 다중을 발생시키려면 하나의 정치적 기획이 필요하다. 그런데 가라타니 고진은 이러한 '다중'의 개념에 반대하며, 이에 대한 몇 가지 근거를 들고 있다. 그중 하나가 '분열'이다. 네그리와 하트는 '다중의 세계적 반란'이라는 비전을 내놓았지만 그러한 대항 운동은 세계적인 연대가 불가능하다는 지적이다. 안토니오 네그리, 마이클 하트, 『다중』, 조정환 외 옮김, 세종서적, 2008 참고. 이와 관련한 자세한 논의는 가라타니 고진, 『세계사의 구조』, 398~400쪽 참고. 그리고 가라타니 고진, 『세계사의 구조를 읽는다』, 253~255쪽 참고.

한) 대항 운동은 불가능하며, 언제나 이렇게 분열되어왔습니다. 심지어는 제1차 세계대전이 일어났을 때 '제2인터내셔널'의 각국 사회주의 정당은 참전을 지지했습니다.[58] 문제는 바로 혁명에 대한 낭만적 감상만 있을 뿐 현실적인 자각이 없었다는 것입니다.

요컨대 제가 생각하게 된 것은 하나의 사회구성체가 아니라 다수의 사회구성체의 관계를 동시에 보는 것입니다. 이 개념은 월러스틴 Immanuel Wallerstein[59]이 생각한 것입니다. 그런데 월러스틴은 미개사회를 세계시스템이 아니라 미니시스템으로 보았습니다. 이러한 주장을 비판하면서 부족사회 역시 세계시스템이라고 주장한 사람이 체이스던 Christopher Chase-Dunn[60]입니다. 결국 '세계'는 규모와 상관이 없습니다. 저는 이런 생각들에 근거해서 세계사를 보려고 했습니다. 제가 말하고

---

**58**　인터내셔널은 1864년 런던에서 창립된 노동자들의 최초의 국제적인 조직으로서 정식 명칭은 국제노동자협회International Working Men's Association이다. 이 협회의 활동을 통해 마르크스주의가 각국에 보급되는 등 국제 사회주의 운동에 큰 영향을 미쳤다. 제1인터내셔널, 제2인터내셔널, 제3인터내셔널, 제4인터내셔널 등이 있다.

**59**　이매뉴얼 월러스틴(1930~)은 미국 출신의 사회학자이다. '세계체제 분석'의 선구적인 업적으로 잘 알려져 있다. 1999년까지 뉴욕주립대학교 교수직을 역임했고, 현재 미국 예일대학교 석좌교수이다. 세계사회학회(ISA) 회장직을 맡기도 하였으며, 1975년『근대세계체제』로 미국 사회학회가 주는 소로킨 상을 수상했다.

**60**　크리스토퍼 체이스 던(1944~)은 세계체제론을 연구한 미국의 사회학자이며, 현재는 미국 리버사이드 소재 캘리포니아 대학에서 학생들을 가르치고 있다. 월러스틴의 세계체제론이 가장 널리 알려져 있지만, 체이스 던은 월러스틴의 이론보다 한층 포용적인 세계체제를 제시했다고 평가받는다. 즉, 세계체제를 중심부와 주변부의 계급적 관계로 보지 않고 국가 간의 다름의 관계로 이해하는 것이다. 세계시스템을 미니시스템, 세계=제국, 세계=경제라는 세 가지로 유형화했고, 가라타니 고진은 이 개념을 자본=네이션=국가로 재해석했다. 대표적인 저서로는『글로벌 형성—세계 경제의 구조』가 있다. 체이스 던에 관한 가라타니 고진의 언급은 가라타니 고진, 『세계사의 구조』, 59쪽 참고.

자 하는 세계사는 **서로 다른 사회구성체들 관계의 역사, 세계시스템의 역사**입니다.

## 세계공화국으로 가는 길, 전쟁

**인디고** | 세계공화국이라는 이념의 실현을 '자연의 간지'[61]에 맡겨두는 것이 아니라면, 그것의 실현은 이를 지향하는 주체의 능동적이고 적극적인 개입을 필요로 합니다. 앞서 말씀하신 것처럼, 수많은 대안 운동과 NAM의 실패에서도 교훈을 얻을 수 있듯 세계 구조에 대한 정밀한 인식이 결여된 윤리적 실천은 공허한 제스처로 반복되거나 자본=네이션=국가시스템에 걸려 번번이 실패하고 말 것이기 때문입니다. 그렇기 때문에 타자를 사유하는 윤리성을 바탕으로 세계의 구조를 통찰하고, 이에 대한 정확한 분석과 이해를 바탕으로 행위 할 수 있는 기획이 필요하다고 생각하는데요. 이는 어떤 사유 과정과 절차를 거쳐 가능할 수 있을까요?

---

**61** 자연의 간교한(또는 간사한) 지혜라고 이해되며, '자연의 숨겨진 계획'으로도 번역된다. 자연의 간지란 인류 역사가 발전하는 동력을 지칭하며, 그것은 개개인이 의도하지 않더라도 만들어지는 역사적 흐름을 말한다. 대표적으로 인간의 '반사회적 사회성'을 통한 전쟁이 결과적으로 인간의 능력을 계발하고, 역사를 발전시키는 자연적 추진력이라는 설명이 있다. 이와 관련해서는 임마누엘 칸트, 『칸트의 역사 철학』, 39쪽 참고.

**가라타니** | 중요한 질문입니다. 칸트는 세계공화국으로 가는 첫걸음으로 제국가연방체제(국가연합)를 생각했습니다. 헤겔은 이와 같은 생각을 지나치게 낙관적인 것이라며 비웃었지요. 그러나 칸트의 논의가 그렇게 허술하지는 않았습니다. 세계공화국은 인간의 이성 혹은 윤리성에 의해 실현되는 일은 없습니다. 오히려 인간의 폭력성과 반사회성의 발로를 통해서, 즉 전쟁을 통해서 실현될 수 있는 성질의 것입니다. 이것이 헤겔의 '이성의 간지'에 대해 '자연의 간지'라고 불리는 것입니다. 물론 이는 칸트 자신이 한 말은 아니지만 말이죠.

칸트가 말하는 영구평화는 단순히 전쟁이 없는 상태를 뜻하는 것이 아니라, 모든 적의가 종식된다는 의미입니다. 즉, 더 이상 국가가 존재하지 않는다는 것을 말합니다. 칸트는 자신의 도덕법칙이 실현된 사회를 '목적의 나라'라고 생각했습니다. 그렇지만 이 목적의 나라는 일국으로는 불가능합니다. 어떤 나라가 목적의 나라가 되었다고 하더라도, 그것이 다른 나라를 수단으로서만 다루는 국가라면 그것은 목적의 나라가 아닙니다. 목적의 나라가 실현되려면 그것은 반드시 세계공화국이어야만 합니다.[62]

칸트는 전쟁의 결과로 국가를 초월하는 계기가 만들어질 것이라고 생각했습니다. 그러나 이는 자동적으로 발생하는 것은 아니죠. 그것이 생겨나는 것은 전쟁을 저지하는 운동이 선행되었을 때뿐입니

---

**62** 보다 상세한 논의는 가라타니 고진, 『세계사의 구조』, 418~434쪽 참고. 그리고 가라타니 고진, 『세계사의 구조를 읽는다』, 62~68쪽 참고.

가능성의 중심

다. 19세기에 칸트의 영구평화론은 일관되게 무시되었습니다만, 19세기 말, 즉 제국주의 시대에 부활했습니다. 이 시기의 평화 운동은 신칸트학파에 의한 것이었죠. 일본의 경우 젊은 나이에 요절한 시인 기타무라 도코쿠北村秀谷[63]가 최초의 인물입니다. 그는 청일전쟁에 반대했지요. 하지만 안타깝게도 그는 일을 시작한 지 얼마 되지 않은 스물다섯에 자살해버렸지만 말입니다.

제1차 세계대전 후 칸트의 이념은 어느 정도 실현되었습니다. 그렇게 해서 탄생한 것이 국제연맹League of Nations입니다. 이것은 전쟁의 결과로 어느 날 갑자기 생긴 것이 아닙니다. 미국 윌슨Thomas Woodrow Wilson 대통령[64]의 제안 때문에 생긴 것으로 여겨집니다만, 그렇지 않습니다. 19세기 말에 계속된 평화 운동이 있었기에, 또한 칸트의 이념이 있었기에 가능했던 것입니다. 물론 처음에 국제연맹은 제 역할을 충분히 하지 못했습니다. 그렇지만 제2차 세계대전 후에 국제연합UN으로 발전하였습니다. 물론 유엔도 마찬가지로 제 기능을 충분히 하고

---

**63**　기타무라 도코쿠(1868~1894)는 일본 메이지 시대의 낭만주의 문학의 선구자로, 자유민권 운동에 자극을 받고 정치에 뜻을 두기 시작했다. 문학을 통해 정치적 이상을 실현하고자 한 그는 사회와 문단을 날카롭게 비판한 논문을 다수 투고했으며, 대담한 연애관을 펼쳐 당시의 젊은 지식인들에게 큰 충격을 주었다. 1880년대 이후 자유민권 운동의 좌절 뒤에 나타난 내면지향 문학의 폐쇄성을 타파하고자 한 그는 1893년 시마자키 도손島崎藤村, 히라타 도쿠보쿠平田禿木 등과 함께 《분가쿠카이文學界》를 창간하여 지도적 이론가로서 일본의 초기 낭만주의 운동을 이끌었다.
**64**　토머스 우드로 윌슨(1856~1924)은 미국의 제28대 대통령으로 1913년부터 1921년까지 재임했다. 정치인이 되기 전에 프린스턴 대학의 총장을 역임하기도 했던 그는 제1차 세계대전이 발발했을 때 미국의 전쟁 참여를 이끌었으며, 1918년에 '민족자결주의'의 내용을 담은 〈14개조 평화 원칙〉을 발표하였다. 이는 한국의 3·1 운동을 촉발한 한 계기가 되기도 했다. 유엔의 전신인 국제연맹 창설을 주도하였으며, 이 공로로 1919년 노벨 평화상을 수상했다.

있다고 볼 순 없습니다만, 또다시 세계전쟁이 일어난다면 분명히 새로운 국제연합이 탄생할 것이고, 그것도 충분히 만족스럽진 못하더라도 분명 한 걸음 더 나아간 것이 될 겁니다.

한편 제1차 세계대전 후에 일어난 세계사적 사건으로서 주목받는 것은 러시아혁명입니다. 그러나 저는 한심한 수준이었다 해도 국제연맹의 형성이 세계사적으로 더욱 중요하다고 봅니다. 레닌은 '제국주의 전쟁에서 혁명으로'라는 슬로건을 주창합니다.[65] 그는 전쟁을 내심 환영하고 있었죠. 그 결과로 혁명이 일어나기 때문입니다. 권력을 잡기 위해서는 그게 좋겠지만 저는 그러한 생각에는 반대합니다. 전쟁에 의해 사회주의가 실현되는 일은 있을 수 없지요. 패전 상태에서 사회주의는 실현될 수가 없습니다. 그것은 국가주의가 될 것이 뻔하기 때문입니다. 오히려 만약 사람들이 국가의 전쟁을 저지할 수 있다면 그것이 사회주의 혁명에 가깝다고 생각합니다. **모든 국가가 전쟁을 못 하는 상태로 만드는 것**, 그것이 **사회주의**입니다. 그것이 세계공화국으로 가는 첫걸음일 것입니다.

---

**65**　1914년 제1차 세계대전이 발발했을 당시 레닌은 『제국주의론』을 집필하고, 『국가와 혁명』을 구상하면서 자본주의의 현 단계를 분석하고 이에 기반한 혁명이론을 발전시켰다. 첫째, 지배계급이 이전과 같은 방식으로는 지배를 계속할 수 없다는 것. 둘째, 근로대중의 결핍과 빈곤이 평상시보다 더 심화되고 있다는 것. 셋째, 지배계급에 대한 대중의 불만이 매우 높다는 것. 넷째, 지배계급 타도를 위해 일어설 능력 있고 결의에 찬 전위계급과 당이 존재한다는 것이 그 내용이다. 결과적으로 전쟁은 러시아에서 혁명적 정세를 만들어냈고 국민의 반전감정은 차르 정부에 대한 거센 반발로 이어졌다. 관련 도서는 블라디미르 일리치 울리야노프 레닌, 『제국주의론』, 남상일 옮김, 백산서당, 1986. 그리고 블라디미르 일리치 울리야노프 레닌, 『국가와 혁명』, 문성원, 안규남 옮김, 아고라, 2015 참고.

**인디고** 그렇다면 세계 강대국들 및 국가 간의 패권 다툼과 권익 투쟁이 여전한 지금, 과연 이러한 평화는 가능한 이상이라고 말할 수 있을까요?

**가라타니** 흔히들 유엔은 무력하다고 말합니다. 지금 그것을 부인할 수는 없겠지만, 그렇다고 해서 그것을 계속 냉소하고 무시한다면 어떻게 될까요? 세계전쟁이 일어날 뿐입니다. 하지만 그것 역시 새로운 국제연합을 형성하는 것으로 귀결될 것입니다. 따라서 칸트의 관점에는 헤겔의 리얼리즘보다도 더 잔혹한 리얼리즘이 숨어 있다고 볼 수 있습니다.

국제연합만으로는 국가 간의 대립이나 전쟁을 억제할 수 없습니다. 실질적 권력을 행사할 수 있는 국가를 인정하지 않기 때문입니다. 하지만 칸트에 따르면 그 결과로서 생겨난 전쟁이 국제연합을 공고히 만들었습니다. 국가의 전쟁을 억누르는 것은 달리 특출한 헤게모니 국가가 아니라, 국가 간의 전쟁을 통해 형성된 국제연합입니다.

이러한 측면에 대해서 후기 프로이트의 생각이 시사적일 듯합니다. 전기 프로이트는 초자아를 부모나 사회 같은 '위로부터의 금지'에서 찾았지만, 제1차 세계대전 후 전쟁신경증자들의 사례를 접하고는 그것을 수정했지요. 즉 초자아를 바깥으로 향해졌던 공격성이 각자의 내부로 향한 것으로서 파악한 것입니다. 예를 들어, 매우 관대한 부모에게서 자라난 사람이 강한 도덕성을 가지는 경우가 적지 않다는 것을 알 수 있습니다. 칸트가 말하는 인간의 반사회적 사회성은 프로이트가 말하는 공격성이라고 해도 좋습니다. 그렇게 생각하면, 공격성의 발로가 공격성을 억제하는 힘으로 바뀐다는 것을 이해할 수 있을 것입니다. 세계공화국은 인간의 이념이나 선의에 의해 실현될 수는 없습니다. 오히려 그것은 인간의 **반사회적 사회성** 즉, 전쟁에 의해 실현될 가능성이 높습니다.


## 세계동시혁명이라는 숙명

**인디고** | 세계공화국의 실현을 위해서는 '아래로부터의 운동'과 '위로부터의 운동'이 동시에 필요할텐데요. '위로부터의 운동'을 대표하는 것으로 유엔을 예로 드셨는데, 어떠한 절차를 거쳐 과연 이것이 실질적으로 힘을 행사할 수 있을지 궁금합니다. 유엔과 같은 국제 기구가 맡는 역할의 확장 혹은 새로운 기구의 탄생과 같은 구체적 방안을 생각하신 것이 있는지요? 또한 '아래로부터의 운동'에는 어떤 것이 가능한지도 여쭙고 싶습니다.

**가라타니** | '아래로부터의 운동'과 '위로부터의 운동'은 모순되지 않습니다. 아래로부터 운동이 없다면 위로부터의 운동도 없기 때문입니다. 동시에 위로부터 운동이 없다면 아래로부터의 운동도 이루어

지지 않습니다. 일본의 경우를 예로 들어봅시다. 사실 저는 이 문제를 1991년 걸프전쟁 때부터 생각하기 시작했지만,[66] 9·11 이후 더 많이 생각하게 되었습니다. 일본에는 전쟁을 포기하는 내용의 헌법 9조가 있습니다. 헌법 9조에는 전쟁 포기, 군비 포기를 주장하는 내용이 담겨 있습니다. 그러나 일본은 실제로 헌법 9조를 실행할 생각 따위는 전혀 없어 보입니다. 세계 2, 3위의 거대한 군비를 지출하고 있는 국가에게 헌법 9조는 이상한 것이지요. 다만 헌법이 있으니 어느 정도 전쟁 억제 효과를 가지고 있기는 합니다. 해외파병을 한다고 해도 이것저것 변명을 해야 하니까요.

헌법 9조를 실제로 실행하기 위해서는 일본 안에서 먼저 '혁명'이 필요하겠지요. 그것을 가능하게 하는 것은 '아래로부터의 운동'입니다. 많은 사람들은 헌법 9조를 진정으로 실행하는 것을 비현실적인 일로만 여깁니다. 하지만 군비를 확충함으로써 평화를 유지한다는 주장만큼 비현실적이지는 않습니다. **군비를 포기하는 것이 곧 '증**

---

**66** 1990년 8월 이라크의 쿠웨이트 침공을 계기로 유엔안전보장이사회는 다국적군 파견을 결정하고, 1991년 1월 17일 다국적군이 이라크를 폭격함으로써 걸프전이 시작되었다. 당시 일본은 헌법 9조에 의해 전투에 직접 참여하지 않고 자금 원조만 했지만, 국제 사회의 비난을 받자 일본 정부는 PKO 협력법을 통과시켜 페르시아 만에 자위대를 파견한다. 이 당시 가라타니 고진과 다나카 야스오, 다카하시 겐이치로, 이토 세이코 등의 소설가들은 일본의 걸프전 참가에 반대하는 문학자 집회를 열고「'문학자'의 토론 집회 성명」을 발표한다. 성명의 내용은 다음과 같다 "성명 1. 나는 일본 국가가 전쟁에 가담하는 것을 반대합니다. 성명 2. 전후 일본의 헌법에는 '전쟁의 포기'라는 항목이 있습니다. 그것은 다른 나라로부터의 강제가 아니라 일본인의 자발적인 선택으로 지켜왔습니다. … 우리는 '전쟁의 포기' 위에서 일본이 모든 국제적 공헌을 해야 한다고 생각합니다. 우리는 일본이 걸프전 및 앞으로 있을 수 있는 모든 전쟁에 가담하는 것을 반대합니다." 관련 내용은 사사키 아쓰시, 『현대 일본 사상』, 송태욱 옮김, 을유문화사, 148쪽 참조.

**여'입니다.** 증여받은 국가는 그것으로 인한 구속을 당할 수밖에 없습니다. 그러므로 군비의 포기는 그것만으로는 충분치 않습니다. 일본이 전쟁을 포기한다 해도 그것을 다른 나라가 승인해야 한다는 것이죠. 구체적으로 말하면 유엔에서 전쟁 포기를 선언하고 이에 대한 지지를 호소해야 합니다. 말하자면, 이것이 '위로부터의 운동'입니다. 전쟁 포기 선언과 지지 호소는 유엔 자체의 변화를 가져올 것입니다. 또 이러한 유엔의 변혁에 따라 비로소 한 나라의 전쟁 포기가 유효성을 지니게 됩니다. 그러므로 아래로부터의 운동과 위로부터의 운동은 '동시적'으로 존재하는 것입니다.

유엔이라고 하면 우리는 안전보장이사회[67]나 국제통화기금[68]을 먼저 떠올립니다. 그러나 유엔에는 그것들과는 다른 다양한 국제기구가 합류해 있으며, 그것의 총체적 집합체가 '유엔시스템'이라고 불리는 것입니다. 예를 들어 1997년 교토세계환경회의[69] 때, 많은 NGO 단체가 네이션과 동일한 자격으로 참가했습니다. 유엔

---

**67**　유엔안전보장이사회United Nations Security Council는 국제 평화와 안전을 유지하기 위해 필요한 행동을 취할 책임과 권한을 담당하는 국제연합의 핵심기관이다. 제2차 세계대전 승전국을 중심으로 5개 상임 이사국(미국·중국·러시아·영국·프랑스)과 10개의 비상임 이사국으로 구성되어 있다. 유엔 헌장에 의거해 회원국들이 반드시 이사회의 결정에 따라야 한다.

**68**　국제통화기금International Monetary Fund은 환율과 국제 수지를 감시하고 국제 금융 체계를 감독하는 일을 위임받은 국제 기구이다. 통화 협력과 환율 안정, 낮은 실업률 등에 대한 재정 보충을 통해 국가의 지불 적응을 용이하게 하기 위해 조성되었다. 총 188개국으로 구성되어 있으며 회원국의 요청이 있을 경우 기술 및 금융 지원을 직접 제공한다.

**69**　1997년 12월 일본 교토에서 개최된 기후변화협약 제3차 당사국 총회를 말한다. 이 회의에서 이산화탄소를 포함한 여섯 종류의 온실 가스 배출량을 감축하기 위한 국제 협약인 기후변화협약 교토 의정서Kyoto Protocol를 채택했다.

은 말 그대로 네이션들의 연합인데, NGO 단체의 동등한 참여는 이미 유엔을 넘어선 새로운 세계 체제가 태동하고 있는 것이라고 생각합니다. 유엔시스템 속에는 자본=네이션=국가의 근대세계시스템을 유지하는 두 개의 조직이 있는데, 그것이 안전보장이사회와 국제통화기금입니다. 그것들은 실로 국가와 자본이 존재하는 장소입니다. 거꾸로 말하면 안전보장이사회와 국제통화기금을 다른 국제 조직처럼 바꿀 수 있다면, 그것이 국가와 자본의 지양이 된다고 말할 수 있을 것입니다.

마르크스나 아나키스트도 '국가의 지양'에 대해 이야기합니다만, 그들은 이것을 한 나라의 문제로만 생각했다고 봅니다. 그러나 국가란 본질적으로 다른 나라가 있기 때문에 그 자신도 존재하는 것이기에 한 나라만으로 국가를 지양하는 것은 있을 수 없습니다. 실제로 마르크스는 사회주의란 '세계동시혁명'에 의해서만 가능하다고 주장했습니다. 그러한 관점에서 그는 파리코뮌[70]의 계획에 반대했고, 그 후에도 이를 높이 평가하지 않았습니다. 그런데도 레닌이나 트로츠키는 파리코뮌을 흉내 냈습니다. 양쪽 모두 패전에 의해 일어난 혁명인 것이지요. 파리코뮌은 독일군의 개입으로 2개월 만에 붕괴되었지만 러시아혁명은 주위의 간섭에도 불구하고 오랜 기간 유지

---

**70**　1871년 3월 28일부터 5월 28일 사이에 프랑스 파리 시민과 노동자들의 봉기에 의해서 수립된 혁명적 자치정부이다. 세계 최초로 노동자 계급의 자치에 의한 민주주의 정부라고 평가된다. 사회주의 정책들을 실행에 옮겼으며, 단기간에 종결되었지만 사회주의와 공산주의 운동에 큰 영향을 주었다.

되었습니다. 그러나 그 결과 소련은 국가를 지양하기는커녕 가공할 만한 전제국가를 만들어버렸습니다.

그 이후에도 세계혁명이 여러 차례 주창되었습니다만 그것들은 세계동시혁명이 아닙니다. 먼저 소련의 혁명이 있었고 그것을 다른 나라가 따르는 형태입니다. 지금도 세계동시혁명이 많은 이들에게 회자되고 있습니다. 그것은 네그리가 말하는 '다중의 혁명'과 같은, 또는 최근의 점령시위 운동과 같은 것이 전 세계에 확산되는 것과 같은 이미지입니다. 그러나 그것은 반드시 분열될 것입니다. 그러므로 '아래로부터의 혁명'만으로는 안 됩니다. 그러한 운동으로는 국가를 지양할 수 없습니다. 결국 한 나라만으로는 국가의 지양은 있을 수 없다는 것입니다.

국가는 다른 국가가 있기 때문에 존재한다는 것을 칸트는 매우 잘 알고 있었습니다. 칸트는 루소가 주장했던 형태의 시민혁명[71]을 지지하고 있었지만, 그것이 일국에서만 일어난다면 다른 절대주의 왕권의 간섭이 발생해 실패한다고 생각했지요. 때문에 이 지점에서 그는 국가연합을 생각했던 것입니다. 즉, 칸트가 말하는 국가연합은 본래 평화론이 아니라 시민혁명을 세계 동시적으로 실현하기 위해서

---

**71** '부르주아혁명bourgeois revolution'이라고도 불리는 시민혁명은 봉건시대 귀족계급에 대항하여 중소 상공업자를 중심으로 한 시민계급에 노동자와 농민이 가담하여 절대주의를 타도하고, 자유와 평등의 원리에 입각한 근대사회를 이룩하려는 운동이다. 18세기 후반 프랑스를 중심으로 활동했던 계몽사상가들이 주축이 되었으며 루소가 대표적이다. 혁명사상으로서의 계몽사상은 1776년 미국혁명에서 뚜렷이 나타났고, 1789년 프랑스혁명에서 절정에 도달했다.

2014년 9월 24일 버락 오바마 미국 대통령이 뉴욕에서 열린 유엔안전보장이사회 회의에서 이슬람국가(IS)의 해외 테러 전사(FTF) 문제에 관한 회의를 주재하고 있는 모습. © REUTERS / Kevin Lamarque

구상한 것이었습니다. 이로써 마르크스가 말하는 세계동시혁명과 칸트가 말하는 국가연합이 저의 이론 속에서 서로 이어진 것입니다.

이러한 이론적 틀을 바탕으로 유엔에 새로운 의미를 부여할 수 있을 것입니다. 유엔은 분명히 칸트의 이념에 바탕을 둔 것이니까요. 물론 현재의 유엔은 그 이상과 거리가 멉니다. 하지만 '새로운 국가연합'을 따지기보다는 현재 이미 존재하는 유엔에서 출발해야 한다고 생각합니다. 왜냐하면 이건 두 번에 걸친 세계 전쟁의 결과로 형성된 것이기 때문입니다. 이런 의미에서 유엔의 개혁은 세계동시혁명을 의미합니다. 물론 자본=국가는 완강히 저항할 것입니다. 이미 자본주의는 한계를 보이고 있음에도, 자본=국가는 간신히 연명하며 살아남고자 하기 때문입니다. 거기에 대항하는 것, 즉 그것을 **새로운 세계 체제의 형성으로 전환하는 것**, 이것이 우리에게 앞으로 남겨진 과제입니다.


**평화헌법의 실현과 증여의 힘** |


**인디고** | 일국 내에서 전쟁을 위한 일체의 군비를 포기하고, 또 유엔이 개혁을 이룬다고 하더라도 그것이 곧 세계동시혁명으로 이어진다고 보는 주장에는 일종의 이론적 비약이 있는 것은 아닌가 생각이 듭니다. 선생님이 말씀하신 세계동시혁명이 현실에서 실제로 일어

난다면 그것은 어떤 모습일런지요?

**가라타니** | 제가 말씀드린 세계동시혁명이 전 세계적으로 동시에 일어나야 하는 것은 아닙니다. 한 나라만으로도 좋습니다. 앞서 이야기한 대로 한 나라가 전쟁을 포기한다면 혹은 전쟁의 권리를 증여한다면 그것이 국가연합의 존재방식을 근본적으로 바꾸어버리겠지요. 그럼으로써 비로소 세계동시혁명이 되는 것입니다. 국가의 지양 혹은 세계공화국은 이러한 세계동시혁명으로만 이루어질 수 있는 것입니다. 세계동시혁명이라고 하면 오해가 생길 것 같지만 어쩔 수 없습니다. 아니, 오히려 오해받고 싶었던 건지도 모르겠습니다. (웃음)

현재 시점에서 '증여'로서 가장 유효한 것은 **전쟁 포기·군비 포기**입니다. 이것은 앞서 말한 대로 일본인들에게는 비교적 실현하기 쉬운 것이라 생각합니다. 현행 헌법 9조를 문자 그대로 실현하면 되니까요. 그러나 현재 헌법 9조는 전혀 실행되지 않고 있습니다. 일본은 막대한 군비를 지출하고 있고, 또한 미군 기지를 가지고 있습니다. 일본은 안보의 위협을 운운하면서 북한을 얘기하지만, 일본이야말로 그들에게 위협입니다. 일본이 군비를 포기하면 어떻게 될까요. 유엔 총회에서 전쟁 포기를 선언하고 오키나와의 군사기지를 비롯하여 군대의 단계적 폐기를 선언하는 것입니다. 이에 대해 다른 국가들과 유엔은 어떤 반응을 보일까요? 분명 이례적인 일들이 벌어질 것입니다. 이것을 기회로 삼아 일본을 군사적으로 침략해 오는 나라가 있을까요? 그런 부끄러운 일을 한다면 그 나라는 끝입니다. 군사력이나 경제력 이상으로, **'증여의 힘'**이 작용하게 될 것이라고 저는 믿습니다.

현재 세계 공동체는 어떤 의미에서 씨족사회를 닮아 있습니다.[72] '명예'나 '존엄', '정의'라고 하는 씨족사회의 원리가 작용하고 있는 것이죠. 사람들은 현실 정치에서 그런 덕목은 명목일 뿐이며, 자본과 국가의 이익이 우선이라고 말합니다. 경제에 도움이 되느냐 아니냐가 판단의 기준이 되는 것입니다. 하지만 오늘날 '명예'와 같은 덕목은 바로 그런 현실 정치에서 점점 더 지위가 높아지고 있습니다. 예를 들어 최근에 각국은 대지진이 일어나면 바로 원조금을 냅니다. 얼마나 더 빨리 원조를 하고, 얼마나 더 많이 원조금을 내는지 경쟁을 합니다. 그렇지 않으면 국제사회로부터 '구두쇠'라는 비난을 받으니까요. 이런 종류의 비난을 국가는 경시하지 않습니다. 여기서 작동하는 것은 군사력이나 경제력이 아닌 증여의 힘과 같은 것입니다. 이러한 '증여'를 하는 나라가 앞으로 많이 나올 것이라고 생각합니다. 예를 들어 코스타리카는 군대를 포기하고 난 후 주변국들로부터 존경을 받고 있지요.

---

**72**　"예를 들면 씨족사회에서 중시된 것은 명예입니다. 재산이 있어도 그것을 더 축적하려 하면 비웃음을 삽니다. 그렇게 되면 살 수가 없어서, 구두쇠로 보이지 않도록 통 크게 굽니다. 씨족사회에서는 형벌이 딱히 필요 없었다고 합니다. 넌 틀렸다, 나가버려라, 라는 말을 들으면 죽을 수밖에 없었던 것이지요. … 그와 관련하여 말하자면, 현재 국제사회는 명예나 위신 같은 차원을 중시하게 됐습니다. 재해가 일어났는데 바로 구조에 나서지 않는 나라는 몹쓸 나라라는 말을 듣지요." 가라타니 고진, 『세계사의 구조를 읽는다』, 192쪽.

『세계사의 구조』에 쓰지는 못했지만, 몰래 일본이 그러한 증여를 앞장서서 시행하기를 바랍니다. 일본은 경제력 면에서 쇠퇴하고 있고, 이제 와서 군사력으로 경쟁하는 것은 한심할 뿐더러 승리할 가망도 없습니다. 남은 것은 오직 증여의 힘입니다. 일본이 먼저 군비를 증여한다면 다른 나라들에게 군비를 포기하라고 요구할 수 있게 되고, 그 경우 일본이 정치적·정신적인 리더십을 가질 수 있겠죠. 헌법 9조는 일본 근대사의 잔재로서 그 어떤 반성과 사죄의 변상보다는 일본인의 반성을 객관적으로 나타내는 것입니다. 그러나 그것을 실현하지 않으면 공허한 문장에 그치겠죠. 그래서 그것을 실현하는 것은 교토 학파의 '세계사의 철학' 풍으로 말하자면 일본인의 '세계사적 사명'이라고 말해도 틀린 것이 아닐 겁니다. 물론 저는 그렇게까지 말하지는 않습니다. 왜냐하면 일본인이 그러거나 말거나, 그것은 곧 전쟁의 결과로 실현될 것이기 때문입니다.


## 규제적 이념으로서 영구평화


**인디고** | 선생님 말씀처럼 만약 국가가 유엔과 같은 국제기구에 전쟁 주권을 '증여'하는 혁명적인 시도가 이뤄지면, 그것이 다른 국가들을 압박하여 군사력을 포기하게 만들 수 있을지도 모릅니다. 하지만 만약 그렇게 된다면 하나의 패권을 쥔 국가는 없더라도, 세계의

군사 주권을 좌지우지할 수 있는 또 다른 강력한 국제기구가 창설되는 것은 아닌지요? 이는 전 지구적인 권력을 가진 국제기구가 주도하는 강압적인 세계 통치 형태라고 말할 수 있지 않을까요?

**가라타니** ¦ 아나키스트들과 마르크스주의자들은 모두 주권 국가를 지양하는 것을 신중히 고려해왔습니다. 하지만 사실 그들은 개별 국가의 내부에서만 이를 생각했지요. 그러나 앞서 언급했듯이 국가란 본래 다른 국가들과의 관계 속에서 존재하는 것이며, 그러므로 개별 국가 내부에서만 국가를 지양한다는 것은 터무니없는 생각입니다. 물론 그들도 이 점을 알고 있었습니다. 국가를 지양하는 것을 목표로 하는 사회주의 혁명은 그것이 전 세계에서 동시에 일어나지 않는 한 불가능한 것입니다. 세계동시혁명도 마찬가지입니다. 그래서 그들은 이 목적을 이루고자 이른바 '인터내셔널'을 조직하기도 했습니다. 그렇지만 역사는 바로 이 프로젝트가 제대로 실현되지 못했음을 증명했지요. 역설적이게도 개별 국가 내부에서 일어난 사회주의 혁명은 국가의 폐지를 목적으로 했음에도 그와는 반대로 오히려 국가를 더욱 강화하는 결과를 낳았던 것입니다.

이 같은 경험에도 불구하고 사회주의자들은 여전히 비슷한 것을 구상하고 있습니다. 안토니오 네그리와 마이클 하트가 말한 '다중'의 세계 혁명이 대표적인 예입니다. 하지만 그들에겐 혁명 이후에 어떻게 될 것인지에 대한 이론적 전망이 없습니다. 이는 아나키즘을 재

2014년 7월 1일 아베 총리가 집단적 자위권 행사의 인정을 강행한 것에 반대하여, 시위대가 도쿄 총리 관저 앞에서 아베 총리의 얼굴이 그려진 현수막을 들고 시위하고 있다. 국방부 장관 오노데라 이쓰노리는 아베 내각이 집단 자위권 행사가 가능하도록 헌법해석변경안을 채택했다고 공표했다. 이러한 조처는 제2차 세계대전 이후 일본이 해외에서의 무력행사를 금지하도록 명시한 전후 평화주의의 후퇴이자 보수 총리의 정치적 승리로 해석된다. 플래카드에는 "아베 물러나라"라고 적혀 있다. © REUTERS / Yuya Shino

탕한 것일 뿐이죠. 그들이 인터내셔널을 조직하려고 시도했을지 모르지만, 이는 제4의 인터내셔널 이상의 것일 수는 없습니다.

반면에 저는 칸트의 이론에서 **세계동시혁명**의 실마리를 발견했습니다. 칸트가 '영구평화'라고 말했던 것은 국가를 지양하는 것과 다르지 않습니다. 칸트는 프랑스 대혁명보다도 10년 앞서, 국가연합의 아이디어를 구상했습니다. 그는 단순히 평화를 위해서가 아니라 루소주의자들이 말한 바 있는 시민혁명을 위해서 이를 고려한 것입니다. 개별 국가에서 시민혁명이 발생할 때, 칸트는 다른 국가들이 이를 간섭하거나 파괴하고, 왜곡하게 될 것을 우려했습니다. 그러므로 혁명은 세계 각국에서 동시적으로 완수되어야만 한다고 말한 것이지요. 칸트가 주장한 국가연합은 바로 이 같은 목적에서 구상된 것입니다. 실제로 프랑스에서만 단독으로 발생한 시민혁명은 주위의 절대 왕정 국가들의 간섭을 받았습니다. 시민혁명이 자기 나라에서 일어나지 않도록 만들기 위한 의도로서 말입니다. 그에 대해서 프랑스는 혁명을 방어해야 했습니다. 결과적으로 프랑스 내부에서의 숙청이 일어났고, 나폴레옹 독재 정권이 들어서게 되었습니다. 그리고는 곧 주변 국가로의 침략전쟁이 이어졌습니다. 표면적으로는 혁명을 지키고, 또 혁명을 수출한다는 구실을 내걸고 말입니다. 나폴레옹 전쟁이 바로 그것입니다.

제가 세계동시혁명이라고 말할 때 마음속에 그리고 있는 것은 전 세계의 거리에서 시민들의 봉기가 일어나는 것과 같은 그림이 아니라, 유엔의 획기적인 변화일 뿐입니다. 이런 변화가 없다면, 세계 각지의 혁명들은 결국 분열하고, 고립되며, 점차 사라져버리게 될 것입니다.

하지만 분명 칸트의 구상에는 모호한 부분이 있습니다. 만약 한 국가가 국제연합에 대항한다고 가정해봅시다. 만약 이를 무력으로 제압하려 한다면 국제연합은 군대를 독점하고 있어야 합니다. 하지만 그런 세계정부라면 끔찍하기 그지없지요. 그런데 이런 비판은 세계공화국이라는 칸트의 생각을 겨냥한 것입니다. 하지만 저는 이런 비판은 사실상 부적절하다고 생각합니다. 칸트에 대해 회의적인 이들은 세계공화국이 국가의 확장, 다시 말해, 교환양식 B라고 여깁니다. 그래서 그들은 세계 국가 혹은 정부가 모든 권력을 독점한다고 생각합니다. 하지만 세계공화국은 교환양식 D에 기반을 두고 있습니다. 이것은 교환양식 A의 고차원적 회복입니다. 교환양식 A는 '증여의 힘'을 기반으로 하고 있으며, 이는 군대보다 훨씬 강력합니다. 물론 칸트가 직접 이렇게 말한 것은 아닙니다. 그는 상품교환에 근거한 교환양식 C가 전쟁을 억제할 것이라 생각했습니다. 실제로는 그와 정반대로 교역이 전쟁을 낳고 말았지만 말입니다.


**인디고** | 선생님의 말씀을 듣고 있으니 세계공화국의 실현가능성이 매우 높은 것처럼 느껴집니다. 선생님은 이 같은 혁명적인 일이 정말로 가능하다고 생각하시는지요?

**가라타니** │ 저는 진심으로 그렇게 생각합니다. 물론 세계공화국이 순조롭게 현실화될 것이라고 생각지는 않습니다. 칸트의 용어를 빌려서 말하자면, 이는 구성적 이념이 아니라 **규제적 이념[73]**인 것입니다. 결국 우리의 이상은 점진적으로 달성될 것이라고 믿습니다.

## 역사의 종언, 그리고 반복

**인디고** │ 세계의 많은 진보적인 지식인들은 프랜시스 후쿠야마[Francis Fukuyama][74]가 주장한 '역사의 종언'을 비판적으로 받아들입니다. 선생님의 경우 '역사의 반복'이라는 흥미로운 주장을 펴고 있으신데요. 이 주장에는 지금과 같이 교환양식 B(국가)와 C(시장)가 지배적인 세계

**73**　구성적 이념과 규제적 이념은 가라타니 고진이 칸트의 개념을 활용하여 제시한 용어이다. 우선 구성적 이념은 현실에서 실현되어야 하는 이념을 말한다. 이는 건물의 설계도와 같다. 반면에 규제적 이념은 현실에서 실현될 수는 없지만 하나의 이상향으로 현실을 비판할 근거가 되는 이념이다. 말하자면 유토피아와 같은 개념이다. "칸트는 '구성적 이념'과 '규제적 이념'을 구별했습니다. 또는 이성의 '구성적 사용'과 '규제적 사용'을 구별했습니다. 구성적 이념은 현실화되어야 하는 이념입니다. 규제적 이념은 결코 실현될 수 없지만 지표로서 존재하고, 그것을 향해 서서히 나아갈 수밖에 없는 이념입니다. 이렇게 보면 마르크스가 부정한 것은 구성적 이념이라는 것을 알 수 있습니다." 가라타니 고진, 『정치를 말하다』, 71쪽.

**74**　현재 스탠퍼드대학교 민주주의 · 개발 · 법치주의 센터 교수인 프랜시스 후쿠야마(1952~)는 3세대 일본계 미국인으로 철학자이자 정치학자이다. 동유럽의 사회주의가 붕괴되기 시작한 1989년 「역사의 종언」이라는 논문을 발표하면서 주목받기 시작했다. 1992년에 이 논문을 바탕으로 『역사의 종언과 최후의 인간*The End of History and the Last Man*』을 출간했다. 이 책은 공산권이 몰락하고 자유민주주의가 승리함으로써 헤겔과 마르크스적 의미의 역사는 끝났다는 내용을 담고 있다. 출간과 동시에 세계적인 관심과 논쟁을 불러일으키며 20개 이상의 언어로 번역되었다. 대표작으로는 『트러스트』, 『정치 질서의 기원』 등이 있다.

가 아니라, 교환양식 A(네이션)가 고차원적으로 회복한 D가 도래할 것이라는 비전이 암시되어 있는 것 같습니다. 그런데 이런 '반복'의 논리라면 교환양식 B와 C 역시 다시 한번 고차원적으로 회복되는 세계가 올지도 모르는 것이 아닐까요? 후쿠야마와는 다른 의미의 '역사의 종언' 즉, 교환양식 D가 도래하는 것으로 인류의 역사가 반복을 멈추고, 영원한 평화의 상태를 구현하게 되는 지점에 말입니다.

**가라타니** | 매우 희망적인 진단입니다. (웃음) 하지만 그런 걱정까지 할 필요는 없다고 봅니다. 왜냐하면 영원한 평화 혹은 교환양식 D는 쉽게 현실화되지는 않을 것이기 때문입니다. B와 C가 지배적인 동안에 D는 존재하지 않습니다. 오히려 저는 B와 C가 지배적인 것으로서 작동하는 국가 대신에 점차 D가 그 자리를 대체해가는 '과정' 이라고 말하고 싶습니다. 제가 '역사의 반복'과 관련하여 염려하는 부분을 좀 더 정확히 하자면, 가까운 미래에 자본주의 경제의 위기가 증대하는 것과 더불어, 교환양식 B가 강화되는 순간이 온다는 것입니다. 그러면 제국주의 전쟁이 발발하게 될지도 모릅니다.

자본주의는 일반적으로 교환양식 C에 기반을 두고 있습니다. 상인 자본은 서로 다른 가치체계 사이에서 상품 교환을 통해 잉여 가치를 얻게 됩니다. 그런데 이 원리는 산업 자본에 대해서도 동일하게 말할 수 있습니다. 물론 산업 자본은 노동력이라는 특정한 상품에 기초하고 있지만 말이죠. 상세한 설명이 필요하지만, 간추려서 말하자면 이렇습니다. 자본의 축적은 자급자족적 경제에 속한 농민을 시장경제의 임금노동자와 소비자로 편입시키면서 유지됩니다. 1970년대까지 선진 사회에서는 이 과정이 한창 진행되었지요. 그러다가 일반 이윤율이 하락하게 되고, 그때부터 세계 자본주의는 위기에 처하게 됩니다. 자본은 당시 자본주의 경제 '바깥'을 편입시키며 세계 시장으로의 진출을 통해 그 출구를 찾았습니다. 이 과정이 '세계화'입니다.

지금의 세계자본주의는 개발도상국 중에서도 특히 인구가 가장 많은 중국과 인도에 의해 떠받쳐지고 있습니다. 하지만 심지어 이조차도 얼마 안 있어 한계에 도달할 것입니다. 이제 다시 임금이 오르고, 소비가 포화상태가 되며, 이어서 이윤율이 떨어질 것이기 때문이죠. 무엇보다도 더 이상 '바깥'은 없습니다. 자본은 스스로 증식할 수 있을 때에만 존속합니다. 그것을 할 수 없다면 종말을 맞이하게 되지요. 이러한 것들을 고려해본다면, 자본주의의 운명은 정해져 있습니다. 하지만 이 종말이 자연스럽게 오지는 않을 것입니다. 자본=국가는 운명에 저항할 것이기 때문입니다. 이는 분명 교환양식 B에 의존하려고 할 것입니다. 이는 순수한 제국주의를 의미하지요.

저는 **세계 전쟁이 임박했다고 생각**합니다. 일본의 경우만 해도 국내의 빈부 격차가 극도로 커졌고, 그에 대한 사회적 불만의 목소리도 많습니다. 그래도 일본은 그나마 괜찮습니다만, 대한민국 남북의 격차는 세계적인 차원으로 보아도 상상을 뛰어넘는 수준입니다. 이

대로 괜찮을 수는 없습니다. 선진국에서야 어떻게든 살아갈 수 있겠지만, 중진국에선 그게 쉬운 문제가 아닙니다. 갈등이 커지고 있는 것이지요. 경제를 영토와 자원의 차원에서 생각하는 건 낡았다는 견해가 있습니다. 하지만 결코 그렇지 않습니다. 경제의 활로를 찾기 위한, 영토를 빼앗기 위한 전쟁은 언제든지 일어날 수 있습니다. 확실히 자본주의는 끝을 맞이하게 될 테지만, 엄청난 피해와 희생자들을 수반하게 될 것입니다. 이것을 막는 것이 핵심입니다. 다가오는 **전쟁에 대항하는 운동**은 앞으로 교환양식 D를 도래하게 만들 것입니다.

# 3

공동선과
새로운 미래

## 중심-주변-아주변

**인디고** | 선생님은 『세계사의 구조』에서 세계=제국 단계에서의 '중
핵-주변-아주변'의 구조[75]를 설명하시면서 제국의 문명을 자율성에
기반하여 선택적으로 받아들였던 아주변 국가인 영국과 일본은 근

---

**75**　　"중핵과 주변이라는 것은 바로 부르주아에 의한 잉여가치 취득시스템의 한 혁신적 부분
을 가리키는 말이다. 극단적으로 말하자면 자본주의란 프롤레타리아가 창출해낸 잉여가치를 부
르주아가 취득하는 시스템인 것이다. 이 프롤레타리아와 부르주아가 별도의 나라에 있는 경우,
잉여가치의 취득 과정에 영향을 미쳐온 메커니즘 하나가 국경을 초월하는 가치의 흐름을 컨트롤
하는 교묘한 조작이다. 거기서부터 중핵 · 반주변 · 주변이라는 개념으로 총괄되는 '불균등 발전'
의 패턴이 생겨난다. 이 개념은 자본주의 세계 경제의 다양한 형태의 계급 대립을 분석하는 데 유
용한 지적 개념 장치이다." Etienne Balibar and Immanuel Wallerstein, *Race, Nation, Class: Ambiguous
Identities*, London: Verso, 1991. 가라타니 고진, 『트랜스크리틱』, 440쪽에서 재인용.

대세계시스템(세계=경제)에서의 중심국가가 될 수 있었다고 말씀하셨습니다.[76] 그런데 동시에 근대세계시스템(세계=경제)에 권외의 지역은 없다고 말씀하시기도 했습니다. 그렇다면 마치 세계=제국 시대의 아주변처럼 지금 이 시대에 '자율성을 가지고 문명을 받아들이되, 전면적으로 종속되지 않을 수 있는' 공간, 새로운 변화의 움직임이 가능한 공간이 지리적으로 가능한지 궁금합니다. 만약 지리적으로 불가능하다면 다른 방식을 통해서는 가능한 것인지요?

**가라타니** | 아주 좋은 질문입니다. 이와 관련해서 우선 몇 가지를 명확히 하고 싶습니다. 사실 제가 최근에 쓴 책이 바로 제국에 관한 것입니다. 한국에는 아직 이 책이 번역이 되지 않았는데요. 저는 동아시아를 참고하여 세계제국과 그 주변, 그리고 아주변의 구조에 대해서 설명하고자 했습니다.

중국의 주변에는 다양한 민족들이 있었지요. 흉노, 위구르, 거란, 몽골, 만주인 등입니다. 이들은 중국의 주변에 있는 유동민이지만, 중심에 종속되어 있지는 않았습니다. 이들은 때때로 중국 바깥에서 제국을 건설하거나 중국을 침략하여 제국을 만들었습니다. 오히려 그들이 '중심'이 된 것입니다. 그들은 중국 문화나 제도에 전면적으

---

**76**　"중핵의 문명을 받아들이면서도 전면적으로 종속되는 것이 아니라 독자적으로 그것을 발전시켰다. 또 경제적으로 교환이나 재분배는 국가에 의한 관리가 적었고 시장에 맡겨졌다. 아주변에서 세계=경제가 발전한 것은 그 때문이다." 가라타니 고진, 『세계사의 구조』, 175쪽.

로 동화되지는 않았고, 초원 등에서 생활하던 시절의 원리를 고수했습니다. 거란 문자나 서하 문자, 몽골의 파스파 문자 등이 만들어진 것만 봐도 이를 알 수 있습니다.

티베트도 비슷합니다. 티베트도 토번제국을 세워 당나라를 위협하는 존재였습니다. 티베트는 그 후에도 유목민에 의해 만들어진 원나라나 청나라에 종속되긴 했지만 기본적으로 자치를 유지하고 있었습니다. 중국문화의 영향이 상대적으로 적고 한자도 수용하지 않았습니다. 원나라, 청나라 시대에는 반대로 티베트 불교가 강한 영향력을 행사했습니다. 다시 말해 지리적으로 중국의 주변에 있던 국가들은 사실 그렇게 주변적이지 않았습니다. 오히려 전형적인 주변은 한국과 베트남입니다. 두 나라 모두 중심의 지배를 받고 있었고, 정치적·경제적 개입 속에서 끊임없이 저항하면서도 제국의 영향력 아래에 있었습니다. 무엇보다도 중심의 문명제도를 전면적으로 받아들였습니다.

이렇게 주변인 나라는 중심의 문화를 완전히 받아들이게 됩니다. 하지만 일본은 조금 달랐습니다. 일본도 중국의 제도를 받아들였지만 한반도나 베트남과 다르게 선택하여 수용하였습니다. 다시 말해 일본인은 중국의 문화·제도를 형식적으로만 받아들이면서 사실상 수용하지는 않았던 것입니다. 그렇다고 하더라도 중국의 문화와 제도를 폐기하거나 배제하지 않으면서 필요한 만큼만 유지하는 방식을 취했습니다. 일본은 이것이 가능한 지리적 위치에 있었고 저는 이를 '**아주변**'이라고 생각합니다. 이 아주변에서 근대세계시스템으로서의 세계=경제가 발전하기 시작했습니다. 지금까지 중심이었던 곳이 주변에 놓입니다. 하지만 중요한 것은 원래 '세계=자국'의 중심과 주변 그리고 아주변에 위치했던 곳들이 반응이 달랐고, 거기에서 이들 국가의 운명이 결정되었다는 것입니다.

여기서 짚고 넘어갈 부분은 더 이상 '아주변'은 존재하지 않는다는 것입니다. 권외도 존재하지 않습니다. 그러한 구조만이 남았다고 봐야 합니다. 그리고 이와 관련해서 생각해봐야 할 부분이 바로 '옛 제국' 그리고 '전근대'에 대한 편견입니다. 현재의 사회 · 경제적 관점에서 이전의 사회를 바라보면 뒤쳐져 있고, 후진적으로 보입니다. 하지만 저는 앞으로 다가오는 시대에 중요한 사상은 아마도 **제국의 시대**에 나온 것일 거라고 생각합니다.

서양에서만이 아니라 모두가 중요하게 여기는 개념 중에 '근대적인 주권국가'가 있습니다. 주권국가는 대부분 도시국가에서 유래하는데 이러한 도시국가는 이탈리아나 네덜란드에 있었습니다. 스피노자나 홉스는 다르긴 하지만 결국은 도시국가로서 근대국가를 바라보았습니다. 하지만 제가 책에도 썼듯이 국가라고 하는 것은 다른 국가에 대하여 국가인 것이지, 따로 떨어진 상태로 국가를 볼 수는 없습니다.

18세기에 국가를 다른 국가와 함께 생각한 사상가는 라이프니츠 Gottfried W. Leibniz[77]였습니다. 그는 신성로마제국의 사람이지요. 그 주변에 있던 프랑스나 영국과 같은 국가들이 주권국가가 되어갈 때 그의 국가는 구제국의 상태였습니다. 라이프니츠의 기본 생각 중에는 종교의 통일이라는 것이 있습니다. 가톨릭과 프로테스탄트 안에 있는 종교적 대립을 포함하면서, 나아가 세계 종교의 통일과 같은 것 말입니다. 사실 그는 유교를 굉장히 높이 평가하고 있었습니다. 하지만 당시 이런 얘기를 하면 주위 사람들은 들어주지 않았습니다.

그런데 아무도 상대하지 않았던 라이프니츠의 얘기를 아주 진지하게 받아들인 사람이 바로 칸트입니다. 칸트가 얘기하는 '영구평화' 그리고 '세계공화국'이라는 개념은 모두 라이프니츠에게서 온 것입니다. 이런 칸트를 가장 강하게 비판한 것은 헤겔이었죠. 그의 생각에 국가는 주권국가입니다. 헤게모니 국가이며, 오늘날에는 미국이 이에 해당합니다. 칸트의 순진함이 유엔과도 같은 기구에 희망을 걸게 한 것이지요. 사실 현재의 유엔은 미국이 지원하지 않으면 아무것도 할 수 없는 존재입니다. 그래서 그 미국의 네오콘 신보수주의자들은 칸트적인 이상주의를 버리라고 말합니다. 유엔 같은 기구도 미국의 군사력 없이는 불가능한 것이니, 따라서 유럽의 칸트주의적 이상주의를 버리라고 말하는 겁니다.

**77** 독일 계몽철학의 서장을 연 철학자이며, 정치가와 외교관의 길을 걷기도 했다. 무엇보다 학문에 조예가 깊었던 라이프니츠(1646~1716)는 철학뿐만 아니라 수학, 자연과학, 법학, 신학, 언어학, 역사학 등의 학문에 정통했던 백과사전식 박식가였다. 수학에서는 미적분학을 창시하기도 했으며, 물리학 및 역학 연구에서도 에너지 보존의 법칙과 관련하여 큰 진전을 이루게 된다. 신학과 관련해서 예정조화, 변신론 등의 개념을 도입했다. 대표적인 저서로 『단자론*Monadologia*』(1720)이 있다.

하지만 저는 그들이 무시한 칸트의 이상주의가 굉장히 중요하다고 생각합니다. 『세계사의 구조』에서 결론을 맺고 있는 부분도 그런 내용으로 이루어져 있습니다. 교환양식을 통해서 생각을 한 것이지만 말이죠. 제가 『세계사의 구조』를 다 쓴 다음에 느꼈던 것이 칸트의 발상이 라이프니츠의 발상에서 온 것이고, 라이프니츠의 사유는 바로 제국의 경험에서 온 것이라는 사실입니다. 같은 얘기를 중국 청대의 사상가를 예로 들어 이야기할 수 있을 것입니다. 청일전쟁 때 일본에게 패한 이후 강유위康有為[78]라는 사상가가 등장합니다. 그의 사상은 **대동사회**에 대해 얘기하고 있습니다. 즉 대동사회란 유교에서 유래한 것인데, 중국에서는 이를 많이 무시했지요. 하지만 앞으로는 강유위의 이러한 사상이 큰 의미를 갖게 될 것이라고 생각합니다. 그의 사상 역시 제국의 경험에서 나오는 것입니다. 물론 지금 중국에게는 그러한 발상이 없으며, 거의 제국주의화되었습니다. 그렇기에 저는 '제국'에 조금 더 중요한 의미를 부여해야 한다고 생각합니다.

---

**78**　강유위(1858~1927)는 중국 청나라 때부터 중화민국 때까지의 정치사상가이다. 여기서 언급된 대동사회는 그가 27세 때 쓴 『대동서』에 나와 있다. 그가 주장한 대동사회는 통합의 원리를 바탕으로 한 단일 민주정부 아래의 세계국가이다. 인류의 통일과 평등을 통해 인간의 행복이 실현되는 세계를 추구했다고 평가받는다.

## 제국과 제국주의

**인디고** 선생님은 세계 전쟁이 임박했다는 지적과 함께 전쟁에 대항하는 운동이 일어날 것이라고 진단을 하셨습니다. 그런데 전쟁과 같은 재앙적 사건을 통해서만 변혁이 가능한 것인지 의문이 생깁니다. 변화를 위해 전쟁을 원할 수는 없다고 생각합니다. 그렇다면 과거의 전쟁 경험을 현재화하는 '기억투쟁'의 작업이 해결책이 될 수는 있을까요? 전쟁에 대한 기억이나 상처가 전혀 없는 지금 세대들이 평화 윤리를 내면화하고 또 실천할 수 있는 방법은 무엇일까요?

**가라타니** '기억투쟁'의 경우, 유럽이나 미국에서는 주로 반유대주의에 관한 것으로 인식되어왔습니다만 저는 그것에 대해 회의적이었습니다. 예를 들면 유대인이 제2차 세계대전 이전에 자신들이 유럽에서 박해당했던 기억을 상기하는 것은 당연한 일이겠지만, 그것이 현재 중동에서 이스라엘이 하고 있는 일을 정당화하는 이유가 될 수는 없지요. 물론 이스라엘이 하고 있는 일을 비난한다고 해서 과거의 반유대주의를 정당화한다는 것은 아닙니다. 그러므로 중요한 것은 과거보다도 오히려 현재를 보는 것입니다. 지금 현재, 우리는 무엇을 하고 있는가를 인식하는 것이 중요합니다.

저는 '전쟁의 기억을 현재화한다'는 것으로 전쟁을 막을 수 있다고는 생각하지 않습니다. 아마 전쟁의 비참함을 알기에 전쟁을 부정하는 경우도 있으나, 오히려 그 반대로 전쟁을 초래하는 경우도 있기 때문입니다. 전쟁을 저지하는 것은 강한 '감정'이 아니라 깊은 '인식'입니다. 즉 자본=네이션=국가에 대한 인식입니다.

　예를 들어 **제국과 제국주의는 다른 것**입니다. 제국은 근대 이전 광역국가의 형태입니다. 동아시아에서는 중국이라는 하나의 제국이 있었고 그 주변의 여러 나라들은 조공을 바치는 관계로 존재했습니다. 그런데 이 조공은 실제로는 중국 왕조 측의 답례가 더 많은 호수적 교환 관계로 이루어졌습니다. 제국은 이러한 교환으로 평화체제를 구축하려 했지요. 이에 비해 제국주의는 근대의 네이션=스테이트가 확장되어 다른 나라를 지배하는 데까지 이른 것입니다. 대영제국이나 일본제국이라고 말합니다만 이들은 제국이 아닌 제국주의인 것입니다.

　한반도의 역사를 예로 들어보면 원나라의 침입이 있었고 그 뒤에는 도요토미 히데요시의 군대가 침입했습니다. 그러나 이러한 침입과 메이지 시대 일본의 침략은 성질이 다릅니다. 두 경우 모두 전쟁이었고 잔혹하고 비참한 경험이었습니다. 하지만 전자는 '제국'적인 것이고, 후자는 '제국주의'라는 것입니다. 그러므로 이것을 한데 묶어서 전쟁의 기억, 혹은 전쟁의 비참함으로 말하는 것은 의미가 없습니다.

　대체로 제국주의라고 하면 군사적인 침략과 통치의 이미지를 떠올립니다. 요즘은 그러한 제국주의는 없습니다. 그러나 제국주의가 없어진 것은 아닙니다. 제국주의적 지배의 본질은 상대를 직접적으로 지배해서 수탈하는 것보다도 오히려 자유로운 교환을 통해서 수탈하는 데에 있습니다. 구체적으로 말하자면 관세권을 빼앗는 것, 혹은 강제적인 자유무역 등이 그 모습입니다. 지금의 제국주의에서는 이러한 면이 확실히 존재합니다. 오늘날 우리는 이것을 '신자유주의'라고 부릅니다. 그리고 현재 미국을 중심으로 한 '신자유주의'에 저항하는 국가는 전쟁을 초래하는 위험한 국가 혹은 불량배 국가로 간주되고 있는 실정이지요.

## 헤게모니 국가의 종말

**인디고** | 선생님은 『세계사의 구조』에서 근대세계체제의 120년 주기성을 지적하셨습니다. 1990년 이후 소련권의 해체와 더불어 생겨난 신자유주의의 세계화 현상을 헤게모니를 둘러싼 '제국주의적' 경쟁으로 파악하셨는데요. 그렇다면 오늘날 세계를 지배하는 신자유주의 이념과 19세기 후반의 '제국주의'는 어떤 유사성을 공유하고 있는지, 오늘날 헤게모니를 둘러싼 각국의 경쟁은 어떤 양상으로 전개되고 있는 것인지 궁금합니다.

© 인디고 연구소

**가라타니** | 역사학자들은 보통 19세기 중반은 자유주의적이었고, 19세기 마지막 시기에 제국주의적 단계로 이동했다고 합니다. 그러나 이에 관해 저는 월러스틴의 사상에 영향을 받아 달리 생각합니다. 그는 자유주의나 제국주의를 직선적이고 일회적인 역사적 단계로 보지 않았습니다. 즉 그것들을 역사적인 단계라기보다는 반복적인 것으로 보았던 것입니다. 그에 따르면 자유주의란 헤게모니 국가의 단계에서 세계시스템이 작동하는 방식이고, 제국주의란 헤게모니 국가가 몰락하고 새로운 헤게모니 국가가 아직 확립되지 않아서 그것을 목표로 각국이 싸우는 상태를 뜻합니다.[79] 그래서 이 둘은 서로 번갈아 반복적으로 일어나는 것이죠.

월러스틴에 따르면 근대세계경제 속에서 헤게모니를 장악한 국가는 3개국밖에 없습니다. 네덜란드, 영국 그리고 미국입니다. 한 나라가 경제적 헤게모니를 장악하는 것은 먼저 제조 부문에서 우월해야 하고, 나아가 상업 및 금융 부문에서 우위를 차지할 때입니다. 물론 이 세 분야 모두 우위에 서는 것은 드문 일이기도 하거니와, 그것을 유지하는 것도 어려운 일이지요. 반대로 말하자면 이것은 헤게모

---

**79**  가라타니 고진은 근대세계시스템의 반복을 말할 때 자주 월러스틴의 개념을 활용한다. 이와 관련된 자세한 논의는 가라타니 고진, 『트랜스크리틱』, 426쪽 이하 참고. "한편 역사학자 월러스틴은 중상주의, 자유주의, 제국주의 등을 근대세계시스템(세계자본주의)의 헤게모니 문제로 파악했다. 즉 국가를 능동적인 주체로서 도입한 것이다. 그가 생각하기에 자유주의란 헤게모니 국가가 취하는 정책이다. 그러므로 그것은 19세기 중반의 한 시기에 한정되지 않는다. 실제 그 밖의 시기에도 존재했다." 가라타니 고진, 『세계사의 구조』, 385~386쪽. 그리고 가라타니 고진, 『세계사의 구조를 읽는다』, 70~72쪽 참고.

니 국가가 쉽게 망하지 않는다는 것을 의미하기도 합니다. 제조부문에서 우위를 잃어도 상업이나 금융에서는 우위를 유지할 수 있기 때문입니다. 예를 들어 네덜란드와 영국은 생산 차원에서 몰락한 후에도 상업이나 금융에서 오랫동안 헤게모니를 유지했습니다. 실제로 1970년 이후 미국도 그렇지요.

레닌은 1880년 이후의 제국주의를 '자본주의 최고의 단계'라고 보았습니다. 그러나 이것은 영국의 헤게모니가 상실된 단계로 볼 수 있습니다. 이 시기는 미국과 독일, 일본 등이 그 후계자 자리를 노리고 싸우기 시작한 시기입니다. 그리고 이것은 1930년경에 미국의 승리로 귀착되었습니다. 이렇게 해서 '자유주의'적인 단계와 '제국주의'적인 단계가 번갈아 계속되는 형태를 취한 것입니다.

제가 봤을 때 각각은 거의 60년 주기입니다. 그렇기 때문에 근대 세계사는 120년마다 비슷하게 진행된다는 논의가 도출되는 것입니다. 앞으로도 그렇게 될 것인지는 모르겠습니다. 다만 이것이 발견적 heuristic 방법[80]의 한 가설로서는 유효하다고 생각합니다. 제가 그린 아래의 표는 이것을 나타낸 것입니다.[81]

---

**80** 아직 질서나 원리가 정확하게 밝혀지지 않은 어떤 현상이나 문제의 답을 경험에 기반한 시행착오적인 방법을 사용하여 구하는 방법을 뜻한다.
**81** 보다 상세한 논의는 가라타니 고진, 『세계사의 구조』, 381~400쪽 참고.

| | 1750~1810 | 1810~1870 | 1870~1930 | 1930~1990 | 1990~ |
|---|---|---|---|---|---|
| 세계자본주의 | 제국주의적 | 자유주의적 | 제국주의적 | 자유주의적 | 제국주의적 |
| 경제정책 | 중상주의 | 자유주의 | 제국주의 | 후기자본주의 | 신자유주의 |
| 헤게모니 국가 | | 영국 | | 미국 | |
| 자본 | 상인자본 | 산업자본 | 금융자본 | 국가독점자본 | 다국적자본 |
| 국가 | 절대주의 | 국민국가 | 제국주의국가 | 복지국가 | 지역주의 |
| 세계상품 · 생산양식 | 섬유공업 (매뉴팩처) | 경공업 (기계생산) | 중공업 | 내구상품 (포디즘) | 정보 |

이 표에서 세계자본주의 항목을 보면 근대세계의 체제가 반복되고 있음을 알 수 있습니다. 하나의 **순환성**이 존재하는 것입니다. 헤게모니 국가가 몰락한 후 그 다음 헤게모니 국가가 등장하기 전까지를 이루는 전쟁의 시기가 제국주의적인 단계입니다. 제가 이러한 설명을 하는 까닭은 오늘날의 경우, 미국이 헤게모니 국가의 지위를 잃어버린 상태, 즉 제국주의의 시대에 우리가 있기 때문입니다. 그러한 의미에서 영국이 헤게모니를 잃어버린 120년 전과 닮았습니다. 현재 '반미'보다 '혐미'의 풍조가 전 세계에 번지고 있습니다. 이것은 미국의 몰락을 나타내는 하나의 징표입니다. 예전에는 미국에 대해 강한 반발이 있었습니다만 이와 동시에 동경이나 경의를 갖고 있기도 했지요. 그러나 지금은 그렇지 않습니다.

아렌트는 프랑스혁명이 일어나기 전에 반귀족적인 풍조가 강해진 것은 귀족의 세력이 강했기 때문이 아니라, 그들이 이미 쇠퇴하고 있었으면서도 이전과 마찬가지로 행동했기 때문이라고 말합니다. 그녀가 이렇게 말한 이유는 반유대주의가 예전부터 있었던 것과는 그 성격이 달랐기 때문입니다. 19세기 중반 각국의 산업자본주의가 발달하면서 유대인 자본이 불필요하게 되었을 때, 반유대주의가 출현하게 되었다는 설명이지요. 저는 이와 같은 논리로 지금의 세계적인 '혐미' 현상을 설명할 수 있다고 봅니다. 즉 미국이 이미 헤게모니 국가의 지위를 잃어버렸음에도 불구하고 아직도 헤게모니 국가인 마냥 행세하고 있기 때문에 생겨난 현상인 것이지요.

**인디고** │ 미국이 헤게모니 국가의 지위를 잃어버리고 다음 헤게모니 국가의 지위를 노리는 여러 나라들이 다투고 있는 것이 지금의 제국주의적인 현실이라고 한다면, 다음 단계로 제국주의 전쟁이 불가피한 걸까요? 그리고 다음 헤게모니 국가는 아마도 중국이 될 가능성이 높다고 생각하는데 이에 대해서 어떻게 보십니까?

**가라타니** │ 물론 다음 헤게모니 국가는 중국이 될 것이라는 견해가 유력합니다. 그러나 저는 다음 헤게모니 국가는 존재하지 않을 것으로 봅니다. 왜냐하면 중국과 인도의 경제발전 그 자체가 이 지구에서 자본의 축적을 끝내버릴 수 있기 때문입니다.

자본주의가 존속하려면 자본의 축적이 가능해야 합니다. 자본이 자기증식하여 성장할 수 없다면 자본은 자본이 아니게 되는 것이며, 자본주의는 끝을 맞이하게 됩니다. 산업자본주의의 성장에는 몇 가지 전제가 있습니다. 첫째는 경제발전을 할 수 있는 자연 자원이 무한히 있어야 한다는 것이며, 둘째는 값싼 노동력이 무한히 있어야 한다는 것입니다. 인간 역시 넓은 의미에서 '자연'인데, 문제는 그 자연이 고갈되거나 환경오염으로 인해 파괴된다는 것입니다. 중국이나 인도처럼 인구가 많은 국가에서 탈농민화가 일어난다면 더 이상 새로운 임노동자=소비자는 없어질 것이기 때문입니다. 환경문제는 말할 것도 없지요.

여기에 전쟁의 위기가 존재합니다. 자원 싸움, 경제적 불황 등을 이유로 자본=국가가 전쟁을 희구하는 것은 얼마든지 있을 수 있는 일이지요. 실제로 점점 새로운 시장과 자원을 둘러싸고 국제적인 경쟁이 심화되고 있습니다. 어느 나라든 실업자가 넘쳐나고 있어요. 이미 외국의 사정 따위를 챙기고 있을 여력이 없다는 인식이 확산되고 있습니다. 그리하여 아프가니스탄과 이라크 전쟁 때도 그랬듯이, 뭔가 얻어낼 것이 있으면 매스미디어가 부추기면서 전쟁도 어쩔 수 없다는 분위기가 나올 것입니다. 이에 따라 각국의 자본과 국가에 대한 대항 운동은 전쟁에 의해 끝나버리고 말겠죠.

그래서 저는 다음에 일어날 세계 전쟁을 막는 것이 매우 중요하다고 생각합니다. 다음에 일어날 전쟁은 자본과 국가가 생존을 위해 일으키는 것이니까 그것을 막는 것은 곧 자본과 국가의 연명을 저지하는 것이기 때문입니다. 그동안 평화 운동과 혁명 운동은 별개라고 여겨졌습니다. 그러나 제가 말하는 '평화'는 단지 전쟁이 없는 상태가 아니라, 칸트가 말하는 '영구평화'와 마찬가지로 국가 간의 적대성이 없어진 상태, 즉 **국가가 지양된 상태**를 가리키는 것입니다. 그러한 평화를 실현하는 것이 바로 **세계동시혁명**입니다.

칸트의 국가연합에 대해 어떤 사람들은 강한 실력을 갖춘 국가가 없으면 안 된다고 주장하는 한편, 세계정부는 전체주의적인 체제로 되어버릴 위험이 있기에 실현되면 안 된다고 주장하기도 합니다. 그러나 이러한 견해들은 모두 국가연합을 교환양식 B에 의한 세계=제국의 이미지로 보고 있는 것입니다. 이는 홉스적인 견해, 즉 한 사람이 리바이어던과 같이 폭력을 독점함으로써 형성되는 사회 계약의 견해에 바탕을 둔 것입니다.[82] 그러나 저는 칸트가 말하는 국가연합은 그것과는 다른 원리에 의한 것이 아닐까 생각합니다.

예를 들어 아메리칸 인디언 이로쿼이$^{Iroquois}$ 족[83]의 경우, 전쟁의 위기가 있으면 상대편에게 먼저 증여함으로써 그것을 해소했다고 합

**82**     이와 관련된 논의는 가라타니 고진, 『트랜스크리틱』, 452쪽 이하 참고.

**83**     북아메리카 동부 삼림지대에 거주하는 아메리칸 인디언 연합으로, 이 지방의 종족들 중 가장 조직화되고 광대한 지역에 분포한 종족이다. 이로쿼이 족은 독립적인 5개의 부족(모호크 족, 오네이다 족, 오논다가 족, 카유가 족, 세네카 족)의 연맹인데, 각 부족의 추장 50명이 참여한 수장 평의회를 통해 전쟁 등과 같은 중대한 문제를 결정한다. 미국 헌법을 제정한 토머스 제퍼슨과 벤저민 프랭클린 등이 이로쿼이 족의 민주정보 모델에서 영향을 받아 미국의 평등권을 만들었다고 밝혔으며, 여러 주들의 연맹 역시 이로쿼이 연맹의 모습을 차용한 것이라고 한다. 현재 이로쿼이 족은 뉴욕 주에 대부분 거주하며 근대화한 정착농업이나 노동자로서 생계를 유지하고 있다. 이와 관련하여 가라타니 고진, 『세계사의 구조』, 91쪽 참고.

니다. '증여의 힘'이 작동하는 것입니다. 이 점에서 보면, 칸트가 말하는 세계공화국은 홉스적 원리의 연장이 아니라 교환양식 A를 고차원으로 회복한 교환양식 D에 근거한 것이지 않을까라고 저는 생각합니다. 적어도 그렇게 생각하는 경우에만 칸트의 말에 의미가 생깁니다. 다시 말해, 새로운 세계 체제, 즉 세계공화국은 권력이나 부의 집중에 의해 일어날 수 없습니다. 즉, 교환양식 B나 C에서 일어나는 것이 아니라는 말입니다. 그것은 증여의 원리에 의한 사회 계약을 이뤄냄으로써 실현 가능합니다.


## 동아시아 120년 그리고 강정

**인디고** 현재 동아시아의 정세가 1890년대와 구조적인 유사점이 있다고 말씀하셨는데요. 이는 120년 주기의 역사적 반복과 관련이 있다고 보여집니다. 선생님은 현재 동아시아의 정세에 대해 지금의 북한과 중국은 1890년대의 조선과 청을 닮아가고 있고, 일본은 이두 국가의 위협을 과장하면서 재무장을 추진하고 있다고 분석하셨습니다. 또한 중국이 내부 모순으로 흔들리거나 북한이 붕괴하여 중국이 북한을 자국에 종속시키려 할 때, 이러한 대립이 심화되어 결국 새로운 청일전쟁으로 귀결될 수 있다고도 하셨지요. 그렇다면 이러한 역사의 파국적 반복을 방지하기 위해서는 각국에서 어떤 노력이 필요할까요?

 **가라타니** ˈ 120년 전 1894년에 동아시아에는 청일전쟁이 있었습니다. 그리고 이것은 현재 동아시아의 지정학적 구조를 결정했지요. 중국, 일본, 한국, 북한, 대만. 그리고 여기에 덧붙이고 싶은 것이 오키나와입니다. 오키나와의 전신인 류큐 왕국은 중국 청나라에 조공을 바치고 있었지만 속국은 아니었습니다. 류큐 왕국은 조공무역으로 이익을 얻었고, 그 이익을 일본의 사쓰마 번薩摩藩[84]이 수탈하고 있었지요. 그런데도 메이지 시대 이후, 일본은 오키나와를 청나라에서 해방시킨다는 구실로 지배하려고 했습니다.

 예를 들어 오스만 터키 제국도 그러한 식으로 서양국가들에 의해 완전히 해체되어버리고 맙니다. 당시에 오스만 터키 제국에서는 이슬람교만 믿으라고 강요하지 않았고, 종교에 의한 차별도 존재하지 않았습니다. 제국에 의한 지배라고 하는 것은 종교를 강요하거나 차별하지 않는 것입니다. 그래서 저는 우리가 제국의 형태를 제대로 알 필요가 있다고 생각합니다. 네그리와 하트가 쓴 제국론과는 전혀 관련이 없는 겁니다. 그들이 말하는 제국은 '제국주의'입니다. 애당초 제국과 제국주의의 구별을 못하고 있는 것입니다. "1990년대 이

---

**84** 사쓰마 번은 현재 일본 가고시마 현 지역에 있는 에도 시대 행정구역이다. 1609년에 사쓰마 번은 류큐 왕국을 침략한다. 류큐 왕국은 사쓰마 번과 에도 막부의 통치를 받다가 가고시마 현으로 편입되었고, 이후 사쓰마 번은 조슈 번과 함께 메이지 유신을 주동했다.

후 미국은 제국이 되었다" 등의 얘기를 하고 있거든요. 저는 얼마 전에 그들을 직접 만나기도 했는데요. 그들이 말하는 제국이라는 개념이 갖는 모호함을 제대로 시정할 필요도 있다고 생각합니다.

그리고 앞서 말했듯이 조선도 청나라의 복속에서 해방시킨다는 구실로 지배하려 했습니다. 이것이 바로 제국의 지배 개념입니다. 청나라는 '제국'이었습니다만, 일본은 '제국주의적'이었기 때문입니다. 만약 청일전쟁에서 청나라가 승리했다면 오키나와는 독립했겠지요. 그러나 일본이 이겼기 때문에 오키나와 사람들은 일본 지배 하에서 수난을 당했습니다. 또 제2차 세계대전 후에는 미군기지의 대부분을 떠맡게 되었습니다. 그리고 바로 이 지점에서 미국의 존재를 잊어서는 안 됩니다. 지금 미군기지가 오키나와에 있는 것은 우연이 아닙니다. 1880년대에 일본정부에 오키나와를 지배하도록 권고한 것이 미국입니다. 미국은 하와이 왕국을 멸망시키고 지배한 후, 그다음으로는 필리핀을 노렸습니다. 1905년 가쓰라-태프트 비밀협정[85]에서는 일본이 조선을 지배하고 미국은 필리핀을 지배한다는 내용을 약속했습니다. 이렇게 미국이 동아시아의 구조를 결정했을 뿐만 아니라 지금도 그것을 움직이고 있습니다.

전후 일본이 정치적으로 미국에 종속된 것은 명백합니다. 수년 전

**85** 1905년 7월 29일 일본 총리 가쓰라 다로와 미국 육군장관 윌리엄 하워드 태프트가 한 비밀 협정. 미국의 필리핀 지배를 일본이 승인하고, 일본의 조선 지배를 미국이 승인한다는 내용과 미·일·영 3국은 극동 지역 평화를 유지하기 위해 실질적인 동맹 관계를 유지한다는 내용이 담겨있다.

에 민주당이 선거에 크게 승리했고, 이에 힘입어 하토야마 유키오<sup>鳩山</sup> <sup>由紀夫</sup> 총리[86]가 오키나와에 있는 미군기지의 이전을 실현하려고 했으나 즉각 경질되었습니다. 게다가 지진으로 인한 재해도 있었기에 기지 이전 문제는 잊히고 있습니다. 그러나 이것은 결국엔 또 큰 문제가 될 것입니다. 오키나와는 일본에서 독립해야 마땅하고 또 그들에게는 그럴 권리가 있다고 봅니다. 이러한 지금의 문제를 생각할 때, 19세기 말 제국주의 시대의 동아시아를 다시 생각해볼 필요가 있습니다. 그렇지 않으면 앞으로 어떻게 해야 할 것인가에 대해서도 그 답을 알 수 없을 것입니다. 동아시아가 겪은 불행한 인연을 진정 해소하려고 한다면 그 시점까지 거슬러올라가 생각해보아야 합니다.

**인디고** │ 한국의 제주도 강정마을에 미군기지를 건설하는 문제와도 관련이 있는 것 같습니다.

**가라타니** │ 그렇습니다. 미국이 물러서지 않으면 **동아시아의 재구축**은 이루어질 수 없습니다. 뒤집어 보면 미국은 그 점을 가장 두려워하고 있습니다. 그래서 언제나 중국과 북한의 군사적 위협을 부추기고 있는 것입니다. 그런데 단순히 반미 운동을 하는 것만으로는 미

---

**86**　　일본 제93대 총리. 2009년 9월부터 2010년 6월까지 재임하였다. 재임 당시 오키나와의 후텐마 미군 기지 이전을 추진하였다. 그러나 이 일과 정치자금 의혹 등으로 불거진 정치적 지도력 부족과 정책 혼선의 책임을 지고 2010년 사퇴하였다.

가능성의 중심

국을 아시아에서 내쫓을 수 없을 것입니다. 우리 스스로 동아시아에서 미국 이외에 전쟁의 위기를 초래하는 요소는 없다고 확실하게 말할 수 있는 상태를 적극적으로 만들어내야 합니다. 그러기 위해서는 한국의 역할이 매우 큽니다. 예를 들어 남북의 대립을 해소하는 것은 동아시아 전체로 보았을 때 매우 중요합니다. 또 앞서 말한 바와 같이 일본에서는 오키나와에서 미군기지를 철수하는 것에서 모든 것이 시작됩니다. 이러한 의미에서 120년 전으로 거슬러올라가서 생각해보는 것이 중요합니다.

제가 이야기하고 싶은 것은 사실 구제국에 대한 평판은 대개 매우 나쁘고 또 착취적인 사회였다는 것인데, 꼭 그렇게만 볼 것은 아니라는 점입니다. 제국으로부터 변화한 사회가 오히려 더 착취적인 사회라고 말하고 싶습니다. 그렇다고 해서 제국이 좋았다는 것을 말하는 것은 아닙니다. 서양의 학자들은 제국이라고 하면 동양의 전제주의 국가를 나타내는 표현을 쓰고는 합니다. 그들은 동양의 전제국가를 강제적으로 대중을 착취하는 모습으로만 보고 있는 것입니다. 그렇지만 중국의 제국의 역사를 보면 그렇지 않다는 것을 알게 됩니다. 전제국가라고 해도 황제는 신민들을 보살펴야 합니다. 그렇지 못하면 멸망하게 되지요. 유교에서는 이와 관련된 여러 가지 관념이 존재합니다. 사실 전제국가라고 서양 사람들이 표현했을 때 갖고 있는 생각과는 그 실태가 완전히 다른 것입니다.

몽골 제국을 예로 들어볼까요. 그들은 무엇으로부터 무엇을 착취했을까요? 그들은 광역루트를 확보했던 것뿐입니다. 여러분들이 갖고 있는 제국의 이미지는 막강한 군대로 사람들을 도륙하는 것일텐데, 사실은 그렇지 않습니다. 오히려 제국이 없을 때, 여기저기 산적이나 해적과 같은 무리들이 발생합니다. 그래서 제국이 만들어지면 교역이 왕성해지고, 여러 루트들이 굉장히 평화로워지는 것입니다. 이것은 비교적 환영할 만한 일이라고 할 수 있습니다.

제가 어렸을 때 세계사 책을 펴놓고 보면, 한 페이지 넘길 때마다 새로운 제국이 탄생한다는 것을 보았습니다. 여러 제국이 군사력을 갖고 있어서가 아니라, 당시 모두가 제국의 등장을 환영했기 때문에 가능했던 일이었습니다. 그런 의미에서 제국에 대한 관점은 인식을 조금 바꿔야 한다고 생각합니다.

또한 "그것이 제국주의인가"라는 물음으로 바꾸어 던져본다면 이렇게 볼 수 있습니다. 즉, 반드시 군사적으로 정복하지 않아도 제국주의일 수는 있다는 것입니다. 요컨대 "관세를 철폐하라, 자유무역을 완전히 보장하라"라고 강요하는 것은 오히려 현대적인 의미의 제국주의라고 할 수 있는 것이죠. 그 어떤 나쁜 짓도 하지 않았다는 반론이 있을 수도 있겠습니다. 단지 우리는 자유 무역을 요구하는 것일 뿐이라면서 말이지요. 표현은 훌륭해 보이지만, 그게 바로 제국주의입니다.

## 아베의 평화헌법 개정

**인디고** 북한의 핵 실험 성공과 미사일 발사 시도 등에 대해 유엔 안전보장이사회는 만장일치로 북한을 제재하기로 결의하였다고 합니다. 한편 일본에서는 아베 총리가 집단적 자위권[87]을 시행함으로써 사실상 적대행위를 금지한 평화헌법 9조를 무력화했습니다. 이에 대해 중국과 한국은 긴장하고 있습니다. 일본의 이러한 움직임에 대해서 어떻게 생각하시는지요?

**가라타니** 아베 정부가 평화헌법을 개정하려고 작정한 것은 사실입니다. 또한 이런 움직임에 반대하는 구체적이고 뚜렷한 대항 운동을 찾아보기 힘든 것도 사실입니다. 몇 년 전만 해도 커다란 반대에 부딪히곤 했는데 말입니다. 2006년 아베가 이전의 내각을 이끌고 있을 때였습니다. 그는 평화헌법을 개정하려는 발언을 했고, 이는 그간 압도적인 승리를 얻었던 자민당이 선거에서 패배하는 결과를 낳았습니다. 당시 아베는 결국 개인적인 질병을 핑계로 사퇴하게 되었죠. 지금이라고 해서 일본 시민들이 더 이상 헌법 개정에 신경 쓰지 않

---

**87** 　자국이 공격을 받지 않아도 자국과 동맹을 맺고 있는 나라가 공격을 받을 경우, 이를 자국에 대한 공격과 동일한 것으로 간주하여 맞서 싸울 수 있는 권리를 뜻한다. 일본 아베 신조 총리는 '집단적 자위권' 행사를 가능케 하는 헌법 해석 변경안을 결정했다. 이는 일본이 전후 70년간 유지해온 평화헌법 9조의 전수방위 원칙(공격은 하지 않고 오로지 방어만 한다는 원칙)을 포기한 것으로 여겨진다. 다시 말해 2차 세계대전 이후 '전쟁할 수 없는' 나라였던 일본은 이제 '전쟁할 수 있는 나라'로의 전환을 위한 초석을 놓게 된 것이다.

을 거라 말할 수 있을까요? 저는 그렇게 생각하지 않습니다.

지난 수십 년간 다른 여러 부분에서도 전후 헌법을 개정하려는 시도는 존재해왔습니다. 최초로 일본에게 이 헌법을 강요했던 미국이 이제는 다시 그것을 폐기하도록 강제했던 일도 있었습니다. 그들이 한국전쟁을 시작했기 때문이지요. 하지만 일본인들은 이 헌법의 개정에 반대했습니다. 그 후에도 일본의 보수주의자들은 어떻게 해서든지 헌법을 개정하려고 획책해왔습니다만 모두 실패했습니다. 왜냐하면 반전 정서와 평화주의가 일본에 깊숙이 뿌리내리고 있었기 때문입니다. 누구든 공적으로 이 안건을 제기하기만 하면 선거에서 반드시 패배했습니다. 이렇게 보면 일본의 보수주의자들은 '어려운 시절'을 보내왔다고 말할 수 있습니다. 그런데 최근에 아베는 아주 교묘하게 사람들 사이에 위기의식을 불러일으키고 있습니다. 영토 분쟁에 기름을 끼얹는 도발적인 언행을 통해서 말입니다. 이는 헌법 개정이라는 자신의 목적을 염두에 둔 것으로 보입니다. 이와 같은 양상에서 더욱 배타적으로 변해가는 일본을 볼 수 있습니다.

상황은 이렇지만, 저는 여전히 일본이 평화헌법을 폐지하지도, 군사적 행동을 취하지도 않을 것이라고 생각합니다. 물론 지금의 이런 움직임에 저항하는 운동이 좀 더 필요하긴 합니다. 하지만 저는 이 부분에 대해서는 다소 낙관적입니다. 저는 일본인들의 마음속 깊은 곳에 전쟁에 대한 거부감이 있다고 생각합니다. 마치 무의식인 '초자아'처럼 말입니다. 이것은 쉽게 바꿀 수 없습니다. 흔히 일본인은

2014년 10월 26일, 일본 아베 신조 총리가 공군 자위대 햐쿠리(百里) 기지에서 자위대 창설 60주년 기념행사에 참여해 대원들을 살펴보고 있다. 도쿄 북부 오미타마 시에 있는 햐쿠리 공군기지에서는 이날 약 740명의 대원과 82대의 군용기가 행사에 동원되었다. © REUTERS / Toru Hanai

역사적 기억을 망각했다고 말해집니다. 하지만 1994년 선거에서 일본 국민의 80%가 "일본의 침략을 받았거나 식민지배를 받았던 사람들에 대한 충분한 보상이 이루어지지 않았다"는 항목에 동의하였습니다. 그리고 1995년에 무라야마 도미이치村山富市 총리는 공식적으로 일본이 "많은 국가들 특히 그중에서도 아시아 국가들에게 막대한 피해와 고통을 주었다"고 인정했습니다.[88] 이렇게 일본인들이 처음부터 과거의 잘못을 알지 못한 건 아닙니다. 일본의 보수주의자들은 고이즈미 준이치로小泉純一郎와 아베 총리 이래로 일본의 의식을 변화시키려는 노력을 해왔고, 이제 곧 그것을 마무리하려는 듯 보입니다. 하지만 제가 추측하건대 그것은 머지않아 또다시 실패하게 될 것입니다.[89]

---

[88]　일본의 총리인 무라야마 도미이치(1924~)는 1995년 8월 15일에 열린 전후 50주년 기념식에서 내각 회의 결정에 의거해, 일본이 태평양 전쟁 이전이나 전쟁 중에 행했던 침략과 식민지배에 대해 공식적으로 사죄했다. "식민지 지배와 침략으로 아시아 제국의 여러분에게 많은 손해와 고통을 줬다. 의심할 여지없는 역사적 사실을 겸허하게 받아들여 통절한 반성의 뜻을 표하며 진심으로 사죄한다."고 밝힌 '무라야마 담화'는 외교적으로 일본이 자신의 식민지배를 가장 적극적으로 사죄한 것으로 받아들여졌다. 그러나 여기에서도 강제동원 피해자에 대한 배상 문제와 군위안부 문제 등은 언급되지 않았다.

[89]　2015년 5월 4일 일본의 《마이니치 신문》은 일본 헌법기념일(5월 3일)을 맞아 헌법 개헌에 대한 국민 설문조사를 실시하였다. 여기에서 일본 평화헌법의 상징인 헌법 9조를 '개정해야 한다고 생각하지 않는다'고 답한 이들은 55%로, '개정해야 한다고 생각한다'(27%)는 의견보다 2배 정도 많았다. 또한 아베 정권의 평화헌법 개정에 반대하는 대규모 집회도 곳곳에서 열리고 있으며, 헌법 기념일을 맞이하여 열린 요코하마 집회에는 3만 명이 모여 평화헌법을 지키자는 목소리를 내기도 했다. 하지만 이런 여론과는 달리 일본 정당들과 지자체들은 개헌 반대에 대해 미지근한 태도로 일관하고 있으며, 일본 전체 지자체 47개 중에서 '개헌의 실현' 또는 '개헌 논의의 추진'을 요구하는 의견서나 청원을 가결한 지자체가 27곳에 이르는 것으로 조사됐다. 「일본 국민 55% '헌법 9조 개정'반대」, 《한겨레》 2015년 5월 4일자 참고.

## 아랍의 봄은 아직 오지 않았다

**인디고** | 2011년 중동의 아랍 국가들에서 일어났던 일련의 민주주의 혁명은 그전까지 군림하던 독재정권을 무너뜨렸지만 새로운 정치 질서를 확립하지 못했다는 점에서 여전히 미완 상태입니다. 일각에서는 이미 실패한 혁명으로 불리기도 합니다. 이집트를 포함한 다수의 아랍 국가에서는 군부가 다시 그 빈자리를 차지하여 더 큰 혼란과 폭력을 일으켰고, 그에 대항하는 민주시민세력이 대치하며 여전히 봉기와 충돌이 진행되었다가 결국 군사 정권이 들어섰습니다. 한국 또한 1960년의 4·19 혁명 이후에 결국 독재 정권이 들어서서 수십 년을 군림한 역사가 있는데요. 이러한 변화에 대해서는 어떻게 생각하십니까? 또 일시적이라 할 수도 있겠지만, 흔히 성공한 혁명의 사례로 브라질이나 베네수엘라를 언급하기도 하는데요. 이에 대해서는 어떻게 보십니까?

**가라타니** | 일련의 그러한 사태들을 단지 '민주화'라고 결론을 내리는 것은 어렵다고 생각합니다. 실은 그곳에서도 120년 전과 비슷한 현상이 일어나고 있는 것입니다. 예를 들어 19세기 말에는 오스만 제국이 건재했지요. 이것이 20세기에 들어서 붕괴되고 이집트, 이라크, 시리아, 그리스, 불가리아 등이 독립했습니다. 또 다른 쪽에서는 터키공화국이 성립되었죠. 한편 인접한 이란제국은 분리되지 않았

습니다. 물론 소규모 제국이었고 페르시아제국 이래의 오랜 전통이 있었으며 더욱이 시아파[90]가 다수파였던 이유도 있었겠지요. 시아파는 이른바 '이란의 이슬람교'입니다. 그러므로 같은 이슬람권이라고 해도 처음부터 '세계제국'에 대한 개념의 차이가 컸습니다.

오스만제국 시대에 서양제국주의 침략에 대항하여 여러 근대화의 움직임이 있었습니다. 동시에 서양에 대항하는 원리로서 '이슬람주의'가 떠오르게 되었습니다. 이것이 현재에도 영향을 미치고 있다고 할 수 있습니다. 청일전쟁이 일어났을 때, 오스만과 이슬람에서도 근대화 운동과 서양에 대한 대항 운동이 동시에 일어났습니다. 따라서 '아랍의 봄'에서 일어난 일들은 그 지역에서 처음 일어난 것이 아니라 옛날에 일어났던 일의 반복이기도 한 것입니다.

터키는 유럽공동체 가입을 희망했지만 거부당했습니다. 그러나 실제로는 터키 내에서 유럽을 거부하는 세력이 강했습니다. 이것은 이슬람교와는 관계가 없습니다. 터키에는 오스만제국의 전통을 따르는 사람들이 있습니다. 즉 근대 터키를 만든 아타튀르크[Ataturk91]보다도 오

---

**90**    이슬람교의 두 분파 중 하나. 마호메드의 후계자를 누구로 할 것인지에 대한 의견 대립에서, 마호메드의 사촌이자 사위인 '알리'만이 정당한 후계자라고 주장한 분파가 '시아파', 알리 외에도 여러 명을 후계자로 인정한 것이 '수니파'이다. 수니파가 코란해석과 마호메트의 말을 전적으로 중시한다면, 시아파는 알리 그 후손들의 코란해석을 신봉한다. 시아파가 다수인 이란과 이라크 등의 국가에서 종교 지도자가 절대적인 권력을 가지게 되는 것은 이러한 이유이다. 세계 무슬림의 85%는 수니파이며, 15%의 시아파 대부분은 이란과 이라크에 집중해 있다.
**91**    터키 독립전쟁의 영웅이자 터키의 초대 대통령. 본명은 무스타파 케말Mustafa Kemal(1881~1938)이며, 아타튀르크는 '터키의 아버지'를 뜻한다. 아타튀르크는 제1차 세계대전으로 오스만 제국이 와해되고 러시아와 영국 등 강대국에게 점령당할 위기에 처하자 외세를 몰아

스만 제국을 근대화하려고 한 황제 압둘하미드 2세<sup>Abdulhamid II</sup><sup>92</sup>를 숭배하는 사람들이 많다고 합니다. 게다가 최근 터키는 기적적인 경제발전을 이루었습니다. 이렇게 되면 이제 와서 EU에 가입한다고 해도 그리스처럼 될 뿐이라는 반발이 거세지는 것이지요. 뿐만 아니라 '아랍의 봄'으로 변화가 일어난 이집트 등 여러 나라가 터키를 모범 모델로 따르게 되었습니다. 암묵적이긴 하지만 터키의 총리 에르도안<sup>Recep Tayyip Erdogan</sup><sup>93</sup>까지도 이것을 오스만 제국의 회복이라고 간주하는 듯합니다.

이러한 의미에서 19세기 말, 즉 120년 전과 유사한 현상이 일어나고 있다고 할 수 있습니다. 앞서 언급한 과거의 배경을 모르고 아랍권에서 일어난 일을 '민주화'라며 미국인들의 관점에서 자기 식대로 해석한다면 아무것도 이해할 수 없습니다. '이슬람주의'에 관해서도 마찬가지입니다. 이것은 예로부터 존재했던 것이 아니라 서양의 제

---

내고 조국을 지키기 위해 독립전쟁을 일으켰다. 독립전쟁에서 승전보를 올리며 현재의 터키 영토를 확보하고 독립을 쟁취해냈다. 오스만 왕정의 몰락을 정확히 예견하고 서구식 사회를 이끌어가기 위해 근대국가로서 터키의 초석을 다진 아타튀르크는 지금까지도 터키에서 가장 추앙받는 영웅이다. 그러나 지나친 서구화로 인해 투르크족 민족사를 인정하지 않아 지금까지도 투르크 난민 문제로 분쟁이 일어나고 있어 그에 대한 비판도 동시에 받고 있다.

**92**    오스만 투르크 제국의 34대 술탄으로 1876년부터 1909년까지 재위했다. 서구 열강의 개입을 막고자 의회를 폐쇄하고 전제정치를 실시했다. 또한 서구 열강에 맞서기 위해 범이슬람주의를 주창하는데, 전 세계 무슬림이 조성한 기금으로 이슬람 국가를 잇는 헤자즈 철도를 건설한 것이 대표적인 정책이다. 전문학교와 이스탄불 대학 설립, 사관학교 증설 등의 교육적인 정책으로도 이슬람주의를 더욱 공고히 하고자 하였다. 그러나 그의 자주개혁적 시도는 영토손실과 재정파탄 등으로 실패에 이르고, 1909년 메흐메드 5세Mehmed V Reşad에게 술탄 자리를 내어주게 된다.

**93**    1994년 40세에 이스탄불 시장에 당선된 역임한 에르도안(1954~ )은 2001년 정의개발당(이슬람계)을 창당하여 당수가 되었으며, 2003년 3월 국회의원 당선된 후, 총리에 취임했다. 새로운 21세기형 이슬람 정치의 가능성을 열어 준 정치가로 평가된다.

---

국주의에 대항해서 생겨난 것이기 때문입니다.

질문하신 대로 아랍의 봄 이후에 여러 사람들이 언급했던 사례는 룰라[Luiz Inácio Lula da Silva]의 브라질이나 차베스[Hugo Chávez]의 베네수엘라이지요. 그런데 저는 사실 라틴 아메리카에 대해서는 자세히 알지 못합니다만 볼리비아에 대해서는 조금 알고 있습니다. 볼리비아는 예전에 체 게바라가 산속에서 살해당한 국가인데 지금은 사회주의 정권이 집권하고 있지요. 이 정권은 체 게바라의 입장과는 다른 사회주의를 표방합니다. 즉, 쿠바와 같은 국가적 통제에 의한 것이 아니라, 아직 남아 있는 호수적인 공동체를 활용하면서 사회주의 경제를 구축한 것입니다. 그들은 그것을 '**공동체 사회주의**'라고 부릅니다. 제 표현으로 말하자면 그것은 교환양식 A를 고차원에서 회복하려는 시도라 할 수 있습니다.

현재 볼리비아 대통령은 원주민 출신입니다만, 부대통령인 가르시아 리네라[Álvaro García Linera]**94**는 저의 책을 읽었다고 알고 있습니다. 또 루이 타피아[Luis Tapia Mealla]**95**라는 이론가는 '트랜스크리틱'이란 개념을

---

**94**　알바로 가르시아 리네라(1962~)는 에보 모랄레스의 러닝메이트로 출마해 부통령에 당선되었으며, 2006년부터 볼리비아의 부통령을 맡고 있다. 정치 활동 전에는 좌파 정치 운동과 원주민 지지 운동 등으로 알려진 지식인이었으며, 교수이자 정치분석가로 활동한 그는 『볼리비아 사회 운동의 사회학』이라는 책을 쓰기도 했다.

**95**　루이 타피아(1960~)는 볼리비아의 철학자이자 정치학자이다. 관심 연구 분야는 민주주의와 다문화주의이며, 국립 산안드레스대학(UMSA)과 멕시코 국립자치대학(UNAM)의 정책국장을 맡고 있다. 가라타니의 트랜스크리틱에 대한 타피아의 분석은 Luis Tapia Mealla, *Política Salvaje*, Comuna, Muela del Diablo y CLACSO Eds., La Paz, Bolivia, 2008 참고.

사용하고 있고요. 볼리비아는 다부족 국가로서 부족 간 대립이 심합니다. 그것을 어떻게 통합하면 좋을 것인가에 대해 고민했을 때, 그는 그 열쇠를 '트랜스크리틱'에서 찾아낸 것입니다. 저는 그 책에서 '마르크스를 칸트에서 읽고, 칸트를 마르크스에서 읽는다'고 썼습니다만, 그들은 부족 간의 상호비평을 인정하고 거기에서 새로운 것을 만들어내는 것이 '트랜스크리틱'이라고 해석했습니다. 멕시코 인류학자가 저에게 "이런 식의 해석에 대해 어떻게 생각하는가" 하고 물었을 때 잠시 놀랐습니다만, "그런 식의 해석도 괜찮네요"라고 대답한 기억이 있습니다. (웃음)

### 유동민의 테크놀로지, 걷기

**인디고** | 오늘날 많은 학자들은 이 세계가 빠른 기술혁신으로 인해 급격한 변화를 맞이하고 있다고 전망하고 있습니다. 선생님께서도 『세계공화국으로』에서 "기술혁신은 자본 자체가 존속하기 위해 끊임없이 강요되고 있다. 인류사에서 산업자본주의 이후만큼 기술혁신이 가속화된 시대가 없었던 것은 그 때문이다"[96]라고 말씀하신 적이 있습니다. 이 같은 급속한 기술변화에 대한 선생님의 생각이 궁

---

**96**   가라타니 고진, 『세계공화국으로』, 조영일 옮김, 도서출판 b, 2007, 149쪽.

금합니다. 선생님께서 고찰하신 역사의 반복 주기와 21세기의 새로운 과학기술의 발달이 초래할 결과를 함께 생각해볼 때, 세계가 어떤 방향으로 나아갈지, 그리고 선생님의 이론에서 수정하거나 추가해야 할 내용은 어떤 것이 있을지 궁금합니다.

**가라타니** │ 저는 테크놀로지를 어떻게 생각하는가에 대해 자주 질문을 받는데요. 그 이유는 아마도 제가 테크놀로지를 거의 논하지 않기 때문일 것 같습니다. (웃음) 그것은 『세계사의 구조』에서도 마찬가지였습니다. 저는 테크놀로지의 관점에서 생각하는 것을 부정합니다. 마르크스는 '**인간과 자연의 관계**'와 '**인간과 인간의 관계**' 이 두 가지를 명백히 분리하여 생각했습니다.[97] 테크놀로지는 '인간과 자연의 관계'에서 존재하는 것입니다. 마르크스가 주장하듯이 인간과 자연의 관계는 근본적인 것입니다. 그리고 인간과 인간의 관계에서도 인간을 곧 자연이라고 볼 때, 이는 어떤 의미에서 자연과 자연

---

**97**　　가라타니 고진은 '인간과 인간의 관계'가 '인간과 자연의 관계'를 규정한다고 본다. 따라서 '인간과 인간의 관계' 없이 '인간과 자연의 관계'를 생각할 수는 없다. "일반적으로 유통되는 견해는 인간과 인간의 관계를 제거하고 인간과 자연의 관계만을 보는 것입니다. 바꿔 말해, 테크놀로지, 자원, 환경이라는 문제를 국가나 자본과 무관한 것처럼 논하고, 최종적으로 인간의 욕망에 대한 비판, 근대문명비판으로 향합니다. 거기에는 하이데거적 존재론과 불교 내지 노장(老壯)적 인식 또는 일본적 자연관에 이르기까지 여러 가지가 있습니다. 이와 같은 문명비판은 매우 진지하고 근원적인 물음처럼 보이지만, 천박하고 값싸고 기만적입니다. 그것은 현대로 말하자면, 자본주의, 국가, 네이션이라는 '인간과 인간의 관계'에서 유래하는 것을 불문에 붙이기 때문입니다. 또는 그것들을 자명한 것으로 간주하기 때문입니다." 가라타니 고진, 『자연과 인간』, 조영일 옮김, 도서출판 b, 2013, 47쪽.

의 관계라고도 할 수 있습니다. 마르크스는 그러한 점에서 자신의 사고를 '자연사적'이라고 주장합니다. 저 자신도 그러한 사고에 입각하기 때문에 항상 '인간과 자연의 관계'를 밑바탕에 두고 있습니다. 다만 그것을 그다지 논하고 싶지 않은 이유는 인간과 자연의 관계는 항상 인간과 인간의 관계를 통해서 가능한데 그런 부분이 무시되기 쉽기 때문입니다.

이를테면 메소포타미아나 중국에서 최초의 문명이 발생할 수 있었던 이유는 관개시설 때문입니다. 관개시설에 의해 비옥한 토지를 바탕으로 한 농업이 가능했던 것입니다. 이것은 '인간과 자연의 관계'이고 또한 테크놀로지의 문제입니다. 그러나 테크놀로지에 대해 논하는 사람들은 대규모 관개시설이 어떠한 '인간과 인간의 관계' 속에서 존재했는지를 생각하지 않습니다. 거대한 관개시설을 만들기 위해서는 집권적인 국가와 사람들을 통제하는 군대조직이 필요합니다. 따라서 인간과 자연의 관계는 **국가나 계급지배의 문제**와 분리할 수 없습니다. 지금으로 말하자면, 국가나 자본의 문제를 제외하고서 일반적으로 자연과의 관계를 논할 수 없다는 것입니다. 테크놀로지에 대해 긍정 또는 부정, 혹은 문명을 긍정 또는 부정한다는 것은 알맹이 없는 토론에 불과하다고 생각합니다.

마르크스주의 중에는 인간과 자연의 관계를 중심으로 '세계사의 구조'를 이해하는 견해가 있습니다. '생산력'의 발달을 사회 발전에 가장 본질적인 부분으로 여기는 것이죠. 대표적인 것이 고든 차일드

V. Gordon Childe[98]가 주장한 농업혁명입니다. 농업을 시작하고 농업기술이 발달함에 따라 사람들은 정주하고, 계급이 생겨나며, 국가가 형성되었다는 견해입니다. 저는 이것과는 반대로 생각합니다. 저는 이것을 농업혁명이나 신석기혁명이 아니라 **정주혁명**이라고 부릅니다. 본격적인 농경이나 목축이 시작되기 이전부터 인간은 정주하고 있었습니다. 농업은 정주의 원인이 아니라 결과입니다. 농업에서 국가가 시작된 것이 아닙니다. 반대로 국가로부터 농업을 시작했다고 보는 것이 옳지요.

지금 핵발전에 대해서도 완전히 망각하고 있는 것은 핵발전소의 말단 노동자의 다수가 '채무노예'라는 점입니다. 지금까지 수만 명이나 되는 노동자가 피폭되어 죽었습니다. 후쿠시마 사고 이후도 마찬가지입니다. 그러나 이러한 사실은 완전히 감추어져 있습니다. 게다가 우라늄을 생산하는 광산도 위험하지만, 어떤 사람들이 어떤 노동을 하고 있는지 우리는 모릅니다. 지금 사회는 그런 '타자'를 수탈하는 것으로 이루어진 것입니다. 고대 아테네에서 노예는 거의 은광에서 일했습니다. 시민이 소유한 노예를 은광에 빌려준 것입니다. 그래서 노예제 생산양식이라고 말합니다만 여기서 시민은 적어도 자

---

**98**　　고고학자이자 문헌학자인 고든 차일드(1892~1957)는 인류사의 전개과정을 독창적으로 해석했다는 평가를 받는다. 그는 '신석기혁명', '농업혁명' 등의 용어를 통해 인류사가 사회·경제적 모순을 극복하는 방향으로 변해왔다고 보았다. 차일드의 연구 이전에는 고고학 자료들을 농경 및 생산 방식의 변화와 결부시키지 못했는데, 유목생활에서 정착생활로 바뀌는 이유와 방법에 대한 그의 가설은 새로운 이해의 관점을 제공하는 데 큰 역할을 했다. 영국 에든버러대학 교수 및 런던대학교 고고학연구소 소장을 역임했다.

신의 노예가 어떻게 쓰이는지 알고 있었지요. 그러나 지금의 인간은 이에 대해 알지도 못하고, 알려고도 하지 않습니다.

그래서 테크놀로지 문제 자체를 경시하는 것은 결코 아닙니다만, 저는 '인간과 인간의 관계'를 사상捨象한 형태로 이루어지는 테크놀로지론과 문명론에는 언제나 반대합니다. 이런 논의들은 국가와 자본을 무시합니다. 테크놀로지의 발달이 산업자본주의를 낳았고, 전쟁으로 이어졌다는 식입니다. 그런데 그것은 사실이 아닙니다. 산업자본주의가 테크놀로지를 낳았고, 국가가 전쟁을 일으켰으며, 전쟁 속에서 테크놀로지가 발전한 것입니다. 철기시대를 생각해봅시다. 당시는 강력한 무기로서 철기가 생산되던 시기였습니다. 그것은 국가적 차원의 프로젝트가 아니었으면 있을 수 없는 일입니다.

최근 일본에서 지금의 IT발전이 정치를 변화시킨다는 생각이 확산되고 있습니다. 이를테면 지금까지 선거나 데모 등은 낡은 통신기술에 근거했기 때문에 시대에 뒤떨어진 것이었지만, 새로운 테크놀로지 속에서는 새로운 민주주의가 가능하다는 것이지요. 저는 이 의견에 반대합니다. 왜냐하면 지금 일본은 민주주의가 겨우 발생한 단계인데, 이것을 가능하게 한 것은 테크놀로지라고도 할 수 없는 극히 낡은 형태이기 때문입니다. 바로 **걷기, 즉 데모입니다.** 이것은 인류에게 있어 가장 원시적인 형태라고 생각합니다. 데모에 참여한 모두는 유동민 상태이기 때문이지요. (웃음)

물론 걷기라는 매우 오래전의 것이 출현하는 것과 더불어 지금의 데모에서는 인터넷, 트위터, 휴대전화 등이 사용되고 있습니다. 지금까지 텔레비전, 신문 등의 대형 미디어들은 데모에 관한 보도를 하지 않는 것으로 데모를 억압해왔습니다. 그러나 지금은 데모하는 모습을 유투브에서 직접 볼 수 있습니다. 앞서 말씀드렸던 것처럼 저도 예전에 데모에서 했던 연설이 즉각 유투브에 올라왔는데요, 조회수가 높았다고 합니다. 해외의 지인으로부터 인터넷에서 저의 연설 장면을 보았다는 메일이 많이 오기도 했지요. 일본어를 모르는 사람들인데도 말이죠. (웃음) 그러므로 이런 것이야말로 테크놀로지가 가져온 새로운 현상입니다. 그러나 이것은 가장 오래된 것, 즉 '걷기'와 함께 일어났습니다. 정말 재미있는 현상이지요.

## 억압된 것의 회귀로서의 D

**인디고** 흥미로운 지적입니다. 기술이 아무리 발전한다 해도, '걷기'로부터 인류가 자유로워지는 일은 영원히 없을테니까 말입니다. 하지만 이것만으로는 원대한 변화를 꿈꾸기 어렵다고 생각합니다. 과연 세계가 근본적으로 변하려면 어떤 원리에 근거해서 변화해야 할까요?

**가라타니** 사회는 단순히 직선적으로 진보해가는 것이 아닙니다.

어떤 의미에서 그것은 이전에 존재했던 것의 회귀 혹은 반복으로서 생겨나는 것입니다. 그럼 그것은 어떤 의미일까요? 저는 앞에서 월러스틴을 인용해서 자유주의적 단계와 제국주의적 단계가 번갈아가며 일어난다고 말했습니다. '120년 주기'의 역사라는 가설도 거기에 바탕을 두고 있습니다. 이러한 반복은 자본과 국가의 반복성에 근거한 것입니다. 이를테면 자본주의 경제에는 '불황·호황·공황·불황·호황…'이라는 경기순환이 있습니다. 이러한 사이클 없이는 자본이 축적·경제성장을 이룰 수 없습니다. 국가에도 일종의 순환성이 있지요. 예를 들면 그것은 한 작은 나라가 '제국'이 될 때 발생됩니다. 헤게모니 국가의 교체에 관해서는 경제적 반복뿐만 아니라 정치적 반복의 측면에서도 살펴볼 필요가 있습니다.

그러나 이것은 자본과 국가가 강요하는 반복성입니다. 저는 그것과는 다른 반복성을 생각하고 있습니다. 오히려 그것은 자본과 국가를 넘어선 것으로 표현할 수 있습니다. 저는 교환양식 D를 교환양식 A가 고차원에서 회귀한 것이라고 말했습니다. 이 '회귀'에 관해서는 프로이트의 이론을 사용해 설명할 수 있습니다. 즉 **억압된 것의 회귀**'로서 말이죠. 프로이트가 말한 바, 그것은 강박적인 것입니다. 즉 그것은 인간의 소망이 아니라 오히려 신이 인간에게 명령한 것입니다. 인간이 원해서 A를 되찾는 것이 아니라 신의 명령으로서 그것을 이루어내는 것이지요. 그래서 D가 맨 처음 그 모습을 드러내는 것은 보편종교[99]라는 형식을 통해서입니다.

그것에 비해 네이션은 어떤 의미에서는 교환양식 A의 회복입니다. 잃어버린 공동체의 상상적 회복인데, 베네딕트 앤더슨[Benedict Anderson]이 말한 '상상의 공동체'가 그것입니다.[100] 국민은 하나의 공동체이고 그곳에서는 모두가 평등하다고 여겨집니다. 그것이 내셔널리즘이지요. 그러나 이것은 D가 아닙니다. 실제로 내셔널리즘은 배타적인 것이고, 다른 나라 국민은 염두에 두지 않습니다. 한편 D는 A의 회복입니다만 **고차원에서의 회복**'입니다. 즉 교환양식 B나 C, 특히 C(상품경제)를 전제로 한 다음 그것을 발전시킨 형태로 생겨난 것입니다. 다른 관점에서 말하자면 D는 공동체에서 벗어난 여러 개인의 차원에서 가능합니다. D라는 것은 그러한 개인이 형성하는 어소시에이

**99**　　가라타니 고진은 자신의 이념적 이상향이라고 할 수 있는 '어소시에이션, 교환양식 D'의 기원을 보편종교에서 발견한다. "보편종교 또한 교환양식의 관점에서 볼 수 있다. 한마디로 그것은 교환양식 B · C에 의해 해체된 교환양식 A를 이후 고차원적으로 회복하려는 것이다. 바꿔 말해, 호수원리에 의해 성립한 사회가 국가의 지배나 화폐경제의 침투에 의해 해체되었을 때, 그곳에 존재했던 호수적=상호부조적 관계를 고차원적으로 회복하는 것이다. 나는 그것을 교환양식 D라고 부른다." 가라타니 고진, 『철학의 기원』, 25쪽. 또한 "보편종교가 초래한 것은 단지 국가나 공동체로부터 떨어져 있는 개인이 직접적으로 신과 관계한다는 것이 아니다. 오히려 그것을 통해 개인이 관계를 새롭게 창출한다는 것이다. 실제 보편종교에서는 '사랑'이나 '자비'가 설파된다. 즉 그것은 교환양식 A · B · C를 넘어선 D인 것이다. 구체적으로 말해, 보편종교가 지향하는 것은 개개인의 어소시에이션으로서 상호부조적인 공동체를 창출하는 것이다. 따라서 보편종교는 국가나 부족공동체를 해체하면서 그것을 새로운 공동체로서 조직한다." 가라타니 고진, 『세계사의 구조』, 217쪽.
**100**　　문화인류학자인 베네딕트 앤더슨(1936~)은 대표작 『상상의 공동체』에서 민족주의를 고대로부터 원초적으로 존재한 것이 아니라, 역사적으로 만들어진 조형물이라 말한다. 왕조국가가 쇠퇴하고 자본주의가 발전하는 등의 변화가 '상상의 공동체'인 국민과 민족을 만들게 되고 이로 인해 국민주의 혹은 민족주의가 생겨났다는 것이다. 상상의 공동체는 사람들이 머릿속에서 마음대로 상상한 것이 아니라, 역사적 문화적 구성물로서 유물론적 관점의 개념이라 할 수 있다. 현재 미국 코넬대학교 국제학과 명예교수로 재직 중이다. 베네딕트 앤더슨, 『상상의 공동체』, 윤형숙 옮김, 나남출판, 2003 참고.

션과 같은 것입니다.

마르크스주의적 관점에서 볼 때, 공산주의는 자본주의 발전의 가장 마지막 단계라고 여겨집니다. 그러나 마르크스는 공산주의를 원시적 공산제[101]의 고차원적 회복이라고 생각했습니다. 이 점을 마르크스주의자들은 충분히 생각하지 않습니다. 한편 마르크스주의를 비판하는 사람들은 그것을 보고 마르크스주의는 유사 종교적이라며 결론짓습니다. 그러나 '원시적 공산제의 고차원적 회복'이라는 것을 과학적으로 다루는 것은 충분히 가능합니다. 이는 프로이트가 말한 '억압된 것의 회귀'로 보면 됩니다.

문제는 마르크스가 원시공산제의 모델을 씨족사회에서 찾았다는 것입니다. 씨족사회는 그 이전 수렵채집을 하는 유동적 무리집단 사회와는 다른 것입니다. 제 생각으로는 '원시적 공산제'는 후자에서 찾아내야 한다고 봅니다. 그것은 정착해서 살게 되면 해체되고 말 것입니다. 재화가 축적되고 계급이 나뉘고 비로소 국가가 시작될 것입니다. 그런데 이것을 사전에 저지하려는 체제가 생겨났습니다. 바로 그것이 씨족사회입니다. 이것은 증여의 '의무'에 따라 불평등화, 권력의 집중화를 저지하는 것입니다. 사람들이 서로 의논해서 이런

---

**101**　기본적 자원에 대한 평등한 관계를 의미하며, 집단적 권리나 세습적 신분, 또는 권위주의적 지배의 부재, 그리고 착취와 경제적 계층화가 발생하기 이전의 상태를 말한다. 1877년 이로쿼이족에 대한 지식을 바탕으로 미국의 인류학자 루이스 헨리 모건Lewis H. Morgan에 의해 구체화되었다. 제도나 사회는 역사적으로 성립하고 변화하고 발전해 온 것으로 언젠가는 소멸한다는 마르크스 유물사관의 토대이기도 하다. 20세기 중반 이후에는 정치적 의미보다는 인류 평등주의를 의미하게 되었다.

시스템을 만든 것은 아닙니다. 그것은 주술의 힘 또는 신에 의해 강제로 생긴 것입니다. 교환양식 A, 호수성 그 자체가 어떤 의미에서는 '억압된 것의 회귀'인 것입니다.

그러나 씨족사회에는 평등성은 존재하지만, 유동사회에 존재했던 자유는 없습니다. 이곳에서 개인은 호수성에 의해 집단에 강하게 속박됩니다. 교환양식 D는 교환양식 A의 고차원에서의 회복입니다. 이것은 어떤 의미에서는 교환양식 A의 부정입니다. 종교에서도 보편종교의 형태를 보인다고 할 수 있습니다. 예를 들면 주술은 신에게 증여함으로써 신을 움직이는 것입니다. 보편종교는 주술을 초월하는 것입니다만, 이것은 호수성을 극복하는 것을 의미한다고 볼 수 있습니다. 결국 보편종교에서 발생하는 것은 억압된 '**유동민적인 자유=평등**'의 회귀입니다.


**인디고** | 『세계사의 구조』에서 제시한 씨족사회의 호수적 교환 관계에 대해 읽으면서 한국 전통 사회의 두레라는 풍습이 떠올랐습니다. 두레는 여러 의미에서 유추해볼 때 씨족사회가 지닌 호수성의 원리를 갖고 있다고 생각합니다. 두레는 '두르다', '둘레', '두루두루'라는 뜻을 지니고 있는데요. 두레는 농촌 사회에서 농민들이 특정한 공동체를 만들어 그 안에서 친밀감과 상호유대를 형성했으며, 또한 상호 간에 노동을 교환하고, 무엇보다 노동력이 부족한 집안의 일을 도왔습니다. 만약 두레에 참여하지 않는다면, 자신이 어려움에 빠졌을 때

도움을 받지 못하게 된다는 강제력이 작용합니다. 국가가 재분배에 실패했을 때 자연적으로 발생한 민간 풍습이지요. 그렇지만 오늘날 우리 사회는 이 같은 공동체 노동과 공존의 삶의 형태에서 벗어난 삶을 살고 있습니다. 이렇게 파편화되고 개인화된 도시 노동 속에서 서로에게 협동과 공유, 즉 '증여의 힘'을 발휘할 수 있는 여지는 어떻게 마련할 수 있을까요?

**가라타니** ㅣ 여러분이 방금 언급한 '농민들의 협업공동체'는 한국에서뿐만 아니라 근대 이전의 중국, 일본, 그리고 다른 지역들에서도 존재했습니다. 주희는 중국 송나라의 성리학자로 알려져 있습니다만, 또한 실천가이기도 했습니다. 그는 기근에 대비하여 곡물의 저장과 대여를 규정하는 사창社倉[102]을 구상했으며, 이 제도의 실제적인 가능성을 주의 깊게 살폈습니다. 이것이 당시 한국의 유학자들에게 널리 알려졌던 것이 틀림없습니다.

마찬가지로 야나기타 구니오柳田國男[103]와 같은 학자는 전근대 일본

---

**102** 　사창은 조선 시대 각 지방 군현에 설치된 곡물 대여 기관으로 의창(義倉)·상평창(常平倉)과 함께 3창의 하나이다. 의창이 관설인데 비해 사창은 민간 자치적 구황 시설이라는 성격을 띤다. 이 정책은 남송 시대의 주희가 직접 구상했던 것으로 1168년 그가 거주했던 건녕 지방의 기근을 목도하면서 시작되었다. 여유가 있는 가호에 식량을 구매하여 해당 지방의 창고에 모아두었다가 사정이 어려운 가호에 대여하는 사업이며, 이것이 성공적으로 조직되자 조선에도 도입하게 되었다.

**103** 　일본 종교사, 국어학, 국문학, 민속학 등을 연구한 야나기타 구니오(1875~1962)는 민속학의 아버지라 불리는 인물이다. 야나기타의 민속학은 단순히 개별적인 민속의 유래나 의미를 찾아내는 공부가 아니라, 현재를 사는 사람들의 삶을 민속의 관점에서 공부하는 것이었다. 따라서 일본 민속학은 일본문화에 대한 연구일 뿐만 아니라 인간의 행복을 실현하기 위한 학문이라고 주장했다.

의 경험에 근거하여 농민들의 협동조합을 만들 것을 제안하기도 했습니다. 이 같은 생각은 오늘날에도 여전히 중요한 것입니다. 최근의 사례를 하나 더 들어보죠. 3년 전 일본 북부 지역의 사람들은 쓰나미로 인해 자신들의 농경지에 큰 손실을 입었습니다. 이들은 자본주의적 사적 소유의 형태가 아니라 공동 소유와 협동조합의 창설을 통해서 자신들의 농지를 회복하려고 노력하고 있습니다. 교환양식 A의 핵심적 원리는 오늘날 우리 사회에서도 여전히 존재하고 있으며, 또한 우리는 새로운 시스템을 만드는 데 이를 이용해야 합니다.

## 정치적 보편종교

**인디고** │ 선생님께선 교환양식 D의 실현을 보편종교의 차원에서 보고 있다고 생각합니다. 또 다른 한편에선 보편종교와 세계종교를 구분하시기도 했는데요. 교환양식 D의 모습을 구상하는 데 있어 이 두 종교의 차이를 짚어보는 것은 의미가 있을 것 같습니다.

**가라타니** │ 세계=제국의 종교가 곧 **세계종교**입니다. 세계 각지에서 출현한 보편종교는 처음엔 교환양식 A가 교환양식 B와 C에 의해 해체되는 것에 대항하여 나타난 것입니다. 이것을 교환양식 D라고 부를 수 있습니다. 하지만 곧 세계=제국의 종교로 정착하게 되었지요.

　　　　　　　　　　　　　　　　　　　　　　　　　　가능성의 중심

보편종교는 '유동민적인 자유=평등'을 지향하지만, 역설적이게도 그것을 부정하고 억압하는 각 국가의 사제계급 및 국가 자체에 의해 유지됩니다. 세계=제국에 종속된 것이지요. 그렇게 세계종교가 된 것입니다.

처음에 D는 보편종교의 형태로 나타났습니다. 실제로 공산주의적 운동은 근대 이전에는 항상 종교 운동의 형식을 취했습니다. 일본에서도 16세기의 일향종一向宗[104]이 좋은 예이고, 한국의 동학혁명도 그렇지 않습니까? 중국에서는 한왕조 말기 황건의 난[105] 이후, 늘 도교와 관련된 종교적 사회 운동이 있었고 그것이 왕조의 변화를 가져왔습니다. 마오쩌둥은 종교적 전통을 계승하는 것으로 혁명에 성공했지요. 유럽에서도 마찬가지로 19세기 중반까지 사회 운동은 모두 기독교에 기반을 둔 것입니다. 그 이후 기독교적인 배경은 사라지고 '과학적 사회주의'[106]가 주장되었습니다. 그리고 현대의 부르주아 사

**104**　정토진종浄土真宗은 일본의 불교의 종파의 하나로 가마쿠라 시대 초기에 호넨法然 (1153~1212)의 제자인 신란親鸞(1173~1262)이 계승하여 창종한 종파이다. 정토진종은 일향종 이라고도 부르는데, 진종이라고 약칭하기도 한다. 정토진종은 정토교의 계통에 속한다. 12세기 이후 일본에는 사상과 신앙을 중시하고 교의와 의식이 비교적 간단한 새로운 종파가 연이어 흥기하였는데, 그 가운데 정토진종은 일본적인 색채가 더욱 두드러진 종파이다.
**105**　2세기 말 후한後漢의 부패한 정치와 생활고에 시달리던 농민들이 일으킨 대반란이다. 음양오행 중 흙土의 덕을 나타내는 황색 두건을 머리에 두른 데에서 황건적이라는 이름이 붙었다. 이 난이 원인이 되어 후한은 멸망하게 된다.
**106**　마르크스와 엥겔스가 창시한 사회주의로, 마르크스주의와 같은 뜻을 갖는다. 인간학이나 도덕에 입각하여 이상적 사회를 그리는 것을 '공상적'이라고 한다면, '과학적' 사회주의는 역사적 유물론의 관점으로 현실을 과학적으로 분석하여 사회주의를 실현하고자 하는 이론이다. 이에 따르면 자본주의의 생산방식이 노동력의 착취에 기반하고 있고, 이를 해결하기 위해서는 프롤레타리아 독재, 즉 공산주의가 필연적으로 도래한다는 결론이 도출된다.

회에서 종교는 내면의 문제라고 여겨지고 있습니다만, 그런 관점에서 종교를 이해할 수는 없습니다. 저는 오히려 D를 보편종교로 거슬러 올라가서 생각해야 한다고 봅니다. 얼마 전 테리 이글턴의 『신을 옹호하다』라는 책을 읽었는데요. 그 책에서도 이글턴은 사회주의라는 것은 근본적으로 종교적이라고 할 수 있으며, 그것을 빼면 사회주의 그 자체도 성립할 수 없다는 것을 지적하고 있습니다.[107] 저도 그렇게 생각합니다.

실제로 '과학적 사회주의'가 파괴된 이후에 사람들이 종교에 기댄 것은 어떤 의미에서는 당연합니다. 이슬람권에서는 이슬람교가 그러한 역할을 하고 있다고 봅니다. 그곳에서는 이슬람교가 사회주의를 대신해 자본주의, 신자유주의에 대항하는 원리로서 존재합니다. 그렇게 되어버린 것은 구사회주의자의 책임입니다. 또 이슬람교는 지나치게 정치적이라며 비판하는 사람들이 있는데 보편종교는 모두 본래 그런 것입니다. 기독교나 불교도 그랬습니다.

저의 경우에는 단지 이 문제를 교환양식의 문제로 다룬 것입니다. 예를 들어 종교에는 여러 종파가 있지만, 겉모습의 차이는 중요하지 않습니다. 중요한 것은 그들이 교환양식 D를 갖고 있는지 여부입니다. 종교뿐만 아니라 사회주의에 대해서도 동일하게 말할 수 있습니다. 사회주의란 교환양식 D에 따른 사회구성체를 지향하는 움직임

---

**107**　번역본으로 테리 이글턴, 『신을 옹호하다—마르크스주의자의 무신론 비판』, 강주헌 역, 모멘토, 2010 참고.

을 가리키는 말입니다. 그것을 코뮤니즘, 평의회주의 등 뭐라고 불러도 좋습니다. 그들은 오늘날까지 역사적 차원에서 유래한 특수한 의미를 지니고 있는 것이지요. 그렇기 때문에 그것을 다시 정의하고 의미를 고친다고 해도 혼란이 생길 뿐입니다. 저 자신은 사회주의=어소시에이셔니즘이라고 표현했는데, 그 말에 매달릴 생각은 없습니다. 그런 일로 논쟁을 해도 의미가 없기 때문입니다. 다만 교환양식 D라고 하는 **구조의 인식**이 중요한 것입니다.

앞서 언급했듯이, 교환양식 D라는 것은 교환양식 A, B, C를 넘어서는 것인데, 이는 일반적으로 나타나는 것이 아니라 종교라는 형태를 띠고 나타납니다. 또 종교라는 형태를 갖기 때문에 합리적이지 않은 부분도 있고, 양의両意적인 부분도 있습니다. 그리고 제사나 교회 같이 국가와 유사한 기구를 갖지요. 물론 그런 면에서는 사실 종교가 부정되어야 하지만, 그럼에도 불구하고 중요한 부분은 **보편종교**에서 찾을 수 있습니다. 일반적인 마르크스주의자들은 대개 종교를 부정하는데요. 예외적인 마르크스주의자가 하나 있습니다. 바로 에른스트 블로흐Ernst Bloch**108**입니다. 아주 두꺼운 책 『희망의 원리』를 썼죠. 거기서 블로흐는 우리가 희망을 말하는 이상, 종교의 의미를

**108**    독일 철학자. 유대인 철도 관리의 아들로 태어난 에른스트 블로흐(1885~1977)는 하이델베르크대학에서 막스 베버Max Weber에게 배우고 칼 야스퍼스Karl Jaspers, 루카치 등과 교류하였다. 나치의 박해를 피해 스위스, 프랑스, 체코, 미국 등지로 망명하였으며, 이후 동독의 라이프치히대학에서 교수가 되었지만 관료주의에 반항하다가 교수직을 박탈당한다. 서독으로 가서 튀빙겐대학교 교수로 역임한다. 대표작으로 『희망의 원리』, 『유토피아의 정신』, 『유물론의 문제』 등이 있다.

다시 한 번 물을 수밖에 없다는 차원의 말을 합니다. 엥겔스나 트로츠키가 공산주의 운동을 중세의 기독교에서 찾으려고 했다는 지적도 함께 나옵니다. 한국에서도 기독교 운동이 이러한 형태로 진행된 것으로 알고 있습니다만, 그것에 대해 말하기 조심스러운 이유는 제 이야기를 통해서 자신들의 활동을 합리화하는 사례가 있기 때문입니다. 사실 『세계사의 구조』에 관해 미국에서 회의를 한 적이 있는데요. 그때 알카에다의 한 세력이 "가라타니의 사상은 우리를 위해 쓴 것이다"라고 한 적이 있다고 해서 당황했습니다. 그럼에도 저는 종교를 무작정 배척할 생각은 없습니다. 교환양식 D를 지향하는 이상, 종교적인 것은 계속 붙어다닐 것이고, 저는 계속 그것에 천착해 나갈 것입니다.

## 데모크라시와 이소노미아

**인디고** | 최근 『철학의 기원』이 한국에 번역되었습니다. 여기에서도 보편종교의 원리를 비롯한 교환양식 D에 관한 문제를 심도 있게 다루신 것 같습니다.

**가라타니** | 저는 『세계사의 구조』에서 처음에는 교환양식 D가 보편종교로서 나타났다고 썼습니다. 보편종교는 먼저 종교비판, 제사비

판으로서 등장하는 것입니다만, 그것은 얼마 지나지 않아 제사·교단=국가를 형성해버립니다. 그런데 여기서 한 가지 곤란한 문제가 발생합니다. 종교라는 형태를 취하는 한 교환양식 D의 궁극적 실현은 불가능하다는 것입니다. 왜냐하면 성직자, 교단, 교회라는 권력이 강화되기 때문입니다. 그렇다면 그 이외의 가능성은 없을까 하고 생각해보았던 것이지요. 그래서 『세계사의 구조』를 출판하고 곧 「철학의 기원」이라는 논문을 썼고, 거기서 교환양식 D가 철학으로서 나타난 경우를 자세히 논했습니다.

그렇다고 해도 제가 말하는 철학은 플라톤, 아리스토텔레스의 아테네 철학은 아닙니다. 지금의 터키에 해당하는 이오니아라는 지방의 자연철학이 제가 생각하는 '철학의 기원'입니다. 이 지방의 폴리스에는 그리스의 다수자 지배 원리인 데모크라시demokratia와는 다른, **'이소노미아**isonomia'[109]라는 것이 있었습니다. 동등자 지배라고 하기도 하지만, 한나 아렌트에 따르면 이는 '지배가 없다'는 말입니다. 데모크라시와는 근본적으로 차이가 있습니다. 당시 아테네에 있었던 것은 데모크라시입니다.

오늘날 민주주의는 의회민주주의입니다. 칼 슈미트Carl Schmitt는 의회

---

**109** 기원전 6세기 아테네 사람들은 클레이테네스Kleithenes(B.C. 6세기 말)의 개혁으로 탄생한 정체를 '이소노미아'라고 불렀다. 정의justice라는 의미를 갖고 있는 이소노미아는 '지배가 없는 상태'를 말한다. 이는 평등을 뜻하는 '이소iso'와 법을 뜻하는 '노모스nomos'가 합쳐진 것으로서 모든 시민들에게 평등한 권리를 보장한다는 원칙을 나타낸다.

민주주의가 자유주의와 민주주의의 결합이라고 주장했습니다.[110] 의회제라는 것은 구성원들의 개인주의, 즉 자유주의에 기초하고 있으며, 민주주의는 구성원들의 평등성·동질성을 전제하고 있지요. 이질적인 것을 배제했던 파시즘과 볼셰비즘은 모두 자유주의는 아니지만, 민주주의이긴 했다는 겁니다. 저는 이 견해에 동의합니다. 다시 말해 오늘날의 민주주의는 자유민주주의입니다. 서로 대립하는 개념인 자유주의와 민주주의가 결합된 것입니다. 상반되는 개념인 자유와 평등이 양립하고 있습니다. 따라서 자유를 중시하면 불평등이 생기고, 평등에 무게를 두면 자유가 억압되는 것입니다. 자유민주주의는 이렇게 위태롭게 균형을 잡고 있습니다. 한쪽으로 치우치면 다른 쪽에서 반발이 생깁니다. 그 결과 정권교체가 일어납니다. 선진국의 정치형태는 이 같은 자유민주주의로 이루어지고, 이것이 프랜시스 후쿠야마가 말한 역사의 종언입니다. 물론 저는 여기에 동의하

---

**110**　독일 법학자, 정치학자. 칼 슈미트(1888~1985)는 사회현상들이 특정한 제도적 장치에 묶여있거나 고정되어 있지 않고 유동적이라고 말한다. '정치' 역시도 편재하는 장으로서의 현상자체를 의미하기 때문에 '정치적인 것'이라고 말하는 것이 더 옳다. 그는 '정치적인 것'이 간단하게 말하자면 나의 편에 위치한 사람들과 그 반대의 적진에 있는 사람들과의 구별을 뜻한다고 말한다. 그래서 그는 의회민주주의를 믿지 않았다. 의회주의는 적과 친구를 구별할 수 없기 때문이다. 그의 이론에 따르면 정치의 궁극적인 목적은 단연 해당 공동체의 생존이다. 경제의 건설, 개인의 인권향상 따위의 일들은 국가의 생존과 국민 전체의 안전이라는 목적 앞에선 어디까지나 부차적인 부수물에 불과한 것이다. 국가의 적을 구분해내지 못하는 의회민주주의는 근본적으로 무능하며, 법을 통해서 '적'을 명백히 명명해야한다고 말한다. 그가 유대인을 명백한 적으로 두는 정치적 토대를 마련한 것은 철저히 그의 이론에 입각한 것이다. 실제로 칼 슈미트는 2차 세계대전이 끝나고 나치에 협력한 이유로 독일에서 추방되지만, 끝까지 자신의 이론을 정정하지 않았다. 그의 날카로운 이론과 천재적인 글쓰기는 현재까지도 높이 평가받지만, 나치에 협력한 지식인이라는 점에서 지금까지도 비판받는다. 이와 관련된 논의는 가라타니 고진, 『트랜스크리틱』, 451쪽 이하 참고.

지 않습니다. 자유민주주의 정치체제라고 하는 건 '자본=네이션=국가'일 뿐, 그것으로 역사가 끝나지는 않을 것입니다. 자유와 평등 양 끝 중 어느 한쪽으로 과도하게 치우치면 균형을 잡기 위한 운동이 일어날 것입니다. 하지만 이 시스템 자체를 넘어설 순 없는 걸까요? 제가 고민했던 바는 이것이었습니다. 우리가 참고하는 아테네의 데모크라시는 바로 오늘날의 자유민주주의의 모습입니다. 그런데 이소노미아는 이와는 다릅니다.

한나 아렌트에 따르면 이소노미아에서는 **자유와 평등이 상반되지 않았다**고 합니다.[111] 아테네의 데모크라시에서는 자유에 해당하는 시민적 권리는 인정되었지만, 경제적으로는 불평등했습니다. 데모크라시는 소수의 부유한 시민이나 귀족의 부를 다수의 가난한 시민들에게로 재분배하도록 설계된 시스템입니다. 자유와 평등이 상반될 수밖에 없는 것이지요. 그러나 이소노미아에는 애초에 불평등이 생길 여지가 없었습니다. 어떻게 그것이 가능했던 것일까요?

이소노미아는 이오니아의 폴리스에 있었습니다. 오늘날 터키 서해안 지역입니다. 이오니아의 폴리스는 그리스에서 이민 온 사람들로 구성된 곳입니다. '이민'이라는 이동성이 이소노미아를 초래하였

---

**111**　"교환양식이란 관점에서 보면, 이오니아에서는 교환양식 A와 교환양식 B가 교환양식 C에 의해 극복되고, 그 위에 교환양식 A의 근원에 있는 유동성이 고차원적으로 회복되었다. 이것이 교환양식 D, 즉 자유인 것이 평등인 이소노미아다. 아테네의 데모크라시가 현대의 자유민주주의(의회민주주의)와 이어진다고 한다면, 이오니아의 이소노미아는 분명 그것을 넘어서는 시스템의 열쇠일 것이다." 가라타니 고진, 『철학의 기원』, 59쪽. 그리고 이와 관련한 자세한 논의는 같은 책, 제1장 「이오니아의 사회와 사상」 참고.

습니다. 그러니까 이오니아는 씨족공동체를 한번 나간 사람들이 모여 만든 어소시에이션이었습니다. 그들은 자유롭게 토지를 점유했으며, 상공업을 발전시켰습니다. 아테네 아테네 시민은 기본적으로 전사였고 또 상공업을 경시했던 것에 반해서 말입니다. 이소노미아에서는 그곳이 싫어지거나 문제가 생기면 다른 곳으로 이동할 수 있었고, 마찬가지로 토지가 없는 사람도 다른 사람의 땅에서 노예나 노동자로 일하기보다는 다른 곳으로 이동했습니다. 이때는 일손이 없었기 때문에 대토지 소유자가 생겨나지 않았던 것이지요. 자유와 평등이 부딪치지 않습니다. 이동해버리면 그만이니까요. 이렇게 역사적으로도 이동성을 기초로 자유와 평등을 보장했던 시스템이 존재했습니다. 한마디로 이소노미아는 교환양식 D라고 할 수 있는 겁니다.

이런 이동성과 자유가 **평등한 사회**를 만든 것입니다. 유동민의 상태가 여기에 회귀된 것입니다. 이와 같은 현상은 11세기 아이슬란드, 18세기 미국 동부의 마을에서 찾아볼 수 있습니다. 그러나 이들 모두 오래 지속되지는 않았습니다. 이유는 간단한데 이동할 토지가 없어졌기 때문입니다. 이오니아도 마찬가지로 결국에는 페르시아에게 멸망당했습니다. 그렇지만 이러한 사례는 교환양식 D를 이해하는 데 중요한 참고가 된다고 생각합니다.

## 재난 이후의 특별한 공동체

**인디고** | 선생님의 글 중 「죽음과 내셔널리즘」은 매우 홍미로운 내용을 담고 있습니다. 프로이트에 대한 인용에 근거하여, 바깥으로 향하는 공격충동이 다시 안으로 향했을 때 형성되는 것이 "초자아"라는 지적 말입니다.[112] 이 논의 중에서 특히 "공동체도 초자아를 가질 수 있다"는 말에 주목하고 싶은데요. 레베카 솔닛[Rebecca Solnit][113]은 『이 폐허를 응시하라』에서 "전쟁이나 재해의 무질서 위에서만 새로운 길로 갈 수 있는 용기가 나오는 것인지도 모른다. 또한 폐허나 파국에의해서만 국가에 의한 질서와는 다른 자생적인 질서를 가진 상호부조적 공동체가 등장한다"[114]는 말씀을 한 적이 있습니다. 선생님께서도 「지진과 일본인」이라는 글에서 1995년 한신대지진 이후에 탄생한 상호부조적인 공동체에서 희망을 발견할 수 있다고 지적하셨

---

**112**　프로이트의 논의에 따르면, 초자아는 '죽음충동'이 바깥으로 향할 때의 공격충동이 다시 안으로 향했을 때 형성되는 것이다. 이와 관련된 자세한 논의는 가라타니 고진, 「죽음과 내셔널리즘」, 『네이션과 미학』, 67~128쪽 참고. "그리하여 자아의 내부로 돌아온 공격충동은 초자아의 형태로 자아의 다른 부분과 대립하고 있는 자아의 일부분으로 받아들여지고, 이번에는 '양심'이 되어 정상이라면 자아 자신과는 무관한 타인에게 보였을 엄격함으로 자기 자신의 자아를 대하는 것이다." 지그문트 프로이트, 「문명 속의 불만」, 『문명 속의 불만』, 김석희 옮김, 열린책들, 2003, 303쪽.

**113**　레베카 솔닛(1961~)은 예술 평론과 문화 비평을 비롯한 다양한 저술로 주목받는 작가이자 역사가이다. 1980년대부터 환경 · 반핵 · 인권 운동에 열렬히 동참한 현장 운동가이기도 하다. 『그림자의 강』으로 전미도서비평가상, 래넌 문학상, 마크 린턴 역사상 등을 받았다. 2010년 미국의 대안잡지 『유튼 리더』가 꼽은 '당신의 세계를 바꿀 25인의 선지자' 가운데 한명으로 뽑히기도 했다. 여러 매체에 활발하게 기고하고 있고, 대표작으로 『어둠 속의 희망』, 『이 폐허를 응시하라』, 『남자들은 자꾸 나를 가르치려 든다』 등이 있다.

습니다. 재앙적 재해 이후에 특별한 공동체가 등장한다는 점에서, 과연 현재 일본에서 그런 가능성을 기대해도 된다고 보시는지요?

**가라타니** | 저는 솔닛의 책을 동일본대지진보다 앞서 소개하기도 했었고, 그녀의 이야기에 기본적으로 찬성합니다. 다만 재해가 일어났을 때 어떻게 유토피아가 탄생되는지에 대한 질문에 관해서는 그녀와 다른 생각을 가지고 있습니다. 저는 어머니가 고베 근처에 있었기 때문에 한신대지진 때 일어난 일을 잘 알고 있습니다. 재해가 일어나면 사람들은 먼저 집을 잃은 노숙자가 됩니다. 모두 함께 모여 잠을 자고 함께 식사를 합니다. 이것은 수렵채집 유동민이 되는 것과 마찬가지입니다. (웃음) 유동민은 물건을 쌓아둘 수 없기 때문에 서로 나누어 가집니다. 마찬가지로 이재민은 유동민과 같이 상호부조적이 됩니다. 즉 교환양식의 관점에서 생각해보면 **재해유토피아**가 어떻게 탄생하는가를 간단하게 설명할 수 있습니다.

이러한 상호부조적 공동체는 사람들이 정착하여 각자의 집에서 살게 된다면 곧장 사라져버릴 것입니다. 솔닛은 이런 상호부조적 사회를 영속적으로 유지하려면 어떻게 해야 좋을지 묻습니다. 이것을 저

---

**114** 가라타니에 따르면 통상적으로 우리는 국가의 질서가 사라지면 홉스적 자연상태가 생겨난다고 믿지만, 실제로는 국가의 질서와는 다른 자생적 질서를 가진 공동체가 생겨난다는 것이다. 보다 자세한 논의는 이하 참고. 가라타니 고진, 『1/n』 계간 제6호, 살림, 2011 봄호, pp.54~57. 번역본으로 레베카 솔닛, 『이 폐허를 응시하라—대재난 속에서 피어나는 혁명적 공동체에 대한 정치사회적 탐사』, 정해영 옮김, 펜타그램, 2012 참고.

후쿠시마 핵발전소 인근으로부터 대피한 난민들이 카와마타에 마련된 체육관에 생활하고 있다. 지진과 쓰나미가 후쿠시마를 덮친 이후, 2011년 3월 14일 당시 일본 총리 칸 나오토는 핵발전소 폭발의 추가적인 피해가 우려되며, 정부가 이를 최소화하기 위해 최선을 다하겠다고 밝혔다. © REUTERS / Yuriko Nakao

의 질문으로 번역한다면 '교환양식 D는 어떻게 하면 실현이 가능한 가?'라는 것입니다. 여러분의 개념으로 말하자면 '공동선은 어떻게 하면 실현이 가능한가?'라는 것이죠. 이 경우 제가 말하고 싶은 것은 상호부조적인 형태는 아무리 억압되어도—실제로 신자유주의자는 '자조'를 말하며 상호부조에 냉소를 보내지만—반드시 회귀한다는 것입니다. 이것이 앞서 말한 '억압된 것의 회귀'라 할 수 있습니다.

**높은 이념을 가져라**

**인디고** | 『은유로서의 건축』을 보면, "공산주의 또한 하나의 가상에 불과하지만, 그 '환상'을 비판하는 것은 '환상을 필요로 하는 조건을 타파하도록 (민중에게) 요청하는 것' 이상도 이하도 아니다"[115]라고 쓰신 글이 있습니다. '세계공화국'에 대해서도 같은 맥락을 적용할 수 있을 듯한데요. 이를테면 '세계공화국이라는 이념은 하나의 가상에 불과하지만, 그 환상을 비판하는 것은 환상을 필요로 하는 조건을 타파하도록 어소시에이션을 요청하는 것'이라고 말입니다. 선생님의 이론은 어떤 형태로든 앞으로 사회 변화를 꿈꾸는 이들에게 많은 영향을 미칠 것이라 생각하는데요. 마지막으로 새로운 세계공화

---

[115]    가라타니 고진, 『은유로서의 건축—언어, 수, 화폐』, 김재희 옮김, 한나래, 1998, 270쪽.

국을 함께 건설하고자 하는 미래의 청년들에게 한 말씀 부탁드리고 싶습니다.

**가라타니** | 글쎄요. 저는 특별히 더 드릴 말씀이 없습니다. 저는 지도 자가 아닙니다. 이론적인 것에 대해서는 생각하고 있습니다만, 구체 적인 것에 대해서는 현장에 있는 사람들이 훨씬 잘 알고 있을 것입 니다. 그래서 구체적인 것에 대해서는 그들을 따릅니다. 이를테면 데 모에서도 저는 많은 사람들 중 한 명으로 참가할 뿐입니다. 다만, 여 러분에게 말할 수 있는 것은 높은 이념, 규제적 이념을 가져야 한다 는 것입니다. 현실에서는 타협하지 않으면 안 되는 것이 있기에 타 협해도 좋습니다만, 이념만큼은 제대로 가져야 한다는 것입니다. 최 근에는 이념을 냉소하는 사람들이 많습니다. 그렇기 때문에 굳이 말 씀드리자면 '**높은 이념**'을 가지라는 이야기를 하고 싶습니다.

**인디고** | 그렇다면 선생님을 이념적 동지로 생각하고 싶습니다. 괜 찮으신지요?

**가라타니** | 네. 제가 감사할 따름입니다.

이 인터뷰집이 나오기까지 가라타니 고진 선생님과는 두 번을 만났다. 첫 번째는 2012년 1월 일본 도쿄 외곽에 위치한 자택에서였고, 그 다음은 2014년 5월 부산 인디고 서원에서였다. 선생님을 직접 뵙기 몇 년 전부터 이메일을 통해 인터뷰를 준비해왔고, 인터뷰 후에도 수차례 메일을 주고받으며 내용을 보충하는 과정을 거쳤다. 일본에서의 인터뷰 당시, 선생님은 먼 길을 처음 찾아오는 우리를 위해서 직접 지하철역까지 택시를 타고 나와 환대해주셨다.

자택에 도착하여 카메라를 설치하고, 질문 순서를 체크하며 인터뷰를 준비하는 동안 선생님은 열 장이 넘는 질문지를 들여다보며 인터뷰 시작 직전까지 펜으로 무언가를 쓰고 계셨다. 거기엔 질문만이 아니라 선생님이 이미 손수 빽빽이 적어둔 답변과 보충 설명을 위한 메모가 함께 있었다. 인터뷰를 시작하기도 전에 선생님이 보여주신 배려와 겸손 그리고 질문자를 대하는 성실한 모습에 탄복하지 않을 수 없었다.

인터뷰를 시작하기 전, 가라타니 선생님은 우리를 따뜻하게 맞이해준 자신의 아내 린을 소개해주었는데, 인터뷰가 끝날 때까지 린도 시종일관 함께했다. 인터뷰 중간 중간 가라타니 선생님은 답변의 내용을 린과 상의했고, 린은 선생님의 말을 보충하거나 빠진 부분을 추가했으며 선생님께 우리의 질문을 다시 명확하게 전달해주기도 했다. 그런 린의 모습에서 가라타니 선생님의 일생의 동반자일 뿐만 아니라 사상의 파트너로서의 모습도 볼 수 있었다. 린이 없었다면 이토록 편안한 인터뷰는 어려웠을 것이다. 이 지면을 빌어 다시 한 번 린에게 고마움의 인사를 전한다.

장시간의 인터뷰가 끝난 후, 지친 선생님과 우리를 위해 린은 직접 맛있는 요리를 만들어주셨다. 식사자리에는 따뜻한 말이 오갔고 웃음이 넘쳤다. 선생님은 술도 한 잔씩 권하셨다. 다음은 가라타니식 유머. 가라타니 선생님께 최근의 관심사와 근래에 하고 있는 작업에 대해 물었다. 선생님은 제국과 제국주의 그리고 국제 정세와 관련해서 한참을 설명하신 뒤 자세한 내용은 책에 써두었다고 말씀하셨다. 이어서 이렇게 덧붙이셨다. "아마도 이 내용을 담은 책은 아직 한국에 번역되지는 않았을 거예요. 왜냐하면 일본에서도 출판되지 않았으니까요."

가라타니 선생님은 오래전부터 한국의 학자들과 교류해왔으며, 이미 몇 차례 한국을 방문한 적이 있다. 한국의 사회와 역사에 대해서도 관심이 많으며, 한국 드라마 애청자이기도 하다. 그런 관심에서 비롯된 것인지는 몰라도 강연을 할 때나, 대화를 나눌 때에도 간혹 한국어를 사용하신다. 간단한 인사말은 물론이거니와 적재적소에 필요한 표현은 꽤 많이 구사하신다. 한번은 선생님을 초대한 식사 자리에서 대접한 음식이 입맛에 맞는지 여쭈었다. 함께 있던 린이 영어로 대답을 하는 도중에, 선생님은 손사래를 치면서 "아니에요! 맛있어요!"라고 맛깔나게 대답하셨다. 이하는 사석에서 나눈 대화의 일부다.

**인디고** | 선생님의 사유와 비평을 통해 저희를 비롯한 많은 인문학도들은 자극을 받고 또 배우고 있습니다. 선생님의 유년 시절에 영향을 끼쳤던 문학 작품이나 문학적 아이디어가 있다면 소개해주시겠습니까?

**가라타니** | 제가 중학생 때는 도스토예프스키에 빠져 있었지요. 그것이 제 생각의 기초가 되었습니다.

**인디고** | 선생님 인생에서 가장 큰 영감을 주었던 한 권의 책은 무엇입니까?

**가라타니** | 마르크스의 『자본』입니다. 열여덟 살에 이 책을 처

음 읽었으며, 지금까지도 여전히 읽고 있는 유일한 책입니다.

**인디고** | 선생님의 정의에 따르면 '근대문학'은 소설입니다. 그래서 선생님께선 소설을 주된 비평의 텍스트로 활용하셨는데요. 문학의 다른 한 장르인 '시'에 대해서 묻고 싶습니다. 선생님께 영감을 주었던 시나 시인이 있나요?

**가라타니** | 음… 저는 소설 비평을 주로 했습니다만, 시인 중에서는 이시카와 다쿠보쿠石川啄木**116**의 시를 좋아합니다.

**인디고** | 창의적이고 새로운 아이디어를 구상하거나 글을 쓸 때, 선생님만의 작업 방법이 있나요?

**가라타니** | 특별한 건 없어요. 카페에 가서 하루 종일 일만 합니다.

**인디고** | 선생님과 같은 참여적 지성인, 세계시민을 꿈꾸는 청년들에게 조언을 해주신다면요?

---

**116** 이시카와 다쿠보쿠는 1900년대에 활동한 일본 시인이다. 시집으로는 『동경憧憬』, 『한 줌의 모래』, 『슬픈 완구』가 있다. 사회주의 사상을 추구했으며, 일본에서는 국민 시인으로 사랑과 존경을 받는 시인이다.

**가라타니** │ 저는 다른 누군가의 본보기가 될 만한 사람이 아닙니다. 솔직하게 말해서 여러분께 제가 어떻게 지금에 이르게 되었는지에 대해 말할 수 있는 것은 이것밖엔 없습니다. 저는 한 번도 세계적인 지성을 직접적인 목표로 삼은 적이 없습니다. 저는 언제나 지역적으로 활동해왔지요. 이를테면 저는 서른 살이 될 때까지 해외에 나가본 적이 없습니다. 제가 쉰 살이 되기 전까지 해외에 제 책을 출판한 적도 없습니다. 저는 예순 살이 되기까지 일본의 문학 그리고 사회에 대한 비평만을 써왔을 뿐입니다. 그렇지만 저 스스로 거듭 생각하건대 지역적이고 작은 것이 곧 세계적인 것입니다.

"기대하겠습니다." 이 말은 가라타니 선생님께서 우리에게 해주신 마지막 말이다. 긴 대화 끝에 우리는 마지막 인사 말씀을 부탁드렸다. 잠깐 생각에 잠기시더니, 우리의 얼굴을 한 명, 한 명 유심히 들여다보고는 던지신 말씀, "기대하겠습니다." 인터뷰 중에도 간간이 이처럼 진지하게 질문을 던지는 젊은이들을 보니 가슴이 뛴다는 말씀을 하셨는데, 마지막까지 그 마음을 전해주신 것 같다. 가라타니 선생님의 이 말씀을 매일 떠올리며 살아가려 한다.

# 세계동시혁명

## - 칸트, 헤겔 그리고 마르크스

### 가라타니 고진

1

『트랜스크리틱』(2001)에서 저는 마르크스를 통해 칸트를 읽고, 칸트를 통해 마르크스를 읽어내는 것을 목표로 삼았습니다. 물론 이는 칸트와 마르크스를 서로 비교하거나 종합하는 것을 의미하지 않습니다. 칸트와 마르크스 사이에는 헤겔이 있지요. 그렇기 때문에 마르크스로부터 칸트를 읽고, 칸트로부터 마르크스를 읽는 일은 헤겔을 그 이전과 이후로부터 읽는 것에 다름 아닙니다. 다시 말해 『트랜스크리틱』은 사실상 헤겔을 새로운 방식으로 비평하는 시도라고 말할 수 있습니다. 1990년 즈음, 동유럽에서 혁명이 발발하고 이어서 구소련이 붕괴되었던 시점에서 저는 이 작업의 필요성을 강렬하게 느꼈습니다. 그래서 저는 칸트에 대해 쓰기 시작했습니다. 이 시기에 펼쳐진 제 사유에 대해 다시금 정리하여 말하려고 합니다.

## 역사의 종언

1990년을 전후로 일본계 미국인 프랜시스 후쿠야마가 발표한 '역사의 종언'에 관한 논의가 세계적으로 관심을 받게 됩니다. 당시 후쿠야마는 미 국무부의 관료였지요. 그는 앨런 블룸[Allan Bloom]의 제자였는데, 블룸은 알렉산드르 코제브[Alexandre Kojève]의 충실한 미국인 제자라고 할 수 있습니다. 프랑스 철학자인 코제브는 헤겔 철학의 주요 개념 중 하나인 '역사의 종언'을 다양한 방식으로 해석한 사람입니다. 후쿠야마는 바로 이 개념을 이용하여 공산주의 정권의 붕괴와 미국의 승리를 이론상으로 정당화했던 것입니다.

후쿠야마가 '역사의 종언'을 발표했을 때, 이는 동유럽에서의 혁명이 자유민주주의의 승리로 끝났다는 것이었습니다. 그것이 최후의 혁명이자, 더 이상의 혁명은 없다는 의미였습니다. 미래에도 지엽적인 혁명들이 발생할지도 모르지만, 더 이상 세계를 근본적으로 바꿀 만한 혁명은 없을 것이라는 말이죠. 꽤 많은 사람들이 후쿠야마의 이러한 관점을 비웃었지만, 저는 어떤 의미에서는 후쿠야마가 옳았다고 생각합니다. 물론 그가 1990년에 일어난 일이 궁극적으로 미국의 승리로 귀결되었다는 것을 말하려 한 것이라면, 그는 틀렸습니다. 처음에는 미국의 헤게모니가 공고해지고, 자본주의의 세계화와 신자유주의가 팽배하는 듯했습니다. 하지만 20년이 지난 오늘날, 이 모든 것들이 실패로 드러나고 있습니다. 그 결과로 세계의 모든 국가들이 어느 정도는 사실상 국가자본주의적이거나 사회민주주의적 정책을 채택하고 있습니다. 이것이 미국 오바마 대통령이 말한 '변화change'처럼 보이지 않을까 싶습니다. 그럼에도 불구하고 이것은 '역사의 종언'이라는 관념을 뒤집은 것이 아니라, 오히려 이를 증명하는 데 그쳤다고 할 수 있습니다.


## 자본=네이션=국가

오늘날 신자유주의는 복지국가형 자본주의 혹은 사회민주주의로 대체되고 있습니다. 하지만 사회민주주의의 경우 자본주의 시장경제를 부정하는 것이 아닙니다. 오히려 이러한 형태들은 자본주의 시장경제를 인정하면서, 정부가 규제와 재분배 정책을 채택하고 시행함으로써 시장으로부터 발생하는 문제들을 민주적 절차를 통해 해결하려 합니다. 저는 이 같은 시스템을 '자본=네이션=국가'라고 부릅니다. 후쿠야마는 자본=네이션=국가가 인간 사회의 최종적인 형태이며, 더 이상의 근본적인 형태의 변화는 없을 것이라고 말했던 것입니다.

최근에 발생한 변화들은 결코 혁명이 아닙니다. 이것들은 자본=네이션=국가의 지배적인 시스템 내부에서의 변화를 나타낸 것에 지나지 않습니다. 이것이 바로 제가 이 같은 변화들이 역사의 종언을 극복한 것이 아니라, 오히려 그것을 증명한 것에 불과하다고 말한 이유입니다. 하지만 사람들은 이 점을 잘 깨닫지 못합니다. 다시 말해 그들은 자신들이 자본=네이션=국가라는 회로 속에 갇혀 있음을 인지하지 못하는 것입니다. 그래서 그들은 자신들이 역사를 써내려 간다고 믿는 동안에도, 그저 새로울 것 하나 없는 회로의 내부를 달리고 있을 뿐입니다.


## 헤겔의 세계 인식

그렇다면 우리는 역사의 종언을 넘어서기 위해서 무엇을 해야 할까요? 역사의 종언을 넘어서는 것은 자본=네이션=국가를 넘어서는 것에 다름 아닙니다. 바로 이 목적을 이루려면 헤겔에 대한 새로운 비평이 필요합니다. 제가 보기에 헤겔은 『법철학』에서 자본주의 경제, 국가, 네이션이 서로 변증법적 상관관계를 맺는 시스템으로 존재한다는 것을 이해하고 있었습니다. 이러한 이해는 프랑스혁명의 슬로건으로 제창되었던 '자유, 평등, 박애'라는 세 용어를 통합시켜줍니다. 첫째는 감성의 차원입니다. 헤겔은 시장경제라고 일컫는 시민사회<sup>bürgerlich Gesellschaft</sup>에서 자유를 발견했습니다. 두 번째는 지성<sup>Verstand</sup>의 차원입니다. 헤겔은 국가를 시장경제가 양산한 다양한 모순들을 교정함으로써 평등을 달성할 수 있는 관료제 형태로 생각했지요. 마지막으로 이성<sup>Vernunft</sup>의 차원에서도 그러합니다. 헤겔은 여기서 네이션 내에서의 '박애'를 발견합니다. 그러면서 헤겔은 구성 요소들의 개별적인 추동력을 어느 것도 배제하지 않으면서 세 개가 합쳐진 시스템으로서의 자본=네이션=국가를 변증법적으로 포착한 것입니다.

헤겔의 『법철학』은 당시 실제로 존재하던 독일 사회를 바탕으로 쓴 책이 아닙니다. 그보다는 영국 사회의 모델을 본따서 쓴 것입니다. 예를 들어 정치적으로 헤겔은 영국의 입헌군주제를 염두에 두고 있었습니다. 독일(프러시아)의 군주제는 기껏해야 계몽된 전제 군주제에 불과할 뿐이었습니다. 또한 경제적으로 헤겔은 애덤 스미스를 주의 깊게 읽었습니다. 그리고 심지어 자본주의 사회를 욕망의 시스템이라며 비판적으로 생각했죠. 독일에는 아직 산업자본주의가 존재하지 않았음에도, 헤겔은 이를 이론적으로 극복하려고 시도했던 것입니다. 사실 헤겔이 『법철학』에서 파악한 세계가 바로 자본=네이션=국가입니다. 그것은 독일에는 아직 존재하지 않는 것이었습니다. 그렇기 때문에 헤겔의 이 책은 당시 독일의 상황을 정당화하기 위함이 아니었습니다. 이 책이 포착한 세계는 당시 독일에만 국한된 것이 아닙니다. 아니, 어떤 측면에서 보자면 이 세계란 오늘날까지도 보편적으로 존재하지 않는 세계입니다.

## 마르크스주의를 넘어서기

헤겔은 자본=네이션=국가가 일단 한번 수립되면, 그 이후에는 더 이상 근본적인 혁명이 있을 수 없다고 보았습니다. 물론 그것이 수립되기까지는 세계의 다양한 곳에서 수많은 혁명이 있을 수 있지요. 하지만 일단 한번 이 삼위일체가 형성되고 나면, 더 이상의 본질적인 변화는 있을 수 없습니다. 그래서 헤겔은 이 지점이 역사의 종언이라고 생각한 것입니다. 이러한 의미에서 『법철학』은 오늘날에도 여전히 유효합니다. 그러므로 역사의 종언이라는 관념을 지양하기 위해서는 자본=네이션=국가를 극복할 수 있다는 것을 증명해야만 하는 겁니다.

마르크스주의자들은 해묵은 논쟁을 반복할 필요가 없으며, 반복해서도 안 됩니다. 마르크스주의자들은 대체로 국가와 네이션의 문제에 걸려 어려움을 겪었습니다. 마르크스주의의 이러한 약점이 스탈린주의를 낳았으며, 러시아와 중국의 대립을 초래했습니다. 그리고 궁극적으로는 구소련이 붕괴하면서 마르크스주의 운동은 곤경에 빠지게 되었지요. 그 결과 자본=네이션=국가가 전 세계에서 등장하게 되었습니다. 마르크스주의는 헤겔을 비판하면서 시작하였지만, 헤겔의 승리로 귀결되었습니다. 그렇기 때문에 오늘날 우리에게는 헤겔을 새로운 방식으로 비판하는 것이 필요합니다.

이것이 제가 『트랜스크리틱』에서 시도했던 작업입니다. 저는 헤겔과 정면으로 맞서는 것을 목표로 삼지 않았습니다. 대신에 저는 마르크스를 통해서 본 칸트, 칸트를 통해서 본 마르크스에 대해 논했습니다. 하지만 앞서 지적했듯이, 마르크스를 통해 칸트를 읽는 것은 헤겔이 초월한 사상가로서가 아니라, 헤겔이 초월할 수 없었던 사상가로서 칸트를 읽는 것입니다. 또한 이 과정의 다른 한 부분, 즉 칸트를 통해 마르크스를 읽는 것은 헤겔이 거부한 칸트적인 과업을 추구했던 사상가로서 마르크스를 읽는 일입니다.

다른 헤겔 좌파들처럼 청년 마르크스도 헤겔을 비판하는 것으로 자신의 작업을 시작했습니다. 마르크스가 특히 초점을 맞춘 것은 『법철학』이었죠. 그는 헤겔의 관념론을 유물론적으로 전복하려는 시도를 했습니다. 그런데 여기에는 두 가지 문제점이 있습니다. 첫째, 마르크스는 헤겔 변증법으로 개념화된 자본=네이션=국가라는 삼위일체의 구조를 보지 못했습니다. 헤겔은 네이션과 국가를 초월적인 위치에 둔 반면에, 마르크스는 그것들을 경제적 하부구조에 의해 결정되는 이데올로기적 상부구조로 간주했던 것입니다.

여기서 문제는 마르크스가 국가를 문학이나 철학과 나란히 상부구조에 위치시켰다는 것입니다. 이 지점에서 두 가지 견해가 생겨납니다. 하나는 국가와 네이션은 경제적 하부구조가 변하게 되면 자동적으로 소멸된다는 견해입니다. 다른 하나는 국가와 네이션은 오직 이데올로기로서만 존재하는 공동환상 혹은 상징체계일 뿐이기에, 계몽을 통해 해소될 수 있다고 보는 견해입니다.

이런 견해들이 마르크스주의 운동을 곤경에 빠지게 한 주요한 원인입니다. 국가의 문제를 경시한 것이 스탈린주의를 불러일으켰으며, 다른 한편으로 네이션의 문제를 경시한 것이 파시즘(민족주의적 사회주의)에 의한 패배로 귀결되었습니다. 마르크스주의자들은 이런 실패에서 교훈을 얻었습니다. 그로부터 국가와 네이션의 문제에 더욱 주목하기 시작했고, 이내 이것들이 갖는 '상대적 자율성'을 강조했습니다. 이와 동시에 그들은 역사적 유물론의 틀을 유지했습니다. 다시 말해 그들은 경제적 토대를 이제 상부구조를 과잉결정하는 '최종심급'으로 여기게 되었지만, 사실상 경제적 하부구조를 대수롭지 않은 것으로 여기게 된 것입니다. 그들은 경제적 하부구조와는 다른 차원에서 국가와 네이션의 자율성을 이해하는 실마리를 찾기 위해 노력했습니다. 그들은 사회학과 정신분석학을 동원하여 자신의 주장을 뒷받침했습니다. 이 같은 견해는 결국에 국가나 네이션을 공동환상 또는 이데올로기적 상징체계로 간주하는 것으로 귀결되었습니다. 하지만 실제로 국가나 네이션은 각자 깊은 뿌리를 가지고 있기 때문에, 그것들이 단지 계몽만으로는 해소될 수가 없는 것이지요.

이와 반대로 저는 경제적 하부구조를 버리는 것이 아니라, 오히려 그것에 대한 우리의 이해를 넓히는 방향으로 접근하고자 했습니다. 바꾸어 말하면 저는 '생산양식'의 관점에서가 아니라 '교환양식'의 관점에서 하부구조를 고려해보고자 했습니다. 이는 마르크스주의를 벗어난 것처럼 보입니다만, 마르크스가 실제로 생각했던 것과 그렇게 다르진 않습니다. 이를테면 청년 마르크스는 교통$^{Verkehr}$이라는 개념을 다양한 방면에서 사용했습니다. 교통(교류)은 거래, 교환, 증여, 전쟁, 성교 등의 의미를 내포하고 있습니다. 또한 이는 물질대사(신진대사=물질교환)의 의미도 포함됩니다. 어떤 의미에서 생산은 인간과 자연 사이의 교환(교통)의 일부분인 것입니다. 다시 말해, 이는 아주 넓은 의미의 교환입니다. 덧붙여 말하자면 인간과 자연의 교환으로서의 '생산양식'은 인간과 인간의 관계, 즉 교환 관계의 한 부분으로서만 발생할 수 있습니다. 그러므로 교통 혹은 교환은 가장 근본적인 것으로서 고려해야 할 것입니다.

## 네 가지 교환양식

교환양식에는 총 네 가지가 있다고 생각합니다. 호수(증여와 답례), 약탈과 재분배(지배와 보호), 상품교환, 그리고 X입니다. 이를 다음의 다이어그램으로 나타낼 수 있습니다. 이 다이어그램은 자유와 평등이라는 두 축으로 분할되어 있음을 알 수 있죠.

사회구성체는 이런 교환양식들의 조합으로 구성됩니다. 그리고 한 사회구성체는 그 사회의 지배적인 교환양식에 따라서 구별되지요. 예를 들어, 원시부족사회에서는 교환양식 A가 지배적입니다. 다른 교환양식도 물론 존재하기는 합니다만, 그것들은 거의 의식되지

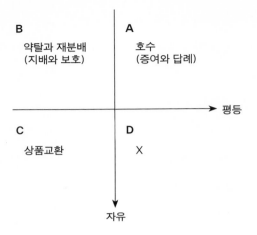

않습니다. 또 국가사회에서는 교환양식 B가 지배적입니다. 여기에 교환양식 A는 농업공동체의 형태로 남아 있으며, 교환양식 C 또한 도시 형태에서 발전하게 됩니다. 그럼에도 불구하고 이 양식들은 국가의 지배 아래에 있습니다. 그러는 사이에 교환양식 C가 지배적인 자본주의 사회가 등장합니다. 하지만 이것이 다른 교환양식들이 모두 소멸했다는 것을 의미하지는 않습니다. 교환양식 A와 C는 모두 남아 있습니다. 다만 형태가 변했을 뿐이지요. 이를테면, 봉건국가에서 근대국가로 넘어올 때, 그 안의 농업 공동체는 네이션이 됩니다. 요컨대 자본=네이션=국가는 상품교환이 지배적인 사회구성체의 형태입니다. 헤겔은 이것을 이해하고 있었던 것입니다.

지금까지 세 가지 교환양식 A, B, C를 언급했습니다만, 여기에 네 번째 교환양식인 D를 추가해야만 합니다. 교환양식 D는 교환양식 A

가능성의 중심

를 고차원에서 회복하는 것입니다. 이는 B를 토대로 한 국가와 C를 토대로 한 자본제(그리고 계급격차) 모두를 폐지하는 것을 통해서 달성할 수 있습니다. 교환양식 D는 '사회'를 낳습니다. 여기서 사회란 공동체의 호수성을 되찾으면서도 공동체의 속박으로부터는 자유로운 개인들로 이루어져 있습니다. 이를 공산주의라 불러도 좋을 것입니다. 그러길 원한다면 말입니다. 그렇지만 이 교환양식은 앞서 말한 세 가지 교환양식과는 달리 현존하지 않습니다. 물론 교환양식 A, B, C의 조합이 충분히 발달했던 고대 제국에서 보편종교의 형태로 나타난 적은 있지요.

보편종교는 국가, 공동체, 그리고 화폐에 대항하는 것으로서 존재합니다. 처음에 보편종교는 국가와 공동체가 선전하는 제도권 종교를 비판했습니다. 하지만 그 규모가 커지면서 보편종교는 스스로 국가와 공동체의 제도권 종교가 되었습니다. 산업자본주의 사회에서 교환양식 D는 사회주의로서 나타나는데, 유럽에서는 19세기 중엽까지도 사회주의는 기독교와 떨어져 있지 않았습니다. 사회주의는 프루동의 제안에 의해 처음으로 '과학적 사회주의'라는 개념으로 정립되었습니다. 그가 '과학적 사회주의'라는 말을 통해 의미하고자 했던 것은 국가주도의 계획경제와는 거리가 멉니다. 오히려 그는 협동조합들의 어소시에이션을 말한 것입니다. 이는 도덕과 경제 영역 모두에 해당합니다. 이것은 교환양식 D를 현실화한 것에 지나지 않지요. 교환양식 D는 자본=네이션=국가의 삼각체제를 대체하는 것입니다.

# 2

마르크스가 헤겔의 『법철학』을 유물론적 시각에서 전복시켰을 때, 저는 마르크스가 자본=네이션=국가라는 헤겔의 삼위일체론적 근본 구조를 구현하는 데 실패했다고 앞서 지적했습니다. 헤겔의 이러한 근본 인식을 되찾기 위해서 저는 생산양식의 자리를 대신하여 교환양식을 소개했던 것입니다. 이제는 헤겔주의 철학을 마르크스가 유물론적으로 전도하면서 생기는 또 다른 문제에 대해서 설명하고자 합니다.

## 마르크스의 교착 상태

대개 이 마르크스적 전복은 상하의 전도라는 이미지로 그려집니다. 그에 따라 상부구조와 하부구조라는 용어로 설명되지요. 그러나 이것은 단지 위아래의 전도만은 아닙니다. 여기에는 필연적으로 '사전'과 '사후'의 전도 또한 동반합니다. 헤겔이 생각하기에 사물의 본질은 그것의 결과 즉, 사물의 완전태에서 드러납니다. 다시 말해 헤겔은 사물을 사후적으로$^{post-factum}$ 보는 것입니다. 그에 반해서 칸트는 사물을 사전에$^{ante-factum}$ 본다고 할 수 있죠. 칸트가 생각하기에 미래는 예견할 수 없습니다. 다만 예측하거나 믿을 수 있을 뿐입니다. 칸트

가능성의 중심

에게 이념은 가상$^{Schein}$입니다. 하지만 이는 초월론적 가상이지요. 왜냐하면 우리는 그것 없이는 아무것도 할 수 없기 때문입니다. 칸트에 따르면, 세계사는 도덕 법칙이 완전히 실현된 '목적의 왕국$^{Reich\ der}$ $^{Zwecke}$'을 향해 나아가고 있습니다. 하지만 이는 오로지 역사의 이념으로, 즉, 초월론적 가상으로 남아 있을 뿐입니다. 그러나 헤겔이 생각하기에 이념은 미래에 실현되는 어떤 것이 아닙니다. 이념은 현실태로 존재하는 것입니다. 그래서 이념은 칸트가 생각한 것처럼 가상이 아닙니다. 이런 의미에서 역사를 본질적으로 이해한다면, 역사는 종결되어버립니다.

마르크스가 헤겔의 생각을 뒤집었을 때, 그는 역사를 이미 끝난 것으로서가 아니라 미래에 실현되어야 할 것으로 봐야 했습니다. 이것이 사물을 사후에 보는 입장에서 사전에 보는 입장으로의 이동입니다. 비록 마르크스가 직접 언급한 적은 없지만, 이는 칸트적 입장으로 돌아오게 됩니다. 여기서 다른 한 명의 포스트헤겔주의 철학자 키에르케고르를 예로 들어보죠. 그는 '사변'은 뒤를 돌아보는 것(사후)이고, '윤리'는 앞을 바라보는 것(사전)이라고 썼습니다. 키에르케고르 또한 칸트의 입장으로 되돌아왔다는 것이 명백합니다. 그러나 키에르케고르는 한 번도 칸트에 대해 언급한 적이 없습니다. 마르크스도 명시적으로 칸트에 대해 언급한 적이 없지만, 이것은 그리 중요한 문제는 아닙니다. 문제는 그가 칸트 고유의 문제들로부터 자유로울 수 없다는 것입니다.

## 도덕의 경제적 토대

마르크스는 자신이 직접 『독일이데올로기』에서 이렇게 썼습니다. "공산주의란 우리에게 성취되어야 할 어떤 상태, 현실이 그것을 향해 형성되어야 할 어떤 이상이 아니다. 우리는 현상을 지양하는 현실 운동을 공산주의라고 명명한다. 이 운동은 현재 존재하는 전제에서 생겨난다."[117]

여기서 마르크스는 애초부터 역사의 목적[telos](종언)을 거부했습니다. 이어서 그는 현실을 극복하는 운동이 공산주의라는 것을, 그리고 현실에서 비롯된 다양한 문제들이 이 운동의 조건임을 분명히 말합니다. 이렇게 말함으로써 마르크스는 헤겔뿐만이 아니라 칸트 역시 거부합니다. 하지만 사실 마르크스의 공산주의는 칸트의 '목적의 왕국'과 다르지 않습니다. 이는 사람들이 "타자를 수단으로서만이 아니라 목적으로 대하는" 사회입니다. 칸트에게 도덕은 선과 악에 관한 것이 아니라 자유에 관한 것입니다. 타자를 목적으로 대하라는 것은 타자를 자유로운 존재로 대하라는 것입니다. 이런 도덕이 없다면 공산주의도 있을 수 없지요. 하지만 마르크스는 이러한 도덕을 직접적으로 언급하지는 않았습니다. 도덕에서 시작하게 되면 이러한 운동은 "현실이 그것을 향해 형성되어야할 어떤 이상"이 되어버

---

**117**　카를 마르크스, 프리드리히 엥겔스, 「독일 이데올로기」, 『칼맑스 프리드리히엥겔스 저작선집 1』, 박종철출판사편집부 옮김, 박종철출판사, 1997, 215쪽.

리는 것을 피할 수 없기 때문입니다. 하지만 마르크스에 따르면 '유물론적 과정' 안에 필연적으로 공산주의를 일으키는 '전제 조건'이 있다고 할 수 있습니다.

그러나 우리가 유물론적 과정 또는 경제적 하부구조를 생산양식의 관점에서 고려하는 한, 도덕적 추동력은 찾을 수 없습니다. 그럴 경우 우리는 도덕적 추동력을 경제적 구조가 아니라 이념의 영역에서 찾아야만 할 것처럼 보입니다. 실제로 칸트적 마르크스주의자나 사르트르 등은 마르크스주의의 경제적 결정론을 보완하고자 실존적 혹은 도덕적 추동력을 제안해왔습니다. 그러나 저는 이것이 필요하지 않다고 봅니다. 만약 우리가 경제적 하부구조를 넓은 의미에서 교환의 관점으로 재정의한다면, 우리는 '경제적 구조' 바깥에 도덕의 영역을 따로 마련할 필요가 없기 때문입니다.

윤리에 대해서도 같은 말을 할 수 있습니다. 일반적으로 도덕의 차원은 경제적 차원과 분리된 것으로 여겨집니다. 그러나 도덕은 경제와 무관하지 않습니다. 이를테면 니체는 『도덕의 계보』에서 죄의식$^{Schuld}$은 부채(빚)$^{Schulden}$에서 유래한다고 말했습니다. 그것은 도덕이나 종교의 영역이 교환양식과 떨어져 있지 않다는 것을 의미합니다. 그렇기 때문에 만약 우리가 경제적 토대를 교환양식의 관점에서 생각한다면, 우리는 도덕의 경제적 토대를 명확하게 알 수 있습니다.

앞서 언급했습니다만, 교환양식 A, 즉 '호수'에 대해서 다뤄보겠습니다. 부족사회에서는 '호수'가 지배적인 교환양식입니다. 부나 권력을 독점할 수 있는 사람은 없는 것이죠. 이후 국가나 계급사회가 출현하면서, 교환양식 A는 교환양식 B에 종속되었습니다. 교환양식 C 또한 함께 발달합니다만, 이는 교환양식 B에 의해 아직까지는 제한적이라 할 수 있습니다. 교환양식 C가 지배적으로 되는 것은 자본제 사회입니다. 그러면 교환양식 A는 어떻게 되었을까요? 그것은 억압됩니다. 하지만 결코 소멸하지는 않지요. 결국 '억압된 것의 회귀'로서 돌아오게 되는 것입니다. 이것이 교환양식 D입니다. 교환양식 D 는 교환양식 A, 즉 호수적 관계를 고차원에서 회복한 것입니다.

### 억압된 것의 회귀

교환양식 D의 경우 실제로는 존재하지 않습니다. 만약 존재한다고 하더라도 이는 일시적일 뿐입니다. 제가 앞서 언급했던 대로 이것은 먼저 보편종교에서 드러났습니다. 그렇다면 왜 '호수'의 회복은 절대적인 신으로서 나타났던 것일까요? 그 까닭은 교환양식 D가 인간의 주체적 소망에서 나오는 것이 아니기 때문입니다. 호수의 회복이란 프로이트가 말했던 "억압된 것의 회귀"이고, 따라서 이는 인간의 의지를 초월한 강박적인 어떤 것입니다. 요컨대 도덕성과 종교성은 상부구조에 위치하고 있는 것이 아니라, 오히려 경제의 기본 구조에 깊이 뿌리박혀 있습니다. 이러한 관점에서 우리는 "공산주의의 조건은 현재 존재하는 전제들에서 생겨난다"는 마르크스의 말을 쉽게 이해할 수 있습니다.

교환양식 A, B, C는 끈덕지게 남아 있습니다. 다시 말해 공동체(네이션), 국가, 자본은 끈질기게 남아 있는 것입니다. 우리는 그것들을 완전히 제거할 수 없습니다. 하지만 그렇다고 해서 비관적으로 생각할 필요는 없습니다. 왜냐하면 이런 교환양식이 집요하게 지속하는 동안, 교환양식 D 역시 마찬가지로 끈질기게 지속하기 때문입니다. 아무리 이것이 억압받고, 은폐된다고 하여도 D는 계속해서 돌아올 것입니다. 칸트가 말한 '규제적 이념'이란 바로 이런 것이지요.


# 3


이상의 논의를 전개하는 동안, 저는 다시금 칸트와 헤겔의 문제에 관심을 갖기 시작했습니다. 일본에서 『트랜스크리틱』을 출간한 2001년 직후였습니다. 2001년 그해에 일어난 9·11 사태에서부터 걸프전쟁에 이르는 일련의 사건들이 저를 이 주제로 되돌아오게 한 것이지요. 우선 한 가지 이유는 일본이 어떠한 전쟁 행위도 금지하도록 제정된 헌법 9조를 위반하면서 이라크에 군대를 파견했다는 것입니다. 헌법 9조는 명백히 칸트의 생각을 바탕으로 만들어진 것이지요. 이러한 사태로 하여금 칸트와 '영구평화'에 관련한 문제들을

다시 사유하게 되었습니다. 또한 이 기간에 미국의 신보수주의 진영
은 프랑스와 독일을 비롯한 많은 나라의 지지를 받고 있는 유엔을
칸트주의적 몽상이라며 비웃었습니다. 그들은 홉스적인 입장에 의
거하여 칸트의 사유에 반대했습니다. 그들은 비록 직접적으로 헤겔
을 언급하지 않았지만 이들은 확실히 헤겔주의자들입니다. 물론 후
쿠야마와는 다른 유형일 것입니다. 그들 중 일부가 트로츠키파였다
는 것을 감안한다면 이는 결코 놀라운 일이 아니지요.

## 자연의 간지와 영구평화

지금의 유엔은 국제법과 국제규약을 위반한 국가를 처벌할 수 있
는 미국과 같은 초강대국 없이는 작동할 수 없습니다. 그런데 유엔
에 대한 이런 비판은 국가연방이라는 칸트의 구상을 조롱하며 비판
했던 헤겔로 거슬러올라갈 수 있습니다. 물론 이러한 비판은 지금까
지도 되풀이되고 있지요.[118] 헤겔은 헤게모니 국가 없이 평화는 있을

---

**118**      헤겔은 칸트의 영구평화론에 대해 이와 같이 비판합니다. "국가 간에 집정관이란 존재
하지 않고 기껏해야 중재자나 조정자가 있을 뿐인데, 이들도 단지 우연한 방식으로 특수한 의지를
가지고 존재할 뿐이다. 칸트는 국가연합을 통한 '영구평화'를 염두에 두고 이것이 온갖 분쟁을 조
정하고 각 개별 국가로부터 인정받은 권력을 바탕으로 일체의 알력을 조정해감으로써 결국은
전쟁 승패에 따른 해결을 불가능하게 하리라고 생각했다. 그러나 여기서 전제가 되는 국가간의 동
의는 그것이 도덕적·종교적인 것이건 아니면 그밖의 어떤 근거나 고려에 바탕을 둔 것이건 어차
피 특수한 주권자의 의지에 기초한 것이기 때문에 어디까지나 우연성에 매여 있다고 봐야만 할 것

수 없다고 생각했습니다. 헤겔에게 세계사란 국가들이 서로 경쟁하는 각축장에 지나지 않기 때문입니다. 세계사적 이념은 헤게모니 국가에 의해서 실현됩니다. 또한 각 국가들이 자신의 이익을 추구함으로써 이러한 이념이 실현될 수 있다고 헤겔은 주장했지요. 나폴레옹의 경우처럼 주체적인 의지 혹은 이기적인 욕망을 통해서 세계사적 이념이 현실화되었던 것입니다. 헤겔은 이를 '이성의 간지'라고 불렀습니다.

이런 맥락에서 몇 가지 문제를 제기하고 싶습니다. 첫째, 현재 상태의 유엔은 칸트가 생각한 국가연방과는 거리가 멀다는 점입니다. 둘째, 칸트는 그를 비판하는 사람들이 주장하는 것처럼 그렇게 순진하지 않았다는 점입니다. 사실 칸트는 국가와 인간 존재에 대해서 홉스와 같이 회의적인 시각을 갖고 있었습니다. 그는 인간 본성에 내재한 뿌리 깊은 공격성을 잘 알고 있었으며, 이를 '비사회적 사회성'이라 불렀지요. 동시에 그는 이것이 억제될 수 있다고 생각했습니다. 흥미롭게도 칸트는 이를 억제하기 위한 인간의 지성이나 선의지를 믿지 않았습니다.

자연이 인간에게 부여한 모든 자연적 소질을 발전시키는 데 사용하는 수단은 사회에서 이들 소질 사이에서 생기는 적대관계에 다름 아니

이다." 헤겔, §333 「국제법상 계약의 효력: 칸트의 국제연합 개념의 모순점」, 『법철학』, 임석진 옮김, 한길사, 2008, 574쪽.

다. 그러나 이 적대관계가 결국 사회의 합법적 질서를 설정하는 원인이 되는 것이다. 여기서 말하는 적대관계는 인간의 자연적 소질로서의 비사회적 사회성인 것이다. 인간은 사회를 형성하려고 하는 심리적 경향을 갖지만, 그러나 이 경향은 또 끊임없이 사회를 분열시킬 위험이 있는 저항과 곳곳에서 결부되고 있는 것이다.[119]

칸트에 따르면, 국가연방 및 궁극적인 세계공화국이란 인간의 선의지 혹은 지성에 의해서가 아니라 인간 존재의 '비사회적 사회성'과 이를 통한 전쟁으로 도래하게 됩니다. 이 같은 관점을 헤겔의 '이성의 간지'와는 반대로 '자연의 간지'라고 부를 수 있습니다. 아무튼 이와 같은 칸트의 낙관주의는 가혹한 회의주의를 그 바탕에 깔고 있는 것입니다. 그럼에도 불구하고 19세기 내내 헤겔의 관점이 지배적이었습니다. 제국들 사이에서 헤게모니를 차지하기 위한 투쟁이 계속되었고, 결국 제1차 세계대전으로 귀결되었지요. 결국 전쟁으로 황폐화된 세계에서 사람들은 영구평화라는 칸트의 관념을 다시 고려하게 되었습니다. 이런 맥락에서 국제연맹은 자연의 간지에 의하여 현실화되었다고 말할 수 있습니다. 제2차 세계대전의 결과로 결성된 유엔 역시 마찬가지입니다.

한 가지 더 말하고 싶은 부분은 칸트가 '영구평화'라고 부른 것에

---

**119**　임마누엘 칸트, 「세계 시민적 관점에서 본 보편사의 이념」, 『칸트의 역사철학』, 이한구 옮김, 서광사, 1992.

는 단순히 평화에 대한 지지가 아니라 더 많은 의미가 들어 있다는 점입니다. 영구평화를 통해서 칸트가 의도했던 것은 '단지 휴전 협정이나 적대 행위의 일시적인 중지가 아니라 모든 적대 행위의 종식'이었습니다. 이것은 홉스가 자연상태라고 부른 것의 종말을 의미합니다. 그렇다면 영구평화는 국가를 지양해나가는 것을 의미하지요. 칸트의 주장은 일반적인 평화주의와는 구별되는 것입니다.

칸트는 "타자를 수단으로서만이 아니라 목적으로서 대하는" 보편적 도덕 법칙이 실현된 사회를 '목적의 왕국'이라고 불렀습니다. 이것은 자본주의와 국가가 모두 지양된 사회에 해당합니다. 하지만 이러한 것이 한 사회 내부에서 홀로 성취되는 것은 불가능합니다. 예를 들어, 국가들이 서로를 적대시하고 한 국가가 다른 국가들을 수단으로서 대한다면 이것은 목적의 왕국일 수 없습니다. 따라서 목적의 왕국이 실현되기 위해서는 세계공화국이 되어야만 하는 것입니다. 칸트적인 역사 형이상학은 인류의 역사를 세계공화국을 향해 나아가는 진보의 과정으로 간주합니다.


**소극적인 대체물**

그렇다면 국가연방이라는 칸트의 개념이 이런 역사의 흐름 속에서 어떻게 자리 잡을 수 있을까요? 칸트는 이렇게 말합니다. "하나

의 세계공화국이라고 하는 적극적 이념 대신에(만일 모든 것을 잃어서
는 안 된다고 한다면), 전쟁을 방지하고 지속적으로 끊임없이 확대되
는 연합이라고 하는 소극적인 대체물만이, 법을 기피하는 호전적 경
향의 흐름을 저지할 수 있다."[120] 이 부분과 관련하여 몇몇 사람들은
칸트가 세계공화국이라는 독창적인 이상주의에서 후퇴했으며, 현실
적으로 실현가능한 계획으로서 국가연방을 제시했다고 주장합니다.
하지만 처음부터 칸트는 지금 당장 세계공화국을 형성하려는 생각
에 반대했습니다. 그것은 세계제국으로 귀결될 뿐이지요. 그렇기 때
문에 '소극적인 대체물'로 여겨지는 국가연방이야말로 비록 느린 것
처럼 보이더라도, 진정으로 세계공화국을 향해 나아가는 길이라고
생각했던 것입니다.

　더욱이 국가연방이라는 칸트의 이념이 단순히 전쟁을 피하고자
하는 바람에 의해 유발된 것이 아니라는 점을 유념할 필요가 있습니
다. 우선 칸트는 루소가 주장한 민주적 혁명을 지지했으며, 프랑스혁
명도 지지했습니다. 하지만 칸트와 루소의 주요한 차이점은 칸트는
일국 안에서 제한된 시민혁명은 결코 성공할 리가 없다는 것을 알고
있었다는 점입니다. 프랑스혁명에 앞서서 칸트는 이렇게 언급하고
있습니다. "완전한 의미의 공민公民적 조직을 설정하는 문제는 국가
간의 외적인 합법적 관계를 창설하는 문제에 종속되기 때문에, 후자

---

**120**　　임마누엘 칸트, 『영구 평화론』, 박환덕 외 옮김, 범우사, 2012.

가 해결되지 않으면, 전자도 해결될 수 없다."[121] 칸트가 "완전한 의미의 공민적 조직"이라고 부른 것은 루소식의 사회 계약에 기반을 둔 어소시에이션으로서의 국가입니다. 하지만 이것이 존재할 수 있을지 없을지는 다른 국가들, 더 명확하게는 그 시기에 이웃한 절대왕정에 달려 있습니다. 이런 국가들의 간섭을 차단하지 않는다면, 일국에서의 시민혁명은 유지될 수 없지요. 이것이 1784년에 칸트가 각 국가들에서의 시민혁명의 최고 단계로서 국가연방을 제안한 이유입니다.

이러한 견지에서 본다면, 국가연방이라는 칸트의 구상은 분명 세계동시혁명이라는 구상과 다르지 않습니다. 칸트가 예상한 대로 프랑스혁명은 "완전한 의미의 공민적 조직"을 실현하는 듯했지만, 그 직후 주변의 절대왕정들의 반발과 군사적 개입을 받았습니다. 혁명정부는 혁명을 방어하는 전쟁을 다시 벌여야만 했습니다. "완전한 의미의 공민적 조직"의 모든 것이 변질된 것입니다. 예를 들어, 로베스피에르가 벌인 이른바 "공포 정치"는 외부에서의 테러들로 인해 공포는 더욱 가속화되었습니다. 이에 따라 사회적 계약에 기반한 어소시에이션으로서의 국가는 강력한 국가로 바뀌게 됩니다. 그렇게 됨으로써 전쟁의 목적이 혁명을 수출하는 것인지, 아니면 다른 국가들을 정복하는 것인지 모호해집니다. 칸트가 1795년 『영구평화론』

**121**　임마누엘 칸트, 「세계 시민적 관점에서 본 보편사의 이념」, 1992.

을 출간한 시기는 바로 이때입니다. 그 후 프랑스의 방어 전쟁은 명백히 침략 전쟁으로 변했고, 나폴레옹 전쟁이라 불리는 세계 전쟁으로 이어졌습니다.


## 세계동시혁명의 기반

하지만 칸트가 영구평화를 생각한 것은 다가오는 전쟁을 막기 위해서만은 아니었습니다. 칸트는 프랑스혁명이 일어나기 전에 이미 일국 내에서의 시민혁명은 실패할 것이며, 또 세계 전쟁으로 이어질 것이라는 것을 예견하고 있었습니다. 그래서 우리는 세계 전쟁을 저지하기 위한 칸트의 구상이 단순히 평화를 원했기 때문이 아니라 오히려 시민혁명의 완수를 원했다고 이해해야 합니다. 이런 맥락에서 칸트의 『영구평화론』은 각 국가의 시민혁명을 서로 연합하는 구상이라고 말할 수 있을 것입니다. 다시 말해 이것은 세계동시혁명을 위한 구상인 겁니다. 이것은 사회주의 혁명에 관해서도 유효한 생각이라 할 수 있지요.

마르크스와 바쿠닌은 모두 일국 내에서의 혁명은 불가능하다는 것을 받아들였습니다. 국가들은 다른 국가들과의 관계 속에서 존재합니다. 따라서 자본과 국가를 교체하려는 사회주의 혁명은 절대로 일국 내부에서만은 불가능합니다. 만약 일국에서 그것이 일어난다고 하더라도, 이후 다른 국가들의 간섭과 제재에 봉착하게 될 것입니다. 다른 국가들의 간섭을 받지 않는 사회주의는 사회주의라기보단 복지 국가에 가깝지요. 이것은 국가와 자본에 아무런 위협도 제기하지 않습니다. 반면에 자본과 국가를 전복하려는 것처럼 보이는 사회주의 혁명이 외부의 개입과 제재를 받는 것은 당연한 일입니다. 하지만 사회주의 혁명이 이런 것들로부터 스스로를 지키려고 할 때, 성공할 수 있는 유일한 방법은 스스로 강력한 국가가 되는 것입니다.

국가는 내부에서부터 방기되어야만 합니다만, 내부에 고립되어서는 그럴 수가 없습니다. 그럼에도 마르크스는 이 딜레마를 크게 신경쓰지는 않았던 것 같습니다. 왜냐하면 그는 사회주의 혁명은 세계동시혁명이어야 한다고 생각했기 때문입니다. 그는 『독일 이데올로기』에서 이렇게 쓰고 있습니다. "공산주의는 경제적으로는 주요한 민족들이 '일거에' 그리고 동시에 수행하는 것에 의해서만 가능하며, 그것은 생산력의 보편적인 발전과 그것과 결부된 세계교통을 전제로 하고 있다."[122] 여기서 마르크스는 '세계동시혁명'에 관해서 더 이상 말하고 있지 않습니다. 이것은 너무나 자명하기 때문입니다. 마르크스뿐만 아니라 바쿠닌 역시도 일국 안에서의 혁명은 당연히 불가능하다고 여겼습니다. 그러한 이유로 그들은 1863년 국제노동자협회(제1인터내셔널)를 결성했고, 이것은 '세계동시혁명'의 기반이 될

---

122    카를 마르크스, 프리드리히 엥겔스, 「독일 이데올로기」, 1997, 215쪽.

계획이었지요.

## 인터내셔널의 실패

그러나 산업자본주의와 근대 국민국가의 발전 정도가 상이한 국가들 사이의 운동을 연합하는 것은 어려운 일이었습니다. '제1인터내셔널'은 사회주의 혁명을 직접적인 목표로 활동하는 지역과 이탈리아와 같이 국민국가를 설립하는 것을 목표로 활동하는 지역들이 섞여 있었습니다. 또한 인터내셔널에서는 마르크스와 바쿠닌의 추동자들 사이에 의견이 대립했고, 이것이 원인이 되어 결국 인터내셔널은 해산하게 됩니다. 그것은 전체주의와 아나키즘의 차이와 같은 문제가 아니었습니다. 그 이면에는 각국의 사회적 현실 간의 차이가 숨겨져 있었습니다.

1889년 마르크스주의자들을 중심으로 '제2인터내셔널'이 결성됩니다. 하지만 여기서도 각 국가들 사이의 차이는 확연했고, 내셔널리즘적 대립 요소들을 잠재적으로 갖고 있었습니다. 그 결과 세계전쟁이 발발하는 동시에 각국의 사회주의 정당은 자국이 전쟁에 참전하는 것을 승인하는 것으로 돌아섰습니다. 이것은 아무리 여러 국가들의 사회주의 운동이 연합한다고 해도 일단 그들의 국가가 전쟁에 참여하게 되면 내셔널리즘적 광기를 제어하는 것은 불가능하다는 것을 보여줍니다.

제2인터내셔널이 해체된 이후, 1917년 러시아혁명이 발발했습니다. 이는 의회와 나란히 존재하는 노동자 및 농민평의회(소비에트) 체제를 만들었습니다. 이듬해 4월에 레닌과 트로츠키는 군사쿠데타를 감행하여, 의회를 봉쇄하고 소비에트의 권력을 장악했습니다. 이 시점에서 그들은 세계혁명을 예상했던 것처럼 보입니다. 특히 독일에서 혁명이 발발하길 기대했던 것이죠. 트로츠키는 "일국에서의 사회주의는 난센스"라고 했습니다. 하지만 엄밀히 말해서 그들은 세계동시혁명을 생각한 것은 아닙니다. 그들이 생각하고 있던 세계혁명은 러시아에서 먼저 혁명이 일어나고, 그런 다음 나머지 세계에서도 혁명이 일어나는 것이었죠.

러시아에서 권력을 잡은 그들은 이후에 제3인터내셔널(코민테른)을 조직했습니다. 다른 국가들의 정치 정당은 그렇지 못했지만, 러시아 공산당은 이제 국가 권력을 가지고 있다는 점에서 이전의 인터내셔널과는 달랐습니다. 그때까지만 해도 여러 국가의 혁명 운동은 비록 운동의 규모나 이론의 질적인 측면에서 영향력을 발휘하는 정도에 차이가 있을지언정 서로 대등한 관계에 있었습니다. 그러나 제3인터내셔널 이후 소련의 공산당은 우월한 지위를 차지합니다. 그에 따라 여러 국가들의 운동은 소련 공산당에 종속되기 시작했으며, 또한 소련이라는 국가를 지지하게 되었지요. 하지만 동시에 국제적인 공산주의 운동은 정말로 현실 권력을 가지게 되었습니다. 이는 이전에는 한 번도 없었던 일이었습니다. 소련의 지원에 힘입어 각지의 사회주의 혁명은 자본주의 국가로부터의 직접적인 간섭을 피할 수 있었지요. 그럼에도 그들은 소련에 종속되었고 세계=제국시스템에 편입되었습니다.

세계동시혁명이라는 이념은 죽지 않았습니다. 트로츠키는 제4인터내셔널을 창립하여, 자본주의와 스탈린주의 모두에 대항하려고 했지요. 하지만 이것은 힘없이 끝났습니다. 이후 등장한 마오는 제1세계(선진 자본주의)와 제2세계(소비에트 블록) 모두에 대항하는 세계동시혁명을 제안했다고도 볼 수 있습니다. 하지만 이것도 오래가지 못했습니다. 1990년에 소비에트 블록이라 불리는 제2세계가 붕괴했지요. 이와 함께 제3세계 연합 또한 해체되었고, 이슬람, 중국, 인도 등과 같은 다양한 지역들로 분열되었습니다.


## 세계동시혁명이라는 이념


그렇다면 이제 '세계동시혁명'의 비전은 완전히 사라져버린 것일까요? 안토니오 네그리와 마이클 하트가 명명한 "다중의 전 세계적 혁명"이라는 개념에서 이는 여전히 남아 있습니다. 하지만 "전 세계에서 동시에"라는 것은 그다지 설득력 있어 보이지 않습니다. 이런 대항 운동들은 내부의 대립으로 인해 쉽게 분열되고 와해됩니다. 예를 들어 네그리와 하트는 원래 다중의 혁명에 이슬람 근본주의 운동을 포함시켰지요. 그러나 9·11 사태 이후 그들은 이를 배제했습니다. 이것은 그 자체로 전 세계의 동시적 혁명들이 쉽게 분열되고 왜곡된다는 증거입니다.

일국에서의 혁명이 불가능해진 이후, '세계동시혁명'이라는 이념은 오늘날까지 여전히 중대한 아이디어로 남아 있습니다. 그렇기 때문에 우리는 과거의 잘못을 반복하지 않기 위해서 '세계동시혁명'이라는 이념이 지닌 고유한 문제들을 검토할 필요가 있습니다. 우리에게 주어진 과제는 각국의 대항 운동들을 어떻게 연결할 것이며, 그리고 이런 운동들의 연합(어소시에이션)이 어떻게 국가를 지양하는 힘을 가질 수 있을 것인가와 같은 것입니다.

이 과제는 우리에게 칸트가 고민했던 주제들을 돌아보게 합니다. 제가 앞서 언급했던 대로 칸트는 국가연방을 전 세계적으로 그리고 동시적으로 시민혁명을 만들어내기 위한 것으로 인식하고 있었습니다. 그는 일국에서의 혁명은 분쇄되거나, 공포 정치로 빠져들게 될 것이라고 생각했습니다. 이후에 세계 전쟁의 결과로서 칸트가 인식했던 국가연방이 실현되었는데, 국제연맹과 유엔이 그것입니다. 하지만 이제 우리는 칸트의 사유를 따라 오늘날의 유엔을 다시 생각할 필요가 있습니다. 국가연방의 목적은 단순히 전쟁을 저지하는 것이 아니라 국가와 자본을 대체하기 위한 것이었기 때문입니다.

## 유엔시스템

말할 필요도 없이 오늘날 유엔은 무력합니다. 이는 칸트적인 구상과는 거리가 먼 모습입니다. 하지만 현재의 모습이 불충분하다고 해서 이것과는 다른 어떤 것, 말하자면 새로운 버전의 '인터내셔널'과 같은 것을 생각할 필요는 없습니다. 유엔은 인간의 의지로 꾸며낸 것이 아니라, 잔혹한 인간 본성의 유산에 가깝기 때문입니다. 왜 이것을 제대로 이용하지 못하는 것일까요? 유엔은 사실 그것이 어떻게 결성되었으며, 오늘날 어떻게 기능하고 있는지에 관계없이 자본=네이션=국가에 대항하는 시스템이 될 수 있습니다.

유엔에 대한 대부분의 비판은 안전보장이사회, 세계은행, 그리고 국제통화기금$^{IMF}$과 관련이 있습니다. 하지만 유엔은 그것보다 훨씬 더 많은 조직들로 구성되어 있습니다. 유엔은 거대하고 복잡한 연합(어소시에이션)이며, 여기엔 세 가지의 주요한 활동 분야가 있습니다. 첫 번째는 군사이며, 두 번째는 경제, 그리고 세 번째는 문화, 환경 등등입니다. 첫 번째와 두 번째 분야와는 달리 세 번째 영역에는 국제연맹이나 유엔이 설립되기 이전부터 있었던 활동들도 포함되어 있습니다.

한 예로서, 세계보건기구$^{WHO}$는 원래 19세기에 설립되었으며, 이후에 유엔에 병합되었습니다. 이는 첫 번째와 두 번째 섹터를 제외하고는 유엔시스템 전체가 특정한 누군가에 의해서가 아니라 오히려 자발적으로 발생한 국제적인 어소시에이션들이 합류하여 형성되었다는 것을 의미입니다. 이 시스템은 영구적으로 형성되어가는 과정 속에 있습니다. 또한 이 세 번째 영역에는 국가조직과 국가에 속하지 않은 조직 간에 구별 또한 없습니다. 예를 들어 국제연합환경개발회의$^{UNCED}$에서 NGO들은 각 국가의 지도자들과 나란히 회의석에 앉아서 참석하는데, 이는 국가를 초월한 참여라고 할 수 있습니다. 이런 맥락에서 유엔시스템은 문자 그대로 국제연합을 넘어선 것입니다.

## 세계공화국을 향하여

첫 번째와 두 번째 섹터는 근본적으로 다릅니다. 이것은 국가와 자본과 관련되어 있습니다. 그러나 우리는 단지 이런 섹터들이 있다는 이유로 유엔을 신뢰하지 않을 필요는 없습니다. 세 번째 영역에 있어 유엔은 전 세계 도처에서 많은 이들이 필요하다고 생각하는 역할을 적절히 수행하고 있습니다. 우리는 이런 것을 염두에 두고 유엔을 생각할 필요가 있습니다. 세 번째 섹터에서 유엔이라는 관념은 사실상 지양되었습니다. 같은 일이 첫 번째와 두 번째 섹터에서도 일어날 때, 우리는 국가연방이 거의 완벽하게 실현되었다고 말할 수 있을 것입니다. 이것은 국가와 자본을 대체하는 것과 다르지 않습니다. 이는 세계공화국으로 향하는 첫걸음임이 틀림없지요.

정치 및 경제 영역에서 유엔을 변화시키는 것은 국가들 사이의 외교나 상호대립에 의해서가 아니라 각국 내에서 자본과 국가에 맞서는 대항 운동, 즉 '아래'로부터의 운동에 의한 것입니다. 각국 내에서의 대항 운동은 유엔을 개혁하기 위해 필수적입니다. 그리고 이는 새로운 세계시스템을 만들게 될 것입니다. 물론 우리는 반대로 말할 수도 있습니다. 유엔의 개혁은 각국의 대항 운동들을 지원하고, 또 연합할 것이라고 말입니다. 그리고 이는 유엔에게 국가와 자본을 '위'로부터 규제할 수 있는 힘을 줄 것입니다. 이 지점이 특별히 중요합니다. 유엔의 힘은 군사적이거나 경제적인 것이 아닙니다. 그것은 오히려 호수의 힘입니다. 이런 맥락에서 국가연방은 교환양식 A를 고차원에서 회복한 것입니다. 이것이 자본=네이션=국가로 구성된 근대세계시스템을 넘어선 세계시스템을 향한 첫 걸음이라 할 수 있습니다.

반복해서 말하지만, 각국 내부에서의 대항 운동은 언제나 국가와 자본에 의해 왜곡됩니다. 여기서 그들이 자발적으로 국가 경계를 초월하여 함께 연대하거나 혹은 '세계동시혁명'이 발발할 가능성은 없습니다. 비록 우리가 글로벌 어소시에이션(인터내셔널)을 결성한다고 할지라도 그것이 국가를 지양하는 힘을 가질 순 없을 것입니다. 과거에 불가능했던 것이 미래에 가능할 것이라는 보장은 절대로 없기 때문이지요. 세계동시혁명의 일반적인 이미지는 모든 국가에서

　　　　　　　　　　　　　　　　　　　　　가능성의 중심

각 대항 운동들이 일거에 봉기하는 것입니다. 하지만 이것은 불가능하며, 또 가능할 필요도 없습니다. 우리가 유엔을 주축으로 그 주위에서 활동하는 동안, 각국의 개별적인 대항 운동들은 서로 연합하게 될 것이고, 세계동시혁명은 점진적으로 실현될 것입니다.

# 2<sup>부</sup>

## 윤리의 정치화,
## 정치의 윤리화

# 1

## 가라타니의 교훈

### 존 트리트
예일대학교 동아시아 어문학과

 

1975년 여름의 끝 무렵 나는 가라타니 고진을 처음 만났다. 그날은 내가 예일대 대학원에서 일본근대문학 공부를 시작한 날이자, 동시에 도쿄에서 온 떠오르는 젊은 차세대 비평가인 가라타니 고진이 객원교수로 부임한 날이었다. 그렇게 가라타니의 '예일 학파'의 비평 이론에 관한 길고도 유익한 강의는 시작되었다. 우리 모두는 자크 데리다<sup>Jacques Derrida</sup>, 폴 드 만<sup>Paul de Man</sup>, 해럴드 블룸<sup>Harold Bloom</sup>, 제프리 하트먼<sup>Geoffrey Hartman</sup>, 힐리스 밀러<sup>J. Hillis Miller</sup> 등에 푹 빠져 있었는데, 가라타니는 우리보다도 훨씬 더 깊이 그들을 알고 있었다. 가라타니는 소설가 나쓰메 소세키<sup>夏目漱石</sup>에 대한 비평으로 등단했는데, 이것을 계기로 당대 가장 저명한 문학비평가인 에토 준<sup>江藤淳</sup>의 추천을 받아 예일대학교로 오게 되었다. 그리고 예일대에서의 첫해에 그가 평론가로서 일생을 살아가도록 만들어준 책을 쓰기 시작했다. 바로 1980년에 출간된 『일본근대문학의 기원』(이하 『기원』)이 그것이다.[1]

그 해에 일본근대문학에 대한 가라타니의 세미나를 들었던 대학원생들은 가라타니가 자신의 마음속에 계획하고 있던 『기원』의 개요에 대해서 들을 수 있었다. 수강생 중에는 당시 예일대에서 프랑스 문학을 전공하고, 이후 일본으로 돌아가 최고의 소설가가 된 미즈무라 미나에[水村美苗]도 있었다. 전후 일본에서 가장 영향력 있는 문학비평 작품이 탄생하는 순간을 함께했다는 것은 대단한 특권이었다. 그렇기에 이 책에 대한 나의 이해는 분명 충분히 정확할 것이라 생각한다. 물론 『기원』은 해체주의적 시각이 지배적이며, 후기 구조주의의 영향—특히 로고스 중심주의의—을 발견할 수 있다. 하지만 그것이 전부는 아니다.

당시 일본근대문학을 공부했던 학생 중에 『기원』을 읽지 않은 사람은 없었다. 내가 생각하기에 그 어떤 다른 일본문학의 비평이나 역사학 작품들도 여기에 비견될 수 없다. 서양적 사고에 대한 일본인들의 수용, 근대성의 개념, 그리고 서구 바깥에서의 마르크스 독해 등 가라타니의 고전으로 여겨지는 이 작품의 번역본 다양한 학문 분야의 사람들까지 접할 수 있게 되었고 또 가라타니의 사고를 적극적으로 수용할 수 있었다. 이들 중에는 프레드릭 제임슨[Fredric Jameson]이 가

---

**1**　이 책은 13년 뒤에 영어로도 번역되었다. Kojin Karatani, *Origins of Modern Japanese Literature*, trans. ed by Brett de Bary, Durham, NC: Duke University Press, 1993.

장 유명하지만, 다른 이들도 많이 있다. 이를테면 슬라보예 지젝$^{Slavoj}$ $^{Žižek}$이나 심지어 데리다 자신도 가라타니로부터 배웠다.

프랜시스 마티$^{Francis\ Mathy}$가 "일본의 비평은 서양과 너무 달라서 최고의 번역조차도 아쉬움을 남긴다"[2]고 썼던 것이 지금으로부터 벌써 몇 세대 이전의 일이다. 하지만 만약 이게 사실이라면, 그것은 분명 일본문학비평이 프랑스어 및 영어에 상응하는 용어로 말해지기 이전에 시작했다는 뜻이다. 예를 들어, '차이의 철학자'라고 불리는 두 명의 프랑스 철학자 자크 데리다와 미셸 푸코에게는 연속성, 영향관계, 정체성보다 아포리아, 파열, 통약불가능성과 같은 관념이 그들의 사유에서 더 중요하다. 이는 『기원』에서도 마찬가지다. 그런데 이 두 사람 뒤에는 니체가 있다. 니체는 근대의 지적 흐름 속에서 종잡을 수 없는 힘을 가진 사람이며, 위르겐 하버마스$^{Jürgen\ Habermas}$는 니체를 근대 철학에 모욕을 준 반이성주의와 반계몽주의의 선구자로 평가했다. 결국 근대문학사에 관한 글을 쓴다는 것—일본의 경우를 포함하여—은 철저한 탐구와 함께 불안을 동반하는 행위다.

프레드릭 제임슨이 쓴 『기원』 영문판 서문의 제목 「대안적 근대의 거울에 비추어」는 다분히 니체의 정신이 담겨 있다. 이 글에서 제임슨은 이 번역본의 탄생을 "보기 드문" 일이라고 언급하면서, 어떻게 역사가 우리를 "현존"하게 하는지에 대한 우리의 무지한 감각을

---

**2**    Francis Mathy, "Essays on Natsume Sōseki's Works"(book review), *Monumenta Nipponica*, Vol. 28, No. 1, Spring 1973, p.104.

"탈시대적 개입"으로 일깨워주었다는 찬사를 보내기도 했다. 제임슨은 오랜 기간 동안 서구의 바깥에서 그러한 개입을 모색해왔다. 그런 의미에서 가라타니의 발견은 그에게 우연이긴 했지만, 한편으로 이미 예견된 것이기도 했다. 제임슨은 근대 일본에서 일어난 일들을 통해 서양이 무엇이든 배울 수 있다는 점을 환기했다. 그리고 이러한 국가적 경험의 차이가 "비평의 비평", "이론의 이론화" 즉, 진정한 비평이론을 낳을 것이라고 기대했다. 영국 출신의 작가인 고이즈미 야쿠모小泉八雲가 일본으로 귀화했던 시대 못지않게 오늘날에도 일본이 서양에게 유토피아적인 가능성을 줄 것이라고 말이다.

가라타니에 따르면, 일본은 '선형적 감각'으로 점철된 서양의 역사를 풀 수 있는 열쇠가 될 수 있다. 가라타니가 여러 저서에서 언급했듯이, 메이지 시대의 압축된 간결성은 서양 사람들에게는 보이지 않았던 것을 보이게 만들었다고 한다. 결국 우리가 만약 우리 '관점'의 한계를 이해하고자 한다면, '근대문학의 기원'에 대해 끝없이 질문을 던져야만 하고, 그리고 이는 비非서양, 예를 들면 일본에 대한 탐구로부터 가능하다는 것이다.[3] 가라타니의 첫 번째 책『기원』은 바로 그런 책이다. 이 책에 실린 각각의 에세이들은 메이지 시대의 일본 소

---

**3**　　Karatani Kojin, with Komori Yōichi and Tasuge Teruhiko, "'Hihyō to wa nani ka," *Kokubungaku kaishaku to kyōzai no kenkyū*(國文學 解釈と教材の研究), Vol.34, No.12, October 1989, p.33.

설에 등장하는 '병<sup>illness</sup>' 혹은 '근대적 자아'와 같은 내재적이고 자연적인 주제 및 개념을 탐구한다. 이는 이데올로기와는 거리가 먼 개념들인데, 왜냐하면 이데올로기란 가라타니가 거의 사용하지 않는 단어이기도 하고, 가라타니에게 이데올로기로부터 파생된 것들은 모두 해결책이 아니라 문제의 일부이기 때문이다. 이렇듯 역사 자체의 본질에 대한 가라타니의 탐구는 결국 지난 한 세기 동안 철학이 등한시 여긴 '기원'에 대한 탐구로 수렴된다.

가라타니는 역사 전반에 대해 강박적으로 천착하지만, 독자들은 이 책이 역사적 사실에 대해서는 이상하리만큼 무관심하다는 것을 알 수 있다. 『기원』은 대담한 발언으로 일본 학계를 놀라게 했지만, 논의의 단순함과 부정확함에 대한 지적을 받기도 했다. 그럼에도 그것은 가라타니의 관심사가 아니었다. 그는 자신이 전통적인 학자가 아니며, 연구보다는 사유에 관심을 가질 것이라고 선언했다.[4]

가라타니의 계획은 오랫동안 의심받지 않았던 일본문학사의 주요 용어들을 '역사화'하는 것이었다. '내적 자아'나 '주관성'과 같은 관념은 가라타니가 지적 담론에 있어서 '전도'라고 부른 핵심적 전이에 의해 탄생하는 인공적인 산물이다. 보다 넓은 맥락에서 보자면, 가라타니는 그러한 전도의 한 예로서 '풍경'에 의해 열린 공간에 대해 재고한다. 이렇듯 일본 근대문학과 관련된 테마는 '자아'나 '주체'와 같

---

**4** 같은 곳, p.23.

이 현상적이거나 지시적인 현실 혹은 존재론적 기반이 없는 것들이다. 하지만 이러한 지평에서 근대문학을 보게 되면, 근대성의 근본 기제를 파악할 수 있는 지시적 현실을 포착하기 어려우며, 또 이것이 어떻게 우리의 관점을 형성하는지 파악하기 어려워진다. 가라타니의 이러한 문제 지점은 마치 '어떻게 물고기 스스로가 물속에 있음을 알 수 있는지'와 같은 오래된 딜레마에 해당하는 것이다.

> 이 시기에 있었던 '전도'들을 이야기하기 어려운 것은 그것들이 서로 관련되어 있는데다가 서로가 서로를 규정짓기 때문이다. 따라서 그것을 이야기하기 위해서는 하나의 각도만을 취할 수 없다.[5]

당시 많은 독자들은 『기원』과 그것이 문제를 제기하고 해결하는 방법을 구조에서는 푸코적인 것으로, 논증에 있어서는 데리다적인 것으로 분석했다. 사실 가라타니는 그만의 '계보'를 염두에 두고 있었다. '계보'는 우리가 객관화된 것으로 믿고 있었던 것을 추적하는 철학적 작업을 뜻하는 푸코식 용어다. 이는 바타유$^{Georges\ Bataille}$를 거쳐 푸코까지, 하이데거$^{Martin\ Heidegger}$를 거쳐 데리다까지 이어져 온 철학적 탐구 방법이다. 이 모든 이에게 영감을 준 니체의 작업, 즉 근대의 합리성에 대한 비판은 가라타니의 사유에 영혼을 불어넣어준 것이다.

---

**5**　가라타니 고진, 『일본근대문학의 기원』, 박유하 옮김, 도서출판 b, 2010, 148쪽.

이와 유사하게 가라타니는 일본근대문학에 드러난 '근대성'을 용어 자체의 무용함을 들어 비판하고, 또 그것이 메이지 시대와 그 이후에 어떻게 객관화된 본질로 간주되었는지를 묘사함으로써 비판을 가한다.

하지만 이러한 계보학은 가라타니가 근대성과 근대의 주체성에 대한 아포리아에 천착했던 이전의 철학자들이 직면했던 문제, 즉 '수행적 모순'에 직면하게 만들 것이다. 근대 철학이 제기하는 문제들로부터 끊임없이 벗어나면서도 새로운 지평을 마련하지는 못하는 교착 상태 말이다. 물론 이러한 패러독스를 피할 방법은 있다. 푸코의 논의에서와 마찬가지로, 주체의 문제를 구조적 토대의 차원으로 끌어오는 것이다. 가라타니가 『기원』에서도 말했듯이, "현대의 문학사가가 메이지 시대 문학인들의 투쟁 또는 '근대적 자아의 확립'을 평가하는 것은, 우리가 빠져 있는 이데올로기를 추종하는 일밖에 되지 않는다."[6] 그렇기 때문에 가라타니는 우리에게 시스템으로서 끊임없이 자신을 재생산하는 문학의 '역사성'을 철저하게 검토하라고 요구하는 것이다.

가라타니가 말했듯이, 19세기 후반 히구치 이치요樋口一葉와 같은 작가는 '아이'에 대해 쓰면서도, '유년기', '동심', '진정한 아이' 등의 전도를 피할 수 있었던 거의 유일한 작가다. 다시 말해, 푸코가 프랑스

**6**    같은 곳, 134쪽.

고전주의와 모더니티를 구분하기 위해 언급한 거대한 인식론적 단절을 여기서는 굳이 언급할 필요가 없다. 가라타니가 보기에 데카르트적 코기토는 심리학적 자아나 초월적 자아가 아니라, 다양한 시스템이 필연적으로 생산하는 '차이'에 대한 회의의 과정일 뿐이다.

가라타니는 청년 시절에 『기원』의 토대가 되는 서양 문학 이론에 많은 시간을 할애했다. 하지만 이후 가라타니는 흥미로운 방식으로 이를 떠나버린다. 1970년대 예일대에서 영향을 받은 해체주의적 스타일로 그는 "글의 기원을 찾는 우리의 연구는 에크리튀르를 넘어서지 못할 것이다"라고 단언한다. 그리고는 글쓰기 자체가 일본의 제국주의적 공격성에 영향을 받을 수밖에 없다고 진단한다. 이는 분명 우리를 글쓰기 너머로 이끌 요소임이 분명하다. 일본문학 내의 '풍경의 발견'에 대한 가라타니의 글을 보더라도 최초에는 그것이 현상학적 용어들로 가득 찬 것을 알 수 있다. 하지만 이후 1990년대 말에 그는 '내면적' 사건만이 아니라 '텍스트 바깥'의 것까지 역사화하는 시선을 추가한다.

가라타니의 개념들은 대개 양가적 의미를 갖는다. 그래서 그는 예를 들어 '근대'라는 개념에서도 이를 '지식'(에피스테메)이라거나 유사 헤겔주의적인 역사적 '단계'로 분리시키는 것을 극도로 꺼린다. 그렇기에 가라타니의 개념들은 대부분 쉽게 인식 가능한 용어들로 역사화할 수 있다. 말하자면 그의 텍스트 역시 1960년대 일본의 급속한 경제 성장과 신좌파의 정치 등과 긴밀한 관련을 갖는 것이다.

고바야시 히데오<sup>小林秀雄</sup>, 에토 준, 요시모토 류메이<sup>吉本隆明</sup> 등 가라타니 보다 훨씬 이전부터 일본의 문학비평을 이끌어왔던 이들의 사상을 보면 그것이 얼마나 전후 일본의 상황과 현대 정치에 밀접한 연관을 갖는지 알 수 있다. 스즈키 사다미<sup>鈴木貞美</sup>가 지적했듯이, 1950년도에 일본 근대문학에 거대한 영향을 미친 나카무라 미츠오<sup>中村光夫</sup>와 히라노 켄<sup>平野謙</sup>의 '근대적 자아'라는 전통적 개념에 젊은 가라타니도 분명 영향을 받았을 것이다. 하지만 『기원』을 통해 바로 이 전통에 저항했다.[7] 또한 동시에 1960년대 도쿄대학교 학생 시절 가라타니가 매료되었던 '정치적 실패'에 대한 경험도 공유하고 있다고 할 수 있다.

푸코와 마찬가지로 가라타니는 역사 '이론'이라 불릴 만한 것을 갖고 있지 않다. 사실 그는 어떤 '이론'이든 전제할 수밖에 없는 학문적 기반을 문제 삼는다. 즉 '해석'에 대한 비평이다. 만일 가라타니가 푸코가 가졌던 생각만큼 '전통'과 '영향사'에 대해 회의적이었다면, 그것은 가라타니가 '근대' 혹은 '역사'라는 것이 결코 우리가 벗어날 수 없는 것이자 이것을 떼어놓고 스스로에 대해 사유하는 것이 불가능하다는 인식에서일 것이다. 가라타니는 다르게 생각하려는 시도, 존재로서의 역사, '기원'을 포착하려는 희망 등 다른 종류의 '역사'를 머릿속에 그렸던 것 같다. 분명한 것은 가라타니 이전의 일본

---

**7**　Suzuki Sadami, *Gendai Nihon bungaku no shisō: kaitai to saihen no sutorateji*, Tokyo: Goatsu shobō, 1992.

문학사에는 이처럼 불가능해 보이고 도전적인 과제를 제시했던 이는 없다는 것이다.

가라타니 본인을 포함해서 많은 것들이 1970년대에 예일 학파의 세미나를 통해 탄생했다. 특히 폴 드 만이 그러하다. (영문판 『기원』에 실린 「일본어판 후기」의 부제는 "폴 드 만을 위하여"이다.) 이 시절 일본 근대문학의 '기원'을 탐구한 가라타니에게는 일종의 확신이 있었다. 『기원』이 외국인 독자들을 염두에 두고 쓴 것은 아니라고 사전에 주의를 주었지만 말이다.

> 외국에 머물면서, 외국어로 말하고, 외국어로 생각하는 일이란 크건 작건 '현상학적 환원phenomenological reduction'을 요구하는 법이다. 즉 자기 자신이 가진 전이해preconceptions에 대해 다시 한 번 생각할 것을 강요당한다. 그렇기에 야마구치 마사오山口昌男가 말하는 '현상학'이란 후설을 읽어서 얻게 되는 방법이 아니라, 이방인으로 '존재'함으로써 체득하는 것이라 할 수 있다.[8]

후설에게 '현상학적 환원'은 존재의 버팀목이며, 철학자가 대상의 본질을 직감하는 서곡으로서 떠맡아야 하는 현실에 대한 '판단 중

---

**8**    앞의 책, 254쪽.

지'이다. 1975년 말부터 1976년 중반까지 가라타니가 예일대에서 보낸 첫해는 이러한 인식론의 서막을 위한 자극이 되기엔 충분했다. 이후 몇 년 동안도 가라타니에게는 절대적으로 중요한 시기였다. 그는 자신을 뚱뚱한 사람이 다이어트 광고에서 '전과 후' 바뀐 모습을 그리는 사진에 비유했다. 더욱 정확하게는 자신이 처음으로 문학의 자명한 본성에 대해 의심하기 시작한 곳이 바로 [예일대가 있는] 뉴헤이븐이었다고 말했다.[9] 가라타니가 뉴헤이븐으로 온 당시 나이는 34세였다. (그가 말하길 소세키가 런던으로 떠날 때의 나이와 같다고 한다.) 그리고 그는 일본의 지적인 토양을 뒤엎은 소세키의 초기 소설에 자신의 저서 『기원』을 동일시했다.

그렇다면 가라타니 자신의 '전도'는 어떻게 일어난 것일까? 해외에서 보낸 시간이 자신의 '관점'을 강제로 바꾸어버린 것일까? 나는 가라타니가 수업을 통해 알게 된 실험적인 생각들에서 느낀 흥분을 기억하고 있다. 특히 위대한 스승 폴 드 만을 향한 가라타니의 존경은 열렬했다. 그는 자신의 스승을 "서구의 지성이 완벽하게 체화된 인간"으로 묘사했다.[10] 그의 제자 존 길로리John Guillory가 말했듯이, 폴 드 만은 자신의 따뜻한 관심과 흔치 않은 긍정성으로 학생들을 열광

**9** Kojin Karatani, Miura Masahi, "Tasha to wa nani ka," *Kokubungaku kaishaku to kyōzai no kenkyū*, Vol.34, No.12, October 1989, p. 33.

**10** 같은 곳, 26쪽.

시켰다. 가라타니는 한날 거리에서 폴 드 만 선생이 손가락을 치켜세우며 '승리' 사인을 보여줬을 때 얼마나 기뻤는지 말해주었다. 아마 폴 드 만 선생의 진정한 위대함은 '정통 담론'을 통한 이론적 기여에 있다.[11] 그리고 바로 이것이 가라타니의 사유를 사로잡았다. 벨기에 출신의 이 스승으로부터 가라타니는 '합리성'의 횡포에 대한 공격을 목격한 것이다.

가라타니는 『기원』에서 이론가란 본인과 문학 사이에 특정한 거리를 유지하는 자로 정의한다. 가라타니가 말한 이 거리는 시스템의 논리와 그것이 억압하는 것 사이에 구조 자체의 억압에 의해 '전도'가 불가능함을 이해한다는 것을 뜻한다. 다시 말해, 가라타니가 『기원』을 "문학의 역사가 아니라, 그 역사에 대한 비평"이라고 불렀듯이, 바로 이러한 '거리'를 스스로 즐겼을 것으로 여겨진다.

그러나 예일대에서 체류하기 훨씬 이전부터 그는 많은 면에서 이미 완성된 사상가이기도 했다. 『기원』에 담아내지 못하는 가라타니의 사유가 또 있다. 그럼에도 불구하고 분명한 것은 가라타니의 우상파괴는 근본적으로 '계보학'을 그 밑에 깔고 있다는 점이다. 푸코와 마찬가지로, 가라타니는 정통 마르크스주의에서 벗어나기 위한 좌파 운동에서 시작했다. 1960년대 도쿄대 학생 시절, 미일 공동 경비 조약 개정에 대항하는 시위에서 가라타니는 분트$^{Bund}$파의 일원이

---

**11**    "Literature After Theory: The Lesson of Paul de Man," in Jon Guillory, *Cultural Capital: The Problem of Literary Canon Formation,* Chicago: University of Chicago Press, 1993, pp. 176-265.

었다. 분트파는 트로츠키뿐만 아니라 정치 철학자 우메모토 가츠미梅本克己와 정치 경제학자 우노 고조宇野弘藏의 영향을 받은 공산주의 동맹으로, 무장투쟁을 포기한 일본공산당에 불만을 품고 떠난 사람들이 1958년에 결성한 신좌익조직이다. 이들은 모두 일본 마르크스주의의 퇴행적 행보에 저항한 사람들이다. 우노의 경우는 헤겔의 관념론을 비판하면서 이들에 맞섰다. 가라타니의 독창성과 사유의 힘은 일본의 '근대'와 대면하여 오랫동안 맞서 싸운 경험으로부터 나오는 것은 아닐까?

1980년대 『기원』의 큰 성공 이후, 가라타니는 사상적 지평을 옮겼다. 폴 드 만에게 조금 더 배우기 위해 예일대로 왔다가, 컬럼비아대학에서 나머지 시간을 보냈으며, 일본의 집으로 돌아가 지적 풍경을 영구적으로 바꾸었다. 이후 『마르크스 그 가능성의 중심』과 『트랜스크리틱』 등을 통해 마르크스와 헤겔을 접목하거나, 『은유로서의 건축―언어, 수, 화폐』를 통해 문학과 '공간'에 대한 사유로 확장되었다. 또한 그의 사유는 정신분석학 비평, 자본주의, 내셔널리즘, 현대의 전쟁 등으로까지 이어지게 된다. 가라타니의 제자이기도 한 세이지 리피트Seiji Lippit가 편집한 가라타니의 에세이를 보면, 정치경제학, 불교, 파시즘, 냉전의 종식, 나아가 오에 겐자부로大江健三郎나 무라카미 하루키村上春樹12에 대한 텍스트에 이르기까지 다양한 주제를 다루고 있음을 알 수 있다.

일본에서 가라타니 고진은 참여적 지식인이자 사회적 활동가로도 널리 알려져 있다. 그는 걸프전에 반대했을 뿐 아니라, 일본의 모순된 행보에도 비난을 가했다. 또한 2000년에는 신자유주의 물결에 대항하고자 뉴어소시에이션 운동[NAM]도 창안했다. 가라타니의 교훈은 결코 하나가 아니었다. 그것은 계속해서 성장하고 또 자라나는 것이었다. 심지어 북미의 제자들을 통해 몇 세대에 걸쳐서까지 지속되는 것이었다. 책상에 앉아 글을 쓰는 지금, 책상 위에는 '근대문학의 기원'이라고 적힌 일본어 책이 놓여 있다.[13] 이것은 이제 청년이 아닌 노학자의 저작이 되었다. 이제 『기원』은 이 글을 쓴 이래로 일어난 문학과 비평 세계의 변화를 겪은 후학의 손에 넘겨졌다.

가라타니가 '근대문학의 종언'을 증언할 때, 그는 '포스트모던 문학' 따위의 것은 결코 언급하지 않는다. 그는 진지한 사실주의 소설의 종말을 의미한 것이다. 이는 일본에서만 해당되는 것이 아니라, 프랑스, 미국 등에서도 똑같이 적용되는 현상이다. 텔레비전과 같은 매체의 급부상으로 인해 소설은 종말을 고했고, 그 출발은 1950년대까지 거슬러올라간다. 그리고 몇몇 사람들은 오늘날 여전히 문학이 필요하다고 생각한다. 다만 이것이 얼마나 보편적일 수 있느냐는 문제가 남는다.

**12**    Kojin Karatani, *Histroy and Repetition,* ed. by Seiji M. Lippit, New York: Columbia University Press, 2011.

**13**    Karatani Kojin, *Kindai Bungaku no owari: Karatani Kojin no genzai,* Tokyo: Inscript, 2005.

1980년 이후 가라타니의 사유는 계속 진화했다. 일본에서 뭔가 근본적인 변화가 일어나고 있음을 감지했다. 소비 자본주의와 '포스트 모던'이라는 '거품'의 시대에 일본의 젊은이들은 소설 읽기를 중단했고, 깊은 사유가 필요치 않은 온갖 '이론'들에 심취했다. 하지만 이것은 세계적으로 상품화되어버린 '하루키' 독서를 제외하고 모든 책 읽기의 종말을 알리는 서곡에 불과했다. 가라타니가 특정하게 꼽은 사건은 자신의 친구이자 유명한 소설가 나카가미 겐지中上健次의 죽음이다. 1992년 이날 이후 가라타니는 폐허에 던져진 것이다.

그런데 가라타니가 새로운 깨달음을 얻게 된 것은 다름 아닌 한국에서의 경험이라고 한다. 2000년에 그는 문학 컨퍼런스를 위해 서울을 방문하게 되었고, 거기서 "일본의 문학은 죽었다"라는 말을 내뱉은 것이다. 당시에는 몰랐지만 그 발언은 한국인들 사이에 큰 파장을 불러일으켰고, 그중 몇몇은 한국의 문학도 모두 종말을 고했다고 주장했다. 이러한 주장에 가라타니는 적잖이 놀랐다고 한다. 한국은 역사적으로 노동 운동과 학생 운동이 가장 격렬했던 나라 중 하나였듯이, 소설 또한 그럴 것이라고 생각했기 때문이다. 하지만 한국은 더 이상 예전과 같지 않았다. 또 1990년대 말 그의 친구이자 저명한 작가 김종철은 문학을 버리고 환경 운동에 뛰어들었다. 비슷한 시기에 가라타니 본인도 뉴어소시에이션 운동에 뛰어든 것처럼 말이다. 가라타니가 친구 김종철에게 왜 그런 선택을 했느냐고 물었을 때, 그가 들은 대답은 "문학은 더 이상 정치에 물음을 던지는 능력을 상실했다"는 것이었다. 물론 그에 대한 가라타니의 대답 또한 같았다.

헤겔의 역사적 시선이 투영된 탓인지 가라타니는 가끔 우리의 세계 혹은 자신의 세계가 종말을 맞이한 것처럼 글을 쓴다. 물론 그건 사실이 아니다. 하지만 우리는 소설이 보여주는 미래를 충분히 경험해보는 행운을 누리지 못하는 한, 벼랑의 끝에 서 있게 될지도 모른다. 가라타니 고진의 가르침은 무한하다. 그리고 보다 많은 낙관을 품고, 읽고 생각하기를 멈추지 않는 이들에게 오래도록 기억될 것이다. 그에게 깊은 감사를 표한다.

# 2

## 마르크스주의적 시차

**해리 하루투니안**
컬럼비아대학교 동아시아 연구소

20세기에 잘 알려지지 않은 역사적 아이러니들 중 하나는 주로 유럽이나 미국 바깥에 위치한 자본주의 변방의 사회들이 자신들의 자본주의적 현대화 과정으로의 진입과 경험을 빈약한 철학적 기반에 의존하여 설명하려고 노력했다는 사실이다. 이러한 기반의 탐구에서 일본은 앞장섰는데, 이는 노골적인 식민지화만은 피할 수 있었던 행운 덕분이었다. 그런데 식민화된 지역조차도 문명화를 열망하는 자본주의자들에 의해 어김없이 철학에 호소하는 시도들이 드러났는데, 이는 주로 신칸트주의, 현상학적 실존주의, 마르크스주의 등이었다. 이러한 시각을 통해 그들은 시대적 경험을 굴절시켜 이해했으며, 지난날 그들 사회가 지닌 궁극적인 의미를 파악하게 되었다. 다시 말해, 자신과는 전혀 다른 사회와의 사회 문화적 관계 속에 종속되어 있던 자신의 모습을 보게 된 것이다.

제2차 세계대전 직전 무렵, 에드문트 후설이 오직 서구 사회만이 철학을 안다는 자만과 문화적 오만을 계속해서 적나라하게 표현했던 사실은 잘 알려져 있다. 이 자만심은 역설적으로 '서구적 마르크스주의'에 의해 오늘날까지 이어져 내려와 지속되고 있다. 하지만 이런 배타적인 주장도 일본을 비롯한 '후발주자들'의 여러 시도들을 좌절시키고 가로막는 데에는 실패했다. 그들이 감행했던 시도들은 자본주의적 근대화와 식민화라는 새로운 지배 체제 아래에 살게 된 자신의 역사와 사회 모두의 근본 속성을 스스로 이해하기 위해 철학을 이용하려던 것이었다.

사상가들은 일찍이 마르크스주의와 함께 철학으로 재고하려는 시도들을 했다. 그간의 억압된 역사가 정확히 보여준 것은 철학이 보편화하려는 시도에도 불구하고 사회에서 자리를 점유하지 못한 채, 그것이 표상하는 차이들을 설명하지 못했다는 것이다. 그래서 이러한 철학의 부재 속에서 모래성처럼 취약한 중심과 무너질 수 있는 보편적 가정들을 정확히 재인식하는 것이 요구되었다. 후기구조주의자들이 형이상학에 대한 비판을 가하기 훨씬 전에 일본을 비롯한 다른 나라의 사상가들은 이러한 요구가 진정으로 의미하는 바를 파악하기 위한 작업에 착수했다.

가라타니 고진의 『트랜스크리틱』 출간과 함께 우리는 근대의 경

가능성의 중심

험을 설명하기 위해 철학의 자원을 끌어오면서 과소평가된 역사, 그리고 문자 발명 이전의 파괴적인 충동까지도 포용한 역사의 예상치 못한 보편 범주 등을 떠올리게 된다. 그는 그림자가 드리워진 망명 상태에 있는 이러한 전통을 불러들이면서 중국인들이 19세기에 격언으로 말했던 '이이제이'<sup>以夷制夷</sup>[오랑캐로 오랑캐를 무찌른다는 뜻으로 한 세력을 이용하여 다른 세력을 견제한다는 뜻]라는 '무기'를 들고 중심부의 주장과 경쟁하는 이 모든 시도들의 중요성을 상기시켜준다.

이 길고 난해하며 복잡한 책의 말미에서 가라타니는 자신의 목표가 "마르크스의 『자본』으로 돌아가 그동안 간과되어온 가능성을 다시 한 번 읽는 것"이라고 말한다. 이 발언에서처럼 그는 마르크스주의자가 '창조적으로' 발전시키고자 했던 모든 노력에 제동을 걸었던 '산업자본주의 이데올로기'에 대한 오인의 흐름을 정확하게 언급한다. 그리고 간과되어온 잠재력을 드러내는 것은 그들 비판의 공통된 토대를 발견하는 것이며, 이것은 마르크스를 통해 칸트를, 칸트를 통해 마르크스를 독해함으로써 이루어질 수 있다.

사실 이것은 꽤나 의아한 접근이다. 왜냐면 마르크스가 『독일 이데올로기』에서 "부르주아의 눈속임"이라며 칸트를 부정했던 입장과 사실상 배치되기 때문이다. 가라타니는 이미 자신의 비평이 전쟁 이전에 일본학계를 휩쓸었던 신칸트학파와는 아무런 관계가 없다고 지적했었다. 비록 그 당시 헤겔보다는 칸트의 영향을 많이 받은 마르크스주의자이자, 가라타니가 말하는 시차와 유사한 변증법의 인식을 갖고 있던 도사카 준戶坂潤과 같은 학자들이 있었음에도 불구하고 말이다. 가라타니는 칸트와 마르크스를 결부시킴으로서 둘 사이의 서로 다르지만 상호보완적인 입장을 드러냈고, 주체성과 윤리성의 차원을 더함으로써 마르크스의 유물론이 결여하고 있다고 여겨지는 점들을 정확하게 보완해냈다.

칸트와 마르크스는 모두 이율배반적인 "강한 시차"에 근거하고 있다. 가라타니는 여기서 부르주아의 이율배반적인 형태를 회복하려고 시도한다. 이러한 부르주아의 면모는 루카치György Lukács와 존 레텔Alfred Sohn-Rethel이 그들만의 방식으로 '이상주의의 모순'이라고 지적했던 것이다.

또한 가라타니의 주장에서는 칸트와 마르크스 사이의 지속적인 '전위transposition'를 볼 수 있다. 그들은 종잡을 수 없이 다른 위치로 옮겨가며 시차를 만들어낸다. 규칙적인 진동처럼 어떤 위치로 왔다 갔다 하는 '전위'를 이용하여 가라타니는 노동자들이 스스로의 위치를 노동력을 파는 입장에서 자신들이 생산한 상품을 사는 소비자의 입장을 점하는 것으로 전위되는 것을 설명한다. 자본, 네이션, 국가의 연관 관계에 대한 새로운 전략을 조직하는 논점으로 나중에 다시 돌아오겠지만, 여러분이 반드시 읽고 넘어가야 할 것은 이 시차가 결정적으로 차이가 나는 서양과 동양의 양극성을 인정하는 접점에서 서로를 완성하기 위해 '전위' 이동을 할 수밖에 없는 사상가들이 이미 꽤 있어왔다는 점이다.

가라타니에 따르면, 마르크스주의자들은 '횡단의 지점'을 인지하는 데 실패했다. 칸트와 마르크스는 각기 자신의 시각에서 양가적인 진실, 이율배반, 교차를 통해 트랜스크리티컬한 관점을 내놓았다. 가라타니는 초월론적인 비판을 통해 제3자의 입장이 아니라 횡단적인 이동의 운동을 가능하게 하려고 했다. 사실은 이러한 이론적 입장 때문에 가라타니는 『자본』을 다시 읽으면서 그가 믿었던 '가능한 공산주의'가 될 수 있는 어소시에이션의 단서를 보았다. 프루동과 마르크스에 입각하여 윤리-경제적인 교환양식을 떠올렸는데, 이것은 노동에서 소비의 장으로 향하는 지정학적 이동이라고 보았다. 물론 이 이동은 마르크스가 이해하고 있던 추상적인 노동과 소비의 현장을 모두 점유하고 있는 노동자를 어떻게 이해해야 하는지 설명할 것을 요구한다. 시공간적 차이가 이러한 '전이'를 이해할 만하고 자연스러운 것으로 만들었지만, 결과적으로 이것은 프롤레타리아화에서 부르주아화로의 전환과 유사하다. 하지만 이 시차 이론으로 돌아오기 전에 『자본』을 다시 읽는 과정에서 가라타니에게 무슨 일이 일어났는지를 살펴볼 필요가 있겠다.

가라타니의 우선적인 목적은 자본론에 입각하여 '생산' 중심주의와 '노동' 중심주의를 비교하는 것이었다. 그가 산업자본주의 이데올로기를 거부하기 위해 산업자본주의의 핵심 특징에 관심을 두었던 것도 이런 이유 때문이다. 하지만 의도했던 것과는 반대로 그의 시도는 하부/상부 구조적 인과성을 약화시키고, 소위 이데올로기의 재생산이라고 불리는 표상을 특권화하는 마르크스주의의 '문화적 전회'를 부정하는 데서 시작한다. 가라타니가 전통 마르크스 해석학을 오랫동안 괴롭혔던 하부/상부구조에 관한 함정을 피하고, 소비 개념에 의지함으로써 당시 만연했던 문화주의를 넘어서려고 한 점은 인정받아 마땅하다. 그러나 그만의 방식으로 노동자를 소비자로서 정치화<sup>politicization</sup>하거나, 나아가 윤리성을 부여하려는 이론은 담론과 주체를 회복하는 데에 있어 위험이 따른다.

가라타니는 칸트와 마르크스의 차이를 규명함으로써 '시차적 관점'을 회복하고, 차이를 이해하고 하나의 이율배반에서 다음 이율배반으로 지속적으로 재배치하면서, 마르크스의 『자본』을 교환양식에 입각하여 다시 읽는 작업을 시도했다. 이러한 역사는 자본주의를 '상품 교환' 시대의 서막으로 간주했고, 이는 여전히 현대 사회를 구성하고 있다. 가라타니에 따르면 상품 교환이라는 교환양식이 확립되기 이전에 두 가지 역사적 교환양식이 있었다. (1) 공동체 내에서의 증여와 답례, (2) 약탈과 재분배. 논리적 순서에 따라 역사적으로 나타난 양식은 이후 네 번째 교환양식인 '어소시에이션'을 가능하게 하며, 이를 통해 배제의 원칙이나 억압이 아니라 '상호부조'를 촉구하게 된다. 가라타니의 생각으로는 이 네 번째 양식은 프루동보다는 칸트의 윤리학에서 처음 등장하였으며 '어소시에이션' 방식은 자본주의 시장 사회를 거친 뒤에 나온다. 자본, 네이션, 국가의 삼위일체는 지금까지 교환양식으로 나타났으며, 끝내는 권력에 포섭되고, 권력을 넘어설 수 없는 순환을 반복하는 패턴을 보이며 한계에 부딪혀 실패한다.

하지만 가라타니는 마르크스의 자본론을 '강한 시차'의 관점에서 다시 읽으면서 보이지 않았던 출구를 포착한다. 즉 새로운 교환양식의 가능성을 찾으려 시도한 것이다. 트랜스크리틱의 진정한 추진력은 네 번째 교환양식 '어소시에이션'을 따르는 것이다. 이 밑바탕에는 전 세계의 노동자가 주체가 되어 이루어지는 상호부조와 원조가 있다. 이러한 관점에서 가라타니가 제안한 것처럼, 잉여가치란 노동자가 소비자로 상품을 구매할 때 실체화되며, 따라서 노동자는 소비자로서 이를 보이콧하거나 다른 전략을 이용하여 소비를 억제할 수도 있다. 가라타니는 현대 학자들이 정치의 적절한 대체 수단 그 이상으로서 윤리로 돌아가자는 외침에 동참한 것이다.

가라타니의 이론적 근거는 생산-유통-소비를 각각 분리하여 보는 데 있다. 이 전략을 위해, 그는 자본의 흐름을 M-C-M′이라는 공식에 입각하여 보도록 제안한다. 이 공식은 '잉여 가치의 실체화'를 말한다. 이후에 자본의 흐름이란 궁극적으로 상품이 팔리는지 아닌지에 전적으로 달려 있음을 알 수 있다.

"잉여가치의 실현은 최후에 그 생산물이 팔리느냐 안 팔리느냐에 달려 있다. 잉여가치는 총체적으로 노동자가 자신이 만든 물건을 되사는 것에서만 존재한다."[14]

생산과정에서 노동자가 자신의 노동력을 반드시 팔아야 한다는 것을 알면 노동자는 자본가와 자신의 관계가 주인과 노예라는 것을 깨닫게 된다. 가라타니는 노동자가 구매력을 갖고 구매할 수 있는 위치에 있는 것이 노동자에게 유일하게 가능한 위치라고 설명한다. 한 시기를 거치면서 노동자들은 관념적인 노동으로 자신의 정체성을 드러내고 주체를 정립했던 위치로 돌아간다. 이전에 이들은 자본을 나타냈을 뿐이었다. 그에 맞춰 마르크스는 노동자가 교환가치를 띠고 소비자로서 행동하기 시작하면서 화폐 소지자의 형태, 화폐의 형태를 가지는 것을 통해 그들은 자신의 의지와 상관없이 "유통의 단순한 기점", "무한하게 많은 유통의 기점 가운데 하나가 된다는 것인데 여기서는 노동자의 노동자로서의 규정성이 소거된다."[15] 하지만 마르크스는 여기서 모든 자본주의자들이 가진 환상을 보았다. 바로 자본가들은 자신이 고용한 노동자들이 아니라 다른 노동자들이 자신의 소비자이자 고객이 되었으면 한다는 것이다. 자본론에서 소비는 잉여가치가 현실화하는 최종지점이다. 마르크스가 진짜로 요구했던 것을 이해하기 위해 가라타니는 우리의 관점을 생산과정에서 유통의 회로로 보아야 한다고 말한다. 실은 유통과정은 질적으로 다양한 층을 이룬다. 여기에서 비로소 다양한 시스템 사이의 공간에서 생산과 유통의 시차를 가르는 지점, 공동체 간의 경계에서 '의심하

---

**14**     가라타니 고진, 『트랜스크리틱』, 52~53쪽.
**15**     앞의 책, 53쪽.

는 주체'가 등장한다.[16] 가라타니에 따르면 마르크스는 스스로 의심하는 주체이며, 그의 유물론은 관념론과 경험론 경계 사이에 서 있는 것이다.[17]

가라타니가 재해석한 논의의 핵심은 고전 경제학자들이 마르크스와 다르게 '화폐의 마술'을 간과했다는 확신이다. 신고전학파는 화폐가 단지 부차적인 보수이자, 상품에 포함된 노동시간의 지표이며, 유통을 촉진하는 역할일 뿐이라고 생각한다. 그래서 그들은 화폐의 자기 재생산으로서 자본을 보지 못하고, 이로 인해 노동력 판매자인 임금 노동자(상품화의 가장 원초적인 형태)와 그를 구매하는 자본가의 관계에 대한 시야도 놓치게 된다. 자기 재생산의 규범에 따라 자본이 반드시 판매자의 위치에 있어야 한다는 논리조차 알지 못하는 무능력이 이러한 무지를 결정적으로 볼 수 있는 예시일 것이다.

가라타니는 문제시되는 생산을 순환의 영역으로 바꾸어 'C-M-판매', 'C-M-소비'로 정의했다. 이 이동을 만듦으로써 각각 스스로의 영역을 구성하여 결과적으로 교환의 가용치를 무한대로 늘리려는 것이다. 동시에 그는 "목숨을 건 도약"에서 위기를 발생시키는 경향을 C-M 관계를 대입해 인지하려 한다. M-C-M′ 관계에서 유통 과정은 주객전도되지만, 그럼에도 가라타니는 이 공식을 동전 한 개의 양면이라기보다는 개별적인 과정으로 본다. 왜냐하면 화폐를 가

---

**16**     앞의 책, 226쪽.
**17**     앞의 책, 239쪽.

진 자가 순환을 촉진하기 때문이다. 여기서 마르크스는 자본을 "유 충시기를 거쳐 완전체인 나비가 되기까지의" 사회적 번데기의 탈바 꿈 과정으로 보았고, 이어 생산(설비, 원자재 등)에서 시작하여 상품 이 나오고 다시 화폐로 이어지는 흐름으로 보았다.

하지만 가라타니는 반드시 자본은 스스로 재생산해야 탈바꿈이 완성된다고 주장한다. 상품의 유통과정 이면에는 화폐의 흐름이 있 다. 마르크스에게 화폐의 흐름이란 '상품에 집착하는 모습을 지속적 으로 형상화'하는 것이었다. 이는 상품 자체에 집착하는 것과는 별 개이다. 그리고 이를 (1) 끝없는 생산, (2) 생산과정에서 발생하는 사 회적 관계의 재생산, (3) 사회 그 자체의 재생산 등 이 세 가지 재생 산의 산증인으로 보았다. 따라서 가치 형태의 최우선이자, 마르크스 가 원시 세포라고 불렀던 유통을 어떤 다른 가치에 의한 시스템을 만드는 것이 아니라 생산을 위한 일부로 보아야 하는 것이다. 노동 자를 소비자로 추정한다는 점에서 가라타니는 노동력을 교환의 핵 심으로 보지만, "노동자의 소비를 그의 노동 능력의 재생산을 위해 서 필요한 만큼으로 제한한다"[18]고 지적했던 마르크스의 생각을 간 과하는 것 같다.

가라타니가 마주하는 핵심 문제이자 아포리아는 생산과정과 유통 영역의 관계만이 아니라 '어느 지점에서 잉여가치가 실체화하는가'

---

**18**    칼 맑스, 『정치경제학 비판 요강 Ⅱ』, 김호균 옮김, 백의, 2000, 36쪽

이다. 가라타니는 마르크스가 모순이라고 말했던 불분명함에 대해 다음과 같이 말한다. "생산과정에서 무엇이 있다 하더라도, 잉여가치가 실현되는 것은 유통과정에서이다."[19] 하지만 마르크스가 주장한 것은 즉각적인 착취의 조건 (잉여 가치를 실체화 하는 과정을 개시하는)은 "착취의 실체화"[20]와 동일하지 않다는 점이다. 전자는 생산집단에 한정한 것이고, 후자는 개별적인 생산분야와 사회가 스스로 소비할 능력 사이의 비례 관계에 의한 것이다. 이 문장의 모호한 의미는 잉여가치 측면에서 볼 때 유통을 증가시키는 비용만큼 생산과정에서 드러나는 권력을 무력화하는 것이 성공하지 못한다는 것이다. 오히려 "서로 다른 영역들은 사회 전체 총생산의 다소 상호의존적인 부문들"[21]이라고 말한 것처럼, 교환이 어떻게 생산의 순간에 노동뿐만 아니라 생산에 예속되는지 구조적 연결고리에 집중하기를 요구한다. 이 메시지에서 마르크스가 말하고자 한 것은 다음과 같다. 원래 고유하고 독립적이었던 교환과 생산영역에서 노동의 분화가 촉진되면서 각자 생산했던 영역이 "상호의존적인 부문들"로 바뀌었다. 가라타니의 "신념의 도약"이란 전 지구적인 상호교류를 다층적이고 다양한 시스템의 현장에서 할 수 있고, 이 시스템들 하에서 노동자가 교환에 참여할 수 있고 또 소비 주체가 되는 것을 말한다.

**19**    가라타니 고진, 『트랜스크리틱』, 379쪽.
**20**    앞의 책, 378쪽.
**21**    앞의 책, 381쪽.

유통에 대한 이 강조는 가라타니에게 어떻게 세계의 노동자들이 '가능한 코뮤니즘'을 실현할 수 있는 능동적 주체가 될 수 있는지 제안하기 위한 근거를 마련해준다. 여기서 가라타니는 어소시에이션은 '윤리적인 경제', 그리고 반드시 '경제적인 윤리'에 기초해야 함을 주장하기 위해 칸트의 윤리학으로 돌아간다. 노동자가 마침내 잉여가치가 실현되는 소비의 자리를 차지하기만 한다면, 유통은 '타자의 의지에 대해 부차적'인 것이 되며, 노동자는 '소비자로서의 노동자'[22]가 된다. 생산은 노동자들이 자신의 노동력을 팔고 노동 조건을 개선하려 하는 장소일 뿐이다. 하지만 진정한 프롤레타리아적 주체성은 노동자가 유통과정 중에서 소비자의 위치로 옮겨가는 순간과 일치한다.[23]

주체성의 가능성을 생산의 단계에 위치시켰던 안토니오 네그리와는 대조적으로, 가라타니가 그의 최종 목적지로 삼은 것은 소비로의 재배치였다. 즉 이것은 어소시에이션으로 대표되는 교환의 네 번째 형식이며, 지역통화 운동[Local Exchange Trading System, LETS]이라는 생산자와 소비자 간 협력적 양식을 말한다. 결국에는 실패했지만, 그의 뉴어소시에이션 운동[NAM]에 도달하기 위해서도 이러한 전이는 필수적이다. 전 지구적 차원에서 비-자본주의자들의 이러한 협력적 어소시에이션은 노동자를 M-C-M′ 유통과정 바깥의 주체의 자리로 옮겨줄 것이

**22**    앞의 책, 489쪽.
**23**    앞의 책, 491쪽.

다. 즉 "자신이 만든 상품을 다시 사는 소비자"로 탈바꿈하게 될 것이다. 하지만 이러한 식의 논의는 어떻게 노동자가 더 이상 잉여 가치의 실현을 막을 능력이 없는 부르주아적 주체가 되는지를 설명하는 것에 지나지 않는다.

프롤레타리아적 주체성을 재사유하려는 가라타니의 부단한 노력은 상품관계를 단지 세계적 규모로 크게 확장하기를 재촉할 위험이 있다. 역사적 연표를 너무 가까이서 좇는 바람에 유통과정이 수행하는 역할을 과장한 면이 있다. 물론 이러한 그의 선호는 자본이 유통의 영역에서 발전되었고 나중에야 생산 단계로 나아갔다는 역사적 사실에서 유래한다. 만약 자본이 유통의 영역(상업적 이윤, 이자, 지대 등)에서 태어난 것처럼 보인다면, 이는 전적으로 생산에 의해 나중에 실현된 이윤에서 추론한 것이다. 즉, 이 역사적 범주들의 기원은 자본 논리의 실제 기원과 일치하지 않는다. 자본주의의 기본적 범주들에 대한 마르크스의 분석은 그가 이미 논리적으로 설명했고, 시간이 지나 전개된 관계들의 역사적 존재를 전제했다. 마르크스는 『자본』에서 생산과 유통 간의 오해는 "생산의 사회적 과정을 노동의 잉여 과정, 자연적인 단순한 신진대사의 작용으로 정의했던 혼동의 결과"였다고 분명하게 주장했다. 마르크스가 가장 기본적인 요소인 상품에서 시작했을 때, 가라타니는 사회 구조 전체의 존재를 이미 상정하고 있었다. 관념적인 의미의 노동은 역사적으로 논의의 전제가 아니라 생산력의 자본주의적 발전의 결과였다. 하지만 마르크스는 역사적 발전에 대한 경제적 범주의 논리적 우위를 계속해서 지지했다. 그런데 사회적 관계들에 대한 분석에서 자본주의 사회가 만들어 온 범주들은 역사적 기반에 반영할 수 없는 것들 사이에 존재한다. 그러므로 경제적 범주들을 역사적으로 결정된 순서대로 배열하는 것은 잘못일 것이다.

마르크스는 『정치경제학 비판을 위하여』에서 자신이 역사와 이따금씩 어긋나는 일반적이고 추상적인 범주들을 주장하고 있었음을 인정했다. 이 범주들의 순서는 항상 현대 부르주아 사회 내에 존재하는 관계들에 의해 결정되어야 하며, 자연스러운 결과로 나타나거나 역사적 진화의 흐름에 대한 그들의 순응과는 반대로 나타날 것이다. 결국 진화된 시스템에 대한 흐름은 마르크스가 19세기 중반의 영국에서 발견했듯이 어떤 경우에서든 그들이 가정하는 역사적 현실과는 일치하지 않는다. 이와 관련하여 가라타니는 이러한 분석을 함에 있어 함축된 경제적 범주들의 논리적 연속성보다, 상업 자본과 일치하는 패러다임적 역할로 역사적 흐름에 방점을 찍음으로써 마르크스의 방법을 다룬 것처럼 보인다.

하지만 가라타니의 설명은 방법론적으로만 흔들리는 것이 아니다. 유통 흐름에서 소비의 장에 노동자를 위치시켜 그들의 주체성을 구출해내려는 시도에서 가라타니는 자신이 극복하고자 했던 전통적 마르크스주의에 다시 가까워진다. 그는 화폐의 주인으로서 결국 구매할 능력을 가진 자본가와 노동자들을 구상하는데, 즉 그들을 피조물이 아니라 창조자가 되게 하는 시도이다. 이러한 지점에서 "화폐와 상품은 그 자체만으로는 시장에 놓일 수도 없으며, 또한 교환될 수도 없다"라는 마르크스의 훌륭한 주장이 되살아날 수 있다. 전통적 마르크스주의는 말하자면 자본주의의 참된 본질인 한 계급에 의한 다른 계급의 착취를 폭로하기 위하여 일련의 주장들을 뒤집어왔다. 마르크스에게 계급은 그저 자본의 유기적 구성의 '수호자'와 '집행자'로서만 존재했다. 따라서 자본가는 자본의 '인격화', 그리고 '하인'이었으며 노동자와 노동의 관계도 마찬가지였다. 노동자를 자본가가 지배하는 것은 "자본은 죽은 노동이며, 이 노동은 오직 흡혈귀처럼 살아 있는 노동을 흡수함으로써만 활기를 띠며, 그리고 그것을 흡수하면 할수록 더욱더 활기를 띠어간다"[24]는 말처럼, 인간을 지배하는 것이며 또 생산물을 상품으로 만드는 노동 과정을 생산과정이 지배하는 것과 마찬가지다.

이런 상황에서 가라타니가 마르크스에게 트랜스크리틱의 원칙에 입각해 행동할 수 있는 칸트적인 '윤리적 주체'에 지위를 부여하는 것은 놀랄 만한 일이다. 반면에 우상의 이론은 개개의 인간이나 집단이 아니라, 객관적인 사회적 관계들로서의 주체만을 인정하기를 허락한다. 안젤름 야페[Anselm Jappe]에 따르면, 틀림없이 인간은 결국 최종적으로 상품의 창조자들이다.[25] 다만 마르크스가 묘사한 방식을

---

24 카를 마르크스, 『자본I-1』, 강신준 옮김, 도서출판 길, 332쪽.
**25** Anselm Jappe, *Les Aventures de la Marchandise,* Paris: Denoel, 2003, p.102.

따라, "그들은 알지 못하면서 행하는' 것이다. 가치란 숨어 있는 보다 근본적인 관계를 표현하지 않고도 그 자체가 자본주의를 특징짓는 근본적인 관계에 해당한다. 가라타니의 도착은 '초월론적 x', 즉 특정 주체의 의식적 행동에서 비롯된 예상치 못한 효과처럼, 행동하면서 보편성의 지위를 획득하는 것이다. 이런 의미에서 가치 형태는 '사회적 무의식'의 모습을 띠고, 스스로를 재생산하면서 그 무의식에 따라 행동한다. "개인들은 그들 밖에서 숙명적으로 존재하는 사회적 생산에 복속되어 있다. 그러나 사회적 생산은 그것을 자신들의 공동 능력으로 운영하는 개인들에게 복속되어 있지 않다."[26]

만약 가라타니가 미래에는 절대로 모든 생산이 자본주의적이지는 않을 것이며, 언제나 '준-프롤레타리아들'(일본 마르크스주의에서 파생된 아주 탁월한 용어)이 존재할 것이라는 인식을 재빨리 포착했다면, 그는 상품 관계라는 폐해로부터 자유롭게 위치할 주체의 장을 찾았을지도 모른다. 또한 만약 가라타니가 『자본』에 드러난 마르크스의 방법으로부터 어느 정도 벗어났다고 한다면, 그것은 그가 언어학적 모델에 기초한 후기구조주의로부터 자유로울 수 없었기 때문이라 할 수 있다. 그에게 자본주의란 "차이의 생산에서 얻어진"[27] 잉여 가치의 성취에 봉사하기 위해 만들어진 것이다. 윤리적으로 행동할 주체를 소비자로 정의하려는 그의 열정은 실질적으로 말하는 주

---

**26**    칼 맑스, 『정치경제학 비판 요강 I』, 김호균 옮김, 백의, 2000, 139쪽.
**27**    가라타니 고진, 『트랜스크리틱』, 447쪽.

체의 언어학적 모델에 의해 이미 그 자리를 차지하고 있다.[28]

　요컨대 그의 책은 왜 마르크스와 다른 사상가들이 대체 해체주의적 논리의 도움을 필요로 하는지, 그리고 왜 이러한 논리적 강화가 윤리 이론가들 중에서 특히 칸트를 선택할 수밖에 없었는지 등의 문제를 다시 제기한다. 이때 중요한 것은 마르크스가 말한 것의 기계적 반복이 아니라 마르크스처럼 생각하는 것이며, 이는 역사가 우리에게 맡긴 요구들과 남겨준 과제들을 고려하면서 변화의 특이성을 설명하는 일이다. 수 년 전 나는 가라타니의 전작 『마르크스 그 가능성의 중심』을 읽었고, 이 책은 해체주의적 전략에 파묻혀 있긴 했지만 상당한 수준의 깊이를 갖고 있었다. 그 후 나는 이 책과 관련해 그에게 이야기했는데 그는 자신의 새 작업은 이미 아예 다른 영역으로 옮겨왔다고 답했다. 그렇게 탄생한 『트랜스크리틱』은 교환의 새로운 형식을 위한 이론적 기반을 마련하고, 그것의 실현을 목표로 하는 새로운 실천과 운동을 위한 원리의 지도를 제공하려는 시도다. 이러한 점에서 가라타니의 작업은 벤야민의 '번역자의 과제'를 충실히 수행하는 것과 같다고 보인다. "번역의 언어는 그 자체의 전개를 통해 원문의 언어를 의미의 재현으로서가 아니라 조화로서 드러나게 해야하며, 또 그 의도를 전달해주는 말에 대한 보완으로서 그 자체의 고유한 의도가 울려퍼지도록 해야만 한다."[29]

---

**28**　앞의 책, 136~137쪽.
**29**　발터 벤야민, 『발터 벤야민의 문예이론』, 반성완 옮김, 민음사, 1983, 329쪽.

# 3

## 고대 사회와 새로운 정치
### - 칸트에서 생산양식까지

**프레드릭 제임슨**
듀크 대학교 비교문학과

우리는 소위 '이론의 죽음'이라는 시대를 살고 있다. 이론의 죽음은 때론 찬양받거나 때론 통탄스럽게 여겨지기를 반복한다. 아니면 이론 철학의 부흥이나 그것의 하위 분과인 윤리학과 미학의 부활을 통해 연명한다. 그렇기에 당대의 가장 독창적이고 흥미로운 이론가 가라타니 고진이 소위 서구에서 널리 알려지게 된 것은 매우 기쁜 일이다. 『세계사의 구조』라는 야심찬 제목의 최근 저서는 일본어판과 영문판이 동시에 출간되었다. 이번 출간은 가라타니 고진의 작업과 사상에서 새로운 전환일 뿐만 아니라, 우리의 이론적이고 정치적인 논의에도 새로운 길을 열어줄 것이라 기대한다. 결정적으로 중요한데도 사실상 배제되었던 논제들을 다시 일깨우고, 완전히 새로운 논의도 시작될 수 있을 것이다. 『세계사의 구조』는 새로운 관점에서 몇몇 고전을 비판적으로 다시 읽는다. 최신 이론을 새롭게 적용하기도 했고, 생산양식에 대한 전통적인 논쟁을 보다 새롭고 생산적인 방향에서 재개한다. 논쟁적인 정치적 입장뿐만 아니라 철학적 입장 또한 과감하게 취하는데, 특히 칸트와 마르크스주의의 관계에 주목한다. 즉, 가라타니의 작업은 지금까지 상당한 비난을 받았던 역사(세계사, 역사철학 등)에의 새로운 접근을 시도할 뿐만 아니라, 경제학, 마르크스주의 연구, 그리고 이론과 철학 그 자체에도 적극적으로 개입한다.

가라타니는 이전 저서인 『트랜스크리틱』(1995)에서 이미 칸트에 대한 새로운 접근을 제시했다. 이는 일반화된 칸트의 부활처럼 보이면서도, 이례적이고 예상치 못한 새로운 접근을 담고 있다. 사르트르가 칸트로의 회귀는 언제나 전$^{pre}$-마르크스주의적이거나 반$^{anti}$-마르크스주의적 입장으로의 회귀라고 지적한 지는 너무 오랜 시간이 흘렀다. 물론 이는 분명 충분한 타당성을 갖는 명제였다. 그러나 최소한 가라타니에게는 해당하지 않는데, 왜냐하면 가라타니의 전략은 칸트를 헤겔과 변증법의 반대 축에 세우는 것이 아니기 때문이다. 오히려 칸트는 이율배반을 통해 변증법을 발명했으며, 그렇게 함으로써 전통적인 변증법의 성급함을—비모순율의 사소함과 자연 내의 부정성에 대한 1763년 논증을 통해—확실하게 보여준 존재로 그려진다.

가라타니의 이전 저작들을 보면 칸트에 대한 두 가지 흥미로운 지적을 발견할 수 있다. 첫 번째는 세계공화국을 향한 이상이다. 이는 『세계사의 구조』의 핵심 문제의식이다. 두 번째는 물자체의 교착상태와 시차의 형태로 드러나는 현실의 불가지성unknowability에 대한 극복이다. 시차란 가라타니의 철학적 고찰의 결과로 나온 용어로서, 현대 철학에서 독보적인 해석의 길—슬라보예 지젝의 저서들처럼—을 제공하는 매력적인 천문학적 개념이다. 칸트의 '계몽'에 대한 관점은 근본적으로 알 수 없는 소위 초월적 실제의 관점을 지지한다. 아무리 우리가 윤리적으로 그것을 필요로 하더라도 말이다. 하지만 시차의 형상은 그러한 실제의 지위와 크기를 마치 보이지 않거나 간접적인 계산에 의한 추론으로 파악한다. 설령 우리가 실제를 결코 직접적으로나 비매개적 방식으로는 직면할 수 없다 하더라도 말이다. 이 지점에서는 형이상으로부터 표상성으로의 이동이 이루어진다. 그리고 이것은 모더니티와 포스트모더니티 사이의 차이를 나타내는 유용한 지표이기도 하다. 모더니티의 경우 이러한 지식 혹은 재현의 실패는 괴로운 경험에 해당한다. 근대성의 문학과 철학은 거대한 계획과 그에 대한 승리의 형식을 취하기 때문이다. 그러나 탈근대성의 경우, 이러한 '신의 죽음'은 더 이상 고통을 수반하지 않는다. 시차의 반표상성이야말로 새로운 형태의 재현을 제공하는 것으로 여겨진다.

하지만 『트랜스크리틱』의 비칸트적 독창성 중 하나는 새로운 형태의 정치적 실천의 가능성을 제공하는 것으로 보이는 마르크스에 대한 재해석이다. 말하자면 협동조합적 운동이거나 현존하는 자본주의 내에서의 간극이라고 감히 말할 수 있는 지점 말이다. 마르크스에게는 항상 생산이 우선시된다. 그리고 유통 안에는 새로운 가치가 스며들 여지가 없다. 그런데 『세계사의 구조』에서 가라타니는 이와 다른 사유를 제시하려는 것으로 보인다. 그러한 맥락에서 가라타니는 『트랜스크리틱』에서 이렇게 기술한다. "자본의 운동이 전 지구적으로 '사회적 관계'들을 조직할 때, 그것에 따르면서도 역전하는 계기는 그 자체 안에, 즉 유통과정에 포함되어 있다"[30] 이것은 실질적으로 매우 결정적인 문제의식이다. 특히 오늘날과 같이 근본적으로 유통주의자의 입장을 대변하는 자유 시장이라는 도그마가 지배적일 때는 더욱 그러하다.

그러나 나는 이러한 정통 마르크스주의의 이단에 동요되는 것은 아니다. 내가 흥미롭다고 생각하는 지점은 가라타니가 도달한 지점, 즉 생산양식의 문제를 통해 전체를 다시 보고자 한 시도이다.

이 논의에 대한 역사를 간단하게 살펴보자. 마르크스는 『정치경제학 비판을 위하여』(1859)의 서문에서 "개략적으로는 아시아적 · 고대적 · 봉건적 · 근대 부르주아적 생산양식$^{Produktionsweisen}$을 통해 사회의 경제적 발전의 계기적 시기로 구별할 수 있다"고 지적한다. 또한 사람들이 잘 모르는 사실 중 하나는 『정치경제학 비판 요강』이라고 부르는 1857년 수고에서 마르크스가 이 생산양식에 대해 매우 상세한

---

**30**　가라타니 고진, 『트랜스크리틱』, 송태욱 옮김, 한길사, 2005, 486쪽.

논의를 전개한다는 것이다.

　이와 관련하여 '보편사universal history'라는 형태를 언급할 필요가 있겠다. 이 개념은 늘 그 중요성이 경시되는 경향이 있긴 하지만, 가라타니는 이에 대해 아주 흥미로운 설명을 전개한다. 두 개의 이론적 경향이 있는데, 우선 전체화의 위험을 경계해야 한다. 즉 우리는 반드시 역사적 · 사회적 · 구조적 사실들과 불가피하게 추상을 거쳐 고유의 특징을 상실할 수밖에 없는 보편사 사이의 근본적인 긴장 관계를 이해해야 한다. 또 한편으로, 다른 문화 고유의 역사와 특성을 단일한 구도에 포섭함으로써 사실상 서구에서 유래된 유럽 중심주의와 보편주의의 위협을 경계해야 한다.

　나는 우리가 세계의 우발적 분할과 형성에 있어 역사적인 관점을 적용할 수 있다고 생각한다. 그래서 보편사란 고유의 공간적 주름과 구성으로부터 철학적 의미를 파악하는 즉, 지형을 철학화하는 시도라고 생각한다. 따라서 헤겔은 모든 보편사로부터 세계영혼의 유래가 되는 풍경의 변증법적 의미를 파악하고, 기괴한 경관의 기호나 알레고리까지도 생겨나게 한 것이다.

　나는 오늘날의 상황 변화를 설명하는 데 이매뉴얼 월러스틴의 구분을 이용하여 설명하고자 한다. 내가 보기에 월러스틴의 보편사는 아주 정확하며, 공간에 대한 이론화 혹은 철학화에 기반을 두고 있다. 그에 따르면 세계는 중심-반주변-주변으로 구성된다. 월러스틴의 이러한 생각을 가라타니가 차용함으로써, 이전에는 볼 수 없었던 새로운 버전의 보편사를 제시했다고 할 수 있다. 이것은 특히 새로운 전 지구적 프레임을 통해 우리의 오래된 과거 문화를 다시금 생각해보는 기회를 주었고, 세계의 종교에 방점을 찍음으로써 새로운 관점을 제공해주었다.

이 모든 논의로부터 가라타니의 입장은 생산양식 일반의 부활 때문만이 아니라, 세계공화국에 대한 칸트의 호소를 이상적으로 재현함으로써 틀림없이 독보적인 자리를 차지하게 될 것이다.

후기 자본주의에서는 이미 자본주의가 유토피아적 세계 시장이 아니라는 점이 여실히 드러났고, 제2차 세계대전 이후의 사조인 '하나의 세계'라는 환상은 깨어진 지 오래다. 하지만 이 모든 것이 토인비<sup>Arnold J. Toynbee</sup>식의 '반대가설적' 역사에 적용해보면, 완전히 다른 모습으로 그려질 수도 있을 것이다.

예를 들어 마르크스의 생애에서 누락된 양식이라고 알려진 '원시 공산주의'를 보자. 이것은 미국인 루이스 모건에 의해 예상치 않게 세상에 알려지게 되었다. 인류 역사에서 착취와 경제적 계층화가 발생하기 이전의 평등주의적 관계를 뜻하는 이 용어는 1877년에 출간된 『고대 사회<sup>Ancient Society</sup>』에서 등장하게 되었고, 이후 레비 스트로스는 이 용어를 인류학의 근본 개념에 대한 발견으로 극찬했다.

마르크스는 말년을 새롭게 발견된 인간 사회 조직의 사례들을 탐구하면서 보냈는데, 이는 그의 『인류학적 기록<sup>Anthropological Notebooks</sup>』에 잘 나타나 있다. 마르크스는 모건의 저술을 통해 비로소 고대 사회를 이해했다고 실토한 적이 있다. 그리고 엥겔스는 마르크스의 이 유고에 큰 감명을 받아, 이를 바탕으로 1888년에 고전이 된 『가족, 사유재산 및 국가의 기원』을 출간했다. 이는 이후 50년이 넘도록 역사와 생산양식에 관한 정통 마르크스주의의 기본서가 되었다.

하지만 진짜 문제는 여기서 나오는 부족사회에 대한 묘사가 마르크스의 『정치경제학 비판 요강』에 그려진 것과 일치하지 않는다는 점이다. 그리고 이로쿼이 부족을 역사상 가장 완벽한 부족사회로 극찬한 모건의 설명은 원시 공산제의 두 번째 단계 정도로 여겼던 마르크스의 생각과도 맞지 않았다. (첫 번째 단계는 구석기 시대의 사냥꾼과 채렵꾼이다.) 사실상 모건과 엥겔스가 이로쿼이족의 이러한 '군사적 민주주의'를 찬양함으로써 우리의 문제는 새로운 양상을 띠게 된다. 말하자면 국가와 국가 권력의 출현이 그것이다. 또한 이것은 마르크스의 생산양식에 대한 근본적인 문제를 환기한다.


여기서 반드시 짚고 넘어가야 할 것은 마르크스가 여러 '양식들' 사이를 다양한 방식으로 연결짓고, 이를 연대기 순이나 통시적인 순으로 다차원의 별자리처럼 그려놓았다는 것이다. 따라서 마르크스에게 있어 원시 공산제의 통합은 헤겔에게 있어서는 아시아적 양식과 맞아떨어진다. 여기서 각각의 양식은 개인주의가 사라진 하나의 사회를 구현한 것으로 오직 '하나의' 혹은 초기 부족의 연합만이 헤겔식으로 말하자면 한 명의 개인이자 유일한 주체인 '하나의' 폭군에 의해 표면으로 드러나기도 하고 발전하기도 하였다. 반면에 고립된 부족의 자급자족성은 그리스식 폴리스 국가 형태처럼 변해가거나, 게르만 부족처럼 더 변방으로 고립되는 사회 형태로 변하기도 한다. 이 과정에서 바로 봉건주의가 등장한다. 바로 여기에 보편과 특수 사이의 헤겔적 구분이 존재한다. 즉 기존의 초기 양식에서는 개인성이라는 용어를 구상할 수도 없었고, 자본주의의 사회적 원자화를 통해서만 개인성이 드러났다. 헤겔의 논리를 따르면 부족의 고립이 심해지는 상황에서 마을이나 도시나 중심부에서 아주 다양한 형태의 적대감이 형성된다. 혹은 그들 사이에 구조적인 불가피함 때문에 끊임없이 전쟁이 일어날 수도 있다. 가라타니는 이것을 역설적으로 다른 형태의 호수라고 불렀다.

하지만 앞으로 살펴보겠지만 폭군은 돌아와 국가 권력의 핵심인물이 되고, 이 폭군이 다스리는 정부는 외국인 혹은 유목민 지배자들을 약탈하고 강탈하는 데 집중하며 이러한 지배자들에 의한 현대식 세금은 약탈과 분배의 문명화된 형태로 볼 수 있다.

전후 시기에 접어들면서, 『정치경제학 비판 요강』과 그 책에서 등장한 '생산양식' 개념에 관한 논의는 새로운 국면을 맞는다. 제2차 세계대전 이후 곧바로 이어진 '60년대의 실패'의 연장선상에 있는 1975년을 보면 우리는 원시 공산제에 대한 유토피아적 환상이 작용했음을 볼 수 있다. 마치 레비 스트로스가 루소로부터 이 개념을 들고 온 것처럼 말이다. 바로 이 고전적 유토피아의 사유를 가라타니의 저작에서 발견할 수 있다는 것은 나에게 아주 큰 기쁨이다. 이러한 사유는 마샬 살린즈의 『석기 시대 경제학』에 잘 드러나 있고, 구조주의적 변형을 거친 마르셀 모스의 '증여'에 관한 책도 마찬가지이다.

하지만 이러한 유토피아적 환상은 1968년 이후 금세 부정적인 변질을 겪은 국가에 대한 강박적 집착과 국가 권력의 출현에 대한 반사작용이라 할 수 있다. 푸코를 비롯한 여러 아나키스트의 권력에 대한 집착에서도 드러나듯이, 이러한 경향은 자본주의의 본질적인 경제 문제에 대한 우리의 관심을 정치적으로나 이론적으로 분산시킨다. 이것은 마르크스가 지적한 바이기도 하다. 국가 생성 이전 시기의 유토피아적 상승세는 수많은 종말론적 시나리오들 속에서 디스토피아적 하락세로 방향을 전환한다. 그리고 이런 종말론적 시나리오들은 오늘날 대중의 구미를 확 끌어당기는 것은 분명하다. 한편 적어도 최근까지는 사회주의나 공산주의를 생산양식의 관점에서 바라보는 입장은 학계에서도 많이 사라졌다. 또한 겉으로 보기에 원시사회에 대한 유토피아적 환상도 거의 없어진 듯하다. 마치 세계화된 자본주의—디스토피아적 모습을 한—라는 실제 세계로부터 사회적 양식이 사라지고 있는 것처럼 말이다.

하지만 여기서 가라타니는 흥미로운 전환점을 보여준다. 마치 칸트가 보편적 평화와 세계공화국에 관한 새로운 형태의 세계화 이론을 제시하면서 예상치 못한 방식으로 우리 앞에 다시 나타났듯이,

가라타니는 마르크스를 통해 '세계 시장'을 발견한다. 세계 시장이란 자본주의의 가장 근본적이면서도 자기 파괴적인 모순을 드러내는 최전선이라 할 수 있다. 또한 월러스틴의 경우, 아시아적 양식을 '세계제국'으로, 자본주의를 '세계시스템'으로 대체했다. 앞서 말했듯이, 이러한 개념상의 변화는 암시적으로 마르크스주의의 급진적 지형을 발명하는 데 기여를 하였고, 레닌의 제국주의 이론에 부분적으로나마 힘을 실어주었다.

요컨대 가라타니의 변증법이 갖는 독창성은 이것이다. 우선 '생산양식'이라고 불리는 우리의 탐구 대상에 대한 수정이다. 전통적인 마르크스주의든 구조주의적 마르크스주의든 주된 탐구 대상은 시스템의 차원이었다. 먼저 토대가 되는 하부구조, 그다음은 상부구조. 상부구조의 경우 이데올로기, 종교, 철학 등과 동일시되는 것으로 다중적인 성격을 갖는다. 여기에는 법률적 상부구조, 정치적 상부구조 등이 포함된다. 토대로 불리는 하부구조는 본질적으로 두 가지 층위로 구성되는데, 첫째는 생산관계(계급이나 소유 관계), 그다음은 생산력(기술과 생산성)이 이에 해당한다. 베리 힌데스$^{Barry\ Hindess}$와 폴 허스트$^{Paul\ Hirst}$ 같은 가장 엄격한 알튀세르주의자들은 생산양식을 이 두 가지 층위의 특정한 '절합$^{articulation}$'으로 정의했다. 그들에 따르면, 이러한 절합의 형태가 다양한 만큼 생산양식도 다양하게 구별된다고 한다. 그렇다면 여기서 아주 중요한 질문이 떠오른다. 즉 절합이란 정확히 무엇이며, '절합한다'는 것은 어떤 의미인가?

　가라타니는 어쨌든 현재 이 시스템을 다른 것으로, 보다 강력하고 더욱 매력적이면서도 여전히 구조적인 시스템으로 대체하고자 했다. 그리고 이것은 세 개의 원이 서로 분리되지 않고 엉켜 있는 라캉의 보로메오의 매듭으로 그려진다. 자본주의에 대해 가라타니는 이 세 개의 원을 각각 국가, 네이션, 자본으로 명명하고, 이것을 가치 혹은 상품 교환의 근본 법칙으로 삼는다. 이에 대해 종래의 패러다임이 제기한 의문은 항상 "궁극적인 결정 주체는 누구인가?"라는 것이었고, 그에 대한 대답은 항상 "경제, 생산, 토대"였다. 하지만 앞서 언급한 토대의 이중적인 특성을 고려할 때, "궁극적인 결정 단계"는 항상 모호하게 생산력—산업 혁명 등과 같은 기술결정론으로 귀결—으로 기울거나, 생산관계—주로 계급이 이에 해당하지만 이상적 분화 혹은 문화적 편차 등으로 귀결—로 치우칠 수 있다.

　가라타니의 입장에서 경제적 순환 고리를 빠져나오는 것은 가능하지 않다. 그렇기 때문에 그는 국가에 주목하면서, 권력에 대한 질문을 계속해서 던진다. 하지만 여기서 또 문제가 생긴다. 즉 국가 권력보다 우선하는 생산양식(예를 들면, 원시 공산제)의 경우, 세 가지 원의 각각에 해당하는 것은 무엇인가? 과연 그런 것이 있다고 할 수 있는가? 그중에서 네이션과 관련하여 보자면, 고대의 씨족사회를 대입시키면 명확하게 이해될 수 있다. 그것이 상상의 공동체든 아니든 공동체의 존재 자체를 입증해주기 때문이다. 따라서 이러한 시스템 내에서는 두 개의 원이 함께 작동하며, 이것을 우리는 '네이션=스테이트'라고 부를 수 있다. 그런데 과연 우리는 네이션의 규모보다 큰 형태의 공동체시스템을 상상할 수 있을까? 이 지점에서 등장하는 것이 바로 칸트의 세계공화국이라 하겠다. 즉 네이션들의 연합이거나 초국가적인 실체일 것이다. 하지만 이것은 월러스틴이 말하는 세계제국의 형태는 아니어야 하고, 우리가 세계화라고 부르는 자본주의 세계경제시스템도 아니어야 한다. 그렇다면 이것은 무엇인가? 이것이 바로 가라타니가 던지는 궁극적 질문이다.

하지만 우리는 가라타니의 삼위일체에서 가려져 있는 네 번째 용어를 보아야 한다. 그것은 바로 종교이다. 사실 무장한 극단 세력이나 근본주의자들이 세속 정당을 대체해버린 오늘날, 마치 이들처럼 과격하고 폭력적인 실체가 유일한 혁명적 변화의 힘을 가진 것처럼 여겨지는 것이 사실이다. 생산양식을 통제하는 상부구조의 힘, 즉 이데올로기의 작동마저도 초월적인 권력이 되어버린 종교 아래에 위치하고 있는 듯한 형국이다. 그러나 사실 종교야말로 모호한 철학적 가치보다 구체적이고 실존적이며, 집단적이고 사회적인 것은 명백하다. 이것이 어떻게 작동하는지를 알기 위해서는 가라타니가 지적했듯이, 생산양식의 흐름 자체를 다시 추적해보아야 하고, 왜 우리가 '생산'을 '교환'으로 대체하게 되었는지를 파악해야만 한다. 여기서 교환이란 자본주의적 유통만을 의미하는 것이 아니라, 보다 포괄적인 경제적 범주로 봐야 할 것이다. 이것은 마르크스가 프루동의 논의와 어소시에이션 아나키즘에 끊임없이 대항하면서 강조한 부분이기도 한데, 사실 이러한 측면에서 보자면 가라타니야말로 마르크스 못지않은 프루동 추종자라고 해도 손색이 없을 것 같다.

가라타니의 역사는 전통적인 순서를 따른다. 즉 권력이 있기 전의 사회(씨족 혹은 부족 사회, 원시 공산제), 국가에 따른 권력 사회, 그리고 마지막으로 권력관계보다는 경제와 자본의 흐름을 중심으로 이루어진 자본주의 사회가 그것이다. 하지만 이 각각의 형태에는 교환양식이라 부를 수 있는 추출양식<sup>mode of extraction</sup>이 존재한다. 원시 공산제의 경우는 마르셀 모스가 말한 '증여'의 세계다. 가라타니를 따르자면 호수 혹은 상호부조의 사회다. 정복을 바탕으로 세워진 권력 사회의 경우, 분배는 약탈과 불법 점유의 형태를 취한다. (아마도 공화당은 이러한 개념의 국가를 환영할 것이다. 약탈과 절도 형태인 세금도 반길 것이다.) 마지막으로 자본주의는 상품 교환이라고 부르는 형태로 대개 구성되어 있다.

구조주의자들이 다양한 형태의 생산양식이 결합된 '사회구성체 social formations'를 통해 인간 행위를 파악하고자 했던 것처럼, 가라타니의 경우에도 사회적 관계나 교환양식의 지속이 갖는 의미를 보다 넓은 사회적 지평과의 상호작용 속에서 인식하고자 했다는 것이 분명해졌다. 결국 권력 자체는 자본주의의 순수한 경제적 구조 내에서 명시적으로 지속되지만, 호수성의 양식은 권력 사회와 자본주의 사회에서 더욱 깊고 보다 억압된 수준에서 지속된다. 이 지점에서 가라타니는 역사의 '반복'이라는 새로운 개념과 함께, '억압된 것의 회귀'라는 개념을 구체화한다. 이는 위대한 보편종교의 출현 혹은 분화 속에서 자주 발견할 수 있다는 것이다.

이제 우리는 종교가 가라타니의 구상 안에서 어디에 자리하는지에 대해 보다 잘 이해할 수 있다. 다시 말해, 어떻게 이 네 번째 용어가 특정한 생산양식의 전제를 수반하지 않고도 그의 이론 내에서 도출될 수 있는지 알게 되었다. 일반적으로 보편종교는 억압된 호수성의 회귀, 반복, 분화 등을 통해 시스템 내부에 자리 잡는다. 이는 예언의 형태로 전파되거나 윤리적 혹은 도덕적 형태를 취한다. 심지어 형이상학적이거나 미신적인 형상이라 할지라도 급진적인 변화를 초래하거나 보다 구체적인 사회적 관계를 형성하기도 한다.

이 지점에서의 전제는 사회란 자체 소멸을 사전에 차단하는 메커니즘을 내포하고 있기 때문에 일종의 자기 보존 혹은 면역 체계를 통해 잠재적인 혁명적 변화를 중화시킨다는 것이다. 결국 사회 조직의 이상적인 양식은 기존의 틀을 대체하기 위해 이러한 메커니즘을 작동시키지 않도록 하는 것이다. 그럴 경우에만 기존의 구조적 합리성이 얼마나 유연하게 짜여져 있다고 하더라도, 역사의 반복과 억압된 것의 회귀가 정확히 작동할 수 있다.

이러한 통합적인 구상 및 현대적 등가물들이 가라타니가 보기엔 억압된 것의 회귀를 상징하는 것이다. 이러한 사회고고학의 중첩은 에른스트 블로흐의 '비동시성의 동시성'이라는 개념을 새롭고 보다

가능성의 중심

풍성한 방식으로 구현한 것이라 할 수 있다. 아니면 새로운 유토피아 운동의 정치적 사용이라고도 보인다. 다시 말해 사회적 구성이라는 객관성의 저변에 깔린 주관적이고 정신적인 깊은 사회적 관념까지도 높은 차원에서 고양시킨 작업이라는 것이다. 이런 측면은 무의식에 대한 프로이트의 고고학과도 닮았다. 사회적 존재가 우선적으로 있고, 실존적 경험이 자기 이해를 가능하게 한다는 것이다. 마치 과학에서의 발견이 새로운 사회적 삶의 형태와 조직의 재구성을 가능하게 하는 것처럼 말이다.

따라서 가라타니의 작업은 분명 지극히 논쟁적이면서도 시급한 당대의 문제를 지적하면서, 새롭고 구체적인 정치를 제안한다. 그리고 가라타니의 이런 제안은 의심할 바 없이 오랫동안 사람들의 주목을 끌 것이다. 역사 속에 분명히 존재했지만 잊힐 위험에 처한 생산양식에 대한 논의는 특히 그러하다. 엄격한 알튀세르주의자인 힌데스와 허스트는 역사를 해석하는 데 있어 '과학적' 사고만이 유의미하다고 일갈했다. 물론 그들이 말한 '역사의 과학'은 놀라운 학문적 성취다. 하지만 그들의 논의는 미완의 작업 혹은 전면적 폐기를 눈앞에 두고 있다. 그래서 나는 가라타니의 실질적인 결론에 가장 가깝다고 보이는 루이스 모건의 문장으로 글을 마치고자 한다. "다음에 올 고차원적 사회에 대한 경험, 지식, 정보 등을 이미 넘쳐난다. 하지만 중요한 것은 고대 씨족사회의 자유, 평등, 박애 등을 고차원적인 형태로 부활시키는 것이다."

## | 단행본 |

〈국문〉

가라타니 고진, 『근대문학의 종언』, 조영일 옮김, 도서출판 b, 2006

_____, 『네이션과 미학』, 조영일 옮김, 도서출판 b, 2009

_____, 『마르크스 그 가능성의 중심』, 김경원 옮김, 이산, 1999

_____, 『문자와 국가』, 조영일 옮김, 도서출판 b, 2011

_____, 『세계공화국으로』, 조영일 옮김, 도서출판 b, 2007

_____, 『세계사의 구조』, 조영일 옮김, 도서출판 b, 2012

_____, 『세계사의 구조를 읽는다』, 최혜수 옮김, 도서출판 b, 2014

_____, 『언어와 비극』, 조영일 옮김, 도서출판 b, 2004

_____, 『역사와 반복』, 조영일 옮김, 도서출판 b, 2008

_____, 『유머로서의 유물론』, 이경훈 옮김, 문화과학사, 2002

_____, 『윤리 21』, 송태욱 옮김, 사회평론, 2001

_____, 『은유로서의 건축─언어, 수, 화폐』, 김재희 옮김, 한나래, 1998

_____, 『일본근대문학의 기원』, 박유하 옮김, 도서출판 b, 2010

_____, 『일본정신의 기원』, 송태욱 옮김, 이매진, 2006

_____, 『자연과 인간』, 조영일 옮김, 도서출판 b, 2013

_____, 『철학의 기원』, 조영일 옮김, 도서출판 b, 2015

_____, 『탐구 1』, 송태욱 옮김, 새물결, 1998

_____, 『탐구 2』, 권기돈 옮김, 새물결, 1998

_____, 『트랜스크리틱』, 송태욱 옮김, 한길사, 2005

가라타니 고진 · 고아라시 구하치로, 『정치를 말하다』, 조영일 옮김, 도서출판 b, 2010

가노 마사나오, 『근대 일본의 사상가들』, 이애숙 · 하종문 옮김, 삼천리, 2009

강유위, 『대동서』, 이성애 옮김, 을유문화사, 2006

게오르그 빌헬름 프리드리히 헤겔, 『법철학』, 임석진 옮김, 한길사, 2008

_____, 『역사철학강의』, 권기철 옮김, 동서문화사, 2008

고든 차일드, 『신석기혁명과 도시혁명』, 김성태, 이경미 옮김, 주류성, 2013

레베카 솔닛, 『이 폐허를 응시하라』, 정해영 역, 펜타그램, 2012

루이스 헨리 모건, 『고대사회』, 정동호, 최달곤 옮김, 문화문고, 2004

마루야마 마사오, 『일본의 사상』, 김석근 옮김, 한길사, 2012

마르셀 모스, 『증여론』, 이상률 옮김, 한길사, 2002

미셸 푸코, 『칸트의 인간학에 관하여』, 김광철 옮김, 문학과지성사, 2012

박가분, 『가라타니 고진이라는 고유명』, 자음과모음, 2014

발터 벤야민, 『발터 벤야민의 문예이론』, 반성완 옮김, 민음사, 1983

베네딕트 데 스피노자, 『에티카』, 강영계 옮김, 서광사, 2007

베네딕트 앤더슨, 『상상의 공동체』, 윤형숙 옮김, 나남출판, 2003

블라디미르 일리치 울리야노프 레닌, 『국가와 혁명』, 문성원, 안규남 옮김, 아고라, 2015

_____, 『무엇을 할 것인가? 우리 운동의 절박한 문제들』, 최호정 옮김, 박종철출판사, 2014

_____, 『제국주의론』, 남상일 옮김, 백산서당, 1986

사사키 아쓰시, 『현대 일본의 사상』, 송태욱 옮김, 을유문화사, 2010

슬라보예 지젝, 『시차적 관점』, 김서영 옮김, 마티, 2009

쓰루미 슌스케 외, 『사상으로서의 3.11』, 윤여일 옮김, 그린비, 2012

아사다 아키라, 『도주론』, 문아영 옮김, 민음사, 2012

안토니오 네그리, 마이클 하트, 『다중』, 조정환 외, 세종서적, 2008

알랭 바디우, 『사랑예찬』, 조재룡 옮김, 길, 2010

에른스트 블로흐, 『희망의 원리』, 박설호 옮김, 열린책들, 2004

오구마 에이지, 『사회를 바꾸려면』, 전형배 옮김, 동아시아, 2014

이메뉴얼 월러스틴, 『근대세계체제』, 김명환 외, 까치글방 2013

임마누엘 칸트, 『도덕 형이상학을 위한 기초 놓기』, 이원봉 옮김, 책세상, 2002

_____, 『순수이성비판 1, 2』, 백종현 옮김, 아카넷, 2006

_____, 『실용적 관점에서의 인간학』, 백종현 옮김, 아카넷, 2014

_____, 『실천이성비판』, 백종현 옮김, 아카넷, 2009

_____, 『아름다움과 숭고함의 감정에 관한 고찰』, 이재준 옮김, 책세상, 2005

_____, 『영구 평화론』, 이한구 옮김, 서광사, 2008

_____, 『윤리형이상학 정초』, 백종현 옮김, 아카넷, 2005

_____, 『칸트의 역사 철학』, 이한구 옮김, 서광사, 2009

_____, 『판단력비판』, 백종현 옮김, 아카넷, 2009

장 자크 루소, 『사회계약론』, 정성환 옮김, 홍신문화사, 2007

가능성의 중심

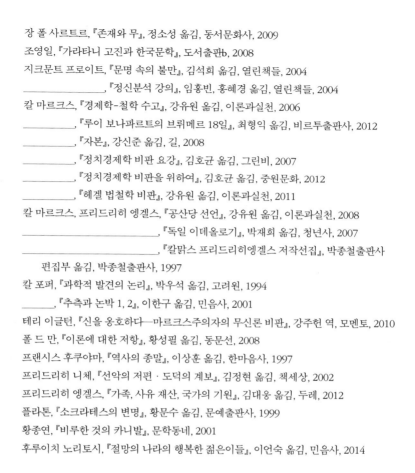

장 폴 사르트르, 『존재와 무』, 정소성 옮김, 동서문화사, 2009

조영일, 『가라타니 고진과 한국문학』, 도서출판b, 2008

지크문트 프로이트, 『문명 속의 불만』, 김석희 옮김, 열린책들, 2004

_____, 『정신분석 강의』, 임홍빈, 홍혜경 옮김, 열린책들, 2004

칼 마르크스, 『경제학-철학 수고』, 강유원 옮김, 이론과실천, 2006

_____, 『루이 보나파르트의 브뤼메르 18일』, 최형익 옮김, 비르투출판사, 2012

_____, 『자본』, 강신준 옮김, 길, 2008

_____, 『정치경제학 비판 요강』, 김호균 옮김, 그린비, 2007

_____, 『정치경제학 비판을 위하여』, 김호균 옮김, 중원문화, 2012

_____, 『헤겔 법철학 비판』, 강유원 옮김, 이론과실천, 2011

칼 마르크스, 프리드리히 엥겔스, 『공산당 선언』, 강유원 옮김, 이론과실천, 2008

_____, 『독일 이데올로기』, 박재희 옮김, 청년사, 2007

_____, 『칼맑스 프리드리히엥겔스 저작선집』, 박종철출판사
    편집부 옮김, 박종철출판사, 1997

칼 포퍼, 『과학적 발견의 논리』, 박우석 옮김, 고려원, 1994

_____, 『추측과 논박 1, 2』, 이한구 옮김, 민음사, 2001

테리 이글턴, 『신을 옹호하다―마르크스주의자의 무신론 비판』, 강주헌 역, 모멘토, 2010

폴 드 만, 『이론에 대한 저항』, 황성필 옮김, 동문선, 2008

프랜시스 후쿠야마, 『역사의 종말』, 이상훈 옮김, 한마음사, 1997

프리드리히 니체, 『선악의 저편 · 도덕의 계보』, 김정현 옮김, 책세상, 2002

프리드리히 엥겔스, 『가족, 사유 재산, 국가의 기원』, 김대웅 옮김, 두레, 2012

플라톤, 『소크라테스의 변명』, 황문수 옮김, 문예출판사, 1999

황종연, 『비루한 것의 카니발』, 문학동네, 2001

후루이치 노리토시, 『절망의 나라의 행복한 젊은이들』, 이언숙 옮김, 민음사, 2014


〈영문〉

Anselm Jappe, *Les Aventures de la Marchandise* (Paris: Denoel, 2003)

Etienne Balibar and Immanuel Wallerstein, *Race, Nation, Class: Ambiguous Identities*, London: Verso, 1991

Gottfried W. Leibniz, *Monadologia*, SE, 2007

Hermann Cohen, *Ethik des reinen Willens*, University of Michigan, 1904

_____, *Ästhetik des reinen Gefühls*, University of Michigan, 1912

Lewis H. Morgan, *Ancient Society*, Transaction Publishers, 1877

Luis Tapia Mealla, *Política Salvaje*, Comuna, Muela del Diablo y CLACSO Eds., La Paz, Bolivia, 2008

Kojin Karatani, *Architecture as Metaphor: Language, Number, Money*, trans. Sabu Kohso, MIT Press, 1995

_____, *History and Repetition*, trans. Seiji M. Lippit, Columbia University Press, 2011

_____, *Origins of Modern Japanese Literature*, trans. Brett de Bary, Durham, NC: Duke University Press, 1993

_____, *The Structure of World History: From Modes of Production to Modes of Exchange*, trans. Michael K. Bourdaghs, Duke University Press, 2014

_____, *Transcritique: On Kant and Marx*, trans. Sabu Kohso, MIT Press, 2003

Suzuki Sadami, *Gendai Nihon bungaku no shisō: kaitai to saihen no sutorateji*, Tokyo: Goatsu shobō, 1992

Jon Guillory, *Cultural Capital: The Problem of Literary Canon Formation*, Chicago:University of Chicago Press, 1993

## | 정기간행물, 논문, 기사 |

가라타니 고진, 「지진과 일본인」, 『1/n』, 계간 제6호(봄호), 살림, 2011

가라타니 고진 외, 「국가와 자본에 대항하는 투쟁 · 보이콧」, 『문화과학』, Vol.32, 2002

공상철, 「동아시아에 있어서 이론 '구축(Construction)'의 두 양상」, 『中國語文論譯叢刊』, Vol.8, 2001

김상준, 「진관다오의 '초안정적 봉건사회론'과 가라타니 고진의 '아시아적 사회구성체론' 비판」, 『경제와 사회(Economy and society)』, No.90, 2011

김현, 「칸트주의적 맑스 해석에 대한 비판적 고찰―"가라타니 고진의 논의"를 중심으로」, 『범한철학』, Vol.69, 2013

김홍중, 「근대문학 종언론에 대한 비판적 고찰」, 『사회와 역사』, Vol.83, 2009

_____, 「육화된 신자유주의의 윤리적 해체」, 『사회와 이론』, No.14, 2009

박가분, 「가라타니 고진에 대한 비판적 노트」, 『진보평론』, Vol.50, 2011

박영균, 「대안적 세계화와 비국가로서 국가: 가라타니 고진의 세계공화국을 중심으로, 지구화 시대의 국가와 탈국가」, 『한울아카데미』, 2009

신명아, 「라깡의 실재와 가라타니의 '초월비평'」, 『라깡과 현대정신분석』, Vol.8, No.1, 2006

안천, 「'보편'의 중첩 : 사카이 나오키(酒井直樹)의 발화 분석을 통해」, 『한국학연구』, Vol.27, 2012

안천, 「가라타니 고진과 '보편'」, 『한국학연구』, Vol.29, 2013

오길영, 「윤리와 문학 : 가라타니 고진을 중심으로」, 『인문학연구』, Vol.34, No.1, 2007

오형엽, 「가라타니 고진 비평의 비판적 검토」, 『한민족어문학』, Vol.55, 2009

윤여일, 「비평의 장소 : 가라타니 고진을 매개로 삼아」, 『황해문화』, Vol.63, 2009

이동연, 「문화적 어소시에이션과 생산자—소비자연합 문화운동의 전망」, 『문화과학』, Vol.73, 2013

이지원, 「가라타니 고진의 『자본』 읽기—가치형태론을 중심으로」, 『진보평론』, Vol.42, 2009

임선애, 「가라타니 고진과 문학의 외부」, 『한국말글학회』, Vol.26, 2009

_____, 「트랜스크리틱과 시차(視差)적 관점 : 가라타니와 지젝의 차이」, 『현대사상』, No.6, 2010

정승원, 「가라타니 고진, 그 가능성의 중심」, 『문예미학』, No.12, 2006

조영일, 「K선생과의 대화」, 『문화과학』, Vol.64, 2010

_____, 「비평의 운명 : 황종연과 가라타니 고진」, 『작가세계』, Vol.72, 2007

_____, 「한국문학은 세계문학일 수 있을까?」, 『구보학보』, Vol.7 No.-, 2012

카라따니 코오진, 「자본-네이션-스테이트를 어떻게 넘을까」, 『창작과비평』, 제39권 제2호 통권 152호, 창비, 2011

Francis Mathy, "Essays on Natsume Sōseki's Works"(book review), *Monumenta Nipponica*, Vol. 28, No. 1, Spring 1973

Kojin Karatani, Komori Yōichi and Tasuge Teruhiko, "'Hihyō to wa nani ka," *Kokubungaku kaishaku to kyōzai no kenkyū*(國文學 解釈と教材の研究), Vol.34, No.12, October 1989

Kojin Karatani, Miura Masahi, "Tasha to wa nani ka," *Kokubungaku kaishaku to kyōzai no kenkyū*, Vol.34, No.12, October 1989

# · 찾아보기 ·

## 인명

# 용어

# 가능성의 중심

1판 1쇄 찍음 2015년 7월  1일
1판 1쇄 펴냄 2015년 7월 10일

**지은이** 인디고 연구소(InK)

**주간** 김현숙
**편집** 변효현, 김주희
**디자인** 이현정, 전미혜
**영업** 백국현, 도진호
**관리** 김옥연

**펴낸곳** 궁리출판
**펴낸이** 이갑수

**등록** 1999. 3. 29. 제300-2004-162호
**주소** 110-043 서울시 종로구 자하문로 17길 27, (통인동 우남빌딩 2층)
**전화** 02-734-6591~3
**팩스** 02-734-6554
**이메일** kungree@kungree.com
**홈페이지** www.kungree.com

ISBN 978-89-5820-298-1   03300

값 18,000원